매일 조금씩 나를 바꾸는 **퇴근길 인문학 수업** | 커리큘럼 6 : **뉴노멀** |

카테고리	강의 주제	월	화
기술과 행복	디지털과 아날로그	디지털 기술이 펼친 새로운 세계	초연결 시대, 우리의 관계가 바뀌다
	소유에서 접속으로	대량생산과 소유의 시대	공유경제, 구독경제, 중고거래의 공통점
	AI라는 동반자	AI의 미래, 선택에 달렸다	챗봇의 미래
	영화로 보는 인간의 오만	인간보다 나은 인간의 꿈: 인간 능력 증강과 확장이 부딪히는 벽	영원한 젊음과 불모의 미래: 생명 연장의 꿈과 누구도 모를 진화의 끝
우리의 삶	한국인의 미래	인간의 미래	개인과 사회의 미래
	'지구'라는 터전	지구의 기원과 진화	인간의 출현과 발달
	비난과 이해 사이	분수에 맞지 않은 소비: 기회비용	온라인 중고시장에서의 거래: 정보의 비대칭성
	100세 시대의 사고	진정한 행복이란	핵심가치에 집중하는 삶
생각의 전환	자유와 평등의 미래	자유를 찾아서: 프랑스 혁명	차별화된 자유: 7월 혁명
	이런 인권, 어떻습니까	인권감수성이란?	내가 당사자일 수 있는 문제들
	세대 화합을 이끄는 지혜	중국 명산 탐방으로 시간을 넘다	대를 이은 유언
	무의식이 우리에게 말해주는 것들	무의식을 발견한 프로이트	무의식을 이해하는 놀라운 반전: 상징과 기호의 차이

수	목	금
'좋아요'에 휘둘리는 리얼 라이프	새로운 세상은 모두를 행복하게 할 수 있을까	두 개의 세상을 현명하게 살아가려면
새로운 생산방식	접속의 시대를 이끄는 초연결	달라지는 경제 패러다임
미래의 일과 인공지능	AI, 생명 없는 알고리즘	인공지능과 함께 이룰 수 있는 미래
인간보다 나은 사이보그, 이 세상보다 나은 사이버 세상	한 치 오차 없이 완벽한 예측과 통제라는 정치적 오만	그들이 꿈꾸는 세상: 우리는, 나는 어떤 세상을 꿈꾸고 있나?
일의 미래	한반도의 미래	미래의 돌발변수
인간과 지구의 미래	지구인이 알아야 할 지구	우주, 지구, 인간
학부모 모임에서 소외당하는 직장맘: 시장	화장실 문을 잠그는 가게: 비용	해외 직구족: 소비자 잉여, 생산자 잉여
가족을 대하는 자세	품위 있는 죽음	노년에 더 빛나는 것들
모든 이에게 자유를: 2월 혁명	자유를 넘어 평등으로: 파리 코뮌	금지하는 것을 금지한다: 68 혁명
인권 vs 인권	아는 것과 행동하는 것	인권감수성의 미래
내가 단서를 열 테니 네가 완성하여라	나의 견해가 잘못되었습니다	어려운 세상을 함께 헤쳐나가야 하는
무의식적 상징이 말하는 것	무의식에 감춰진 놀라운 지혜	종교적 차원에서 무의식이란

퇴 근 길
인 문 학
수 업 ●

일러두기

- 외래어 표기는 국립국어원 외래어 표기법을 따르되 일부 널리 쓰이는 관용적 표현에는 예외를 두었습니다.
- 본문에 삽입된 QR코드를 스캔하시면 관련 영상을 보실 수 있습니다.

퇴근길 인문학 수업 : 뉴노멀

초판 1쇄 발행 2020년 6월 30일

편저 백상경제연구원

펴낸이 조기흠
편집이사 이홍 / **책임편집** 최진 / **기획편집** 이수동, 박종훈
마케팅 정재훈, 박태규, 홍태형, 배태욱, 김선영 / **디자인** 본문 책과이음 / **제작** 박성우, 김정우

펴낸곳 한빛비즈(주) / **주소** 서울시 서대문구 연희로2길 62 4층
전화 02-325-5506 / **팩스** 02-326-1566
등록 2008년 1월 14일 제 25100-2017-000062호
ISBN 979-11-5784-426-5 03300

이 책에 대한 의견이나 오탈자 및 잘못된 내용에 대한 수정 정보는 한빛비즈의 홈페이지나
이메일(hanbitbiz@hanbit.co.kr)로 알려주십시오. 잘못된 책은 구입하신 서점에서 교환해드립니다.
책값은 뒤표지에 표시되어 있습니다.

⌂ hanbitbiz.com ⓕ facebook.com/hanbitbiz Ⓝ post.naver.com/hanbit_biz
▶ youtube.com/한빛비즈 ⓘ instagram.com/hanbitbiz

지금 하지 않으면 할 수 없는 일이 있습니다.
책으로 펴내고 싶은 아이디어나 원고를 메일(hanbitbiz@hanbit.co.kr)로 보내주세요.
한빛비즈는 여러분의 소중한 경험과 지식을 기다리고 있습니다.

퇴근길 인문학 수업 뉴노멀

대전환의 시대,
새로운 표준에 대한 인문학적 사고

백상경제연구원

HB 한빛비즈
Hanbit Biz, Inc.

달라진 세상, 돌파구는 인문학에 있다

"소크라테스와 한나절을 보낼 수 있다면 애플이 가진 모든 기술을 주겠다."

애플의 창업자인 스티브 잡스가 생전에 했던 말이다. 잡스가 인문학에 얼마나 심취해 있었는지를 잘 말해주는 대목이다.

첨단 정보통신 기술의 최일선에서 활동하던 잡스는 왜 그토록 인문학에 매달린 것일까. 아마도 인문학이 인간의 내면을 들여다볼 수 있게 해주는 통로이기 때문이지 않을까 생각한다. 얼핏 생각하면 인문학은 우리 일상과 아무 관련이 없는 학문이라고 이해하기 쉽지만, 사실은 인간의 내면이 어떤 모습을 하고 있고 그것이 외부 행동으로 어떻게 나타나는지를 관찰할 수 있게 해주는 학문이다. 잡스가 "애플은 언제나 인문학과 기술의 교차로에 서 있다"고 말했던 이유가 여기에 있다.

최근 코로나 바이러스 감염증(이하 코로나19)이 세계를 휩쓸면서 경제를 포함한 삶의 모든 영역을 송두리째 바꿔놓고 있다. 바이러스에 대한 공포로 사회적 거리 두기가 일상화하면서 소비가 위축되어 대공황에 버금가는 글로벌 경기침체를 걱정하는 목소리가 도처에서 들려오고 있다. 사람과의 관계와 소통도 비대면 중심으로 이뤄지면서 전례 없는 변화를 경험하고 있다. 뉴노멀New Normal 시대에 접어들고 있는 것이다.

코로나19 이후의 세상은 이전과는 확연히 다를 것이다. 성장은 멈추고 관계는 멀어지면서 단절과 소외의 시간이 길어지고 불안감은 커질 수밖에 없다. 이런 상황 변화에 우리는 어떻게 대처해야 할까. 삶의 돌파구를 찾기 위한 영감은 어디서 얻어야 할까. 그 물음에 답을 주는 것이 바로 인문학이다.

여섯 번째《퇴근길 인문학 수업》은 '뉴노멀'이라는 키워드 아래 포스트 코로나 시대를 지혜롭게 헤쳐나가기 위해 갖춰야 할 주제들로 선정했다. 불안이 엄습하고 있는 우리 삶에 인문학이 어떤 위로가 될 수 있는지, 시대 변화에 따라 새로 떠오르는 기준들은 무엇인지, 이 시대에 현명하게 대처하는 데 필요한 교양은 무엇인지를 따져 체계적으로 정리하는 데 집중했다. 인간의 실존을 되돌아보고, 더 나은 세계를 위해 가치관을 정립하는 게 중요하다는 생각이 들었다. 그래서 우주와 지구, 디지털과 아날로그, 일과 인권, 고령화 등 사회 전반에 스며든 인문사상을 살폈다.

1부에서는 초연결 사회에서 디지털 기술이 인간에게 가져다주는 의미와 4차 산업혁명이 몰고 온 변화상과 미래의 모습을 들여다본다. 성큼 다가온 인공지능 시대를 맞아 관련 기술의 발전과 미래 사회의 모습을 전망하면서 기술과 함께 살아갈 수 있는 길을 모색해본다.

2부에서는 우리 삶의 터전인 지구의 기원과 생명의 진화를 조망하고, 한반도를 둘러싸고 벌어지는 강대국의 이해관계를 이해할 수 있는 주제를 준비했다. 아울러 길어진 노년을 대비하면서 행복한 인생을 준비하기 위한 가치관과 태도도 알아본다.

3부에서는 프랑스 혁명사를 되돌아보면서 자유와 평등의 원칙을 되새기고, 인권감수성의 의미를 확인해본다. 아울러 조선 선비들이 더 큰 뜻을 실현하기 위해 세대 간의 격차를 줄여나간 사례를 살펴 노년의 연륜과 청년의 열정이 시너지로 바뀌는 지혜를 엿본다. 서로 다른 시간을 경험한 세대의 차이가 화합의 에너지로 거듭날 수 있음을 확인하게 될 것이다.

정신분석학자이자 철학자인 에리히 프롬은 인간의 불안과 소외를 극복할 수 있는 최상의 방법으로 사랑을 꼽았다. 어머니의 몸에서 분리된 후 불확실한 세상에 내몰려 불안에 떨며 살아가는 인간에게 최고의 처방전은 사랑이라는 것이다.

'사랑의 힘은 위대하다'는 말에 반대할 사람은 없을 것이다. 사랑은 고독하고 외로운 두 존재를 하나로 만들어주면서, 동시에 서로가 독립적이면서 고유한 인격체로 존중받게 해주는 힘을 지니고 있다. 인간을 거대한 조직의 부품으로 여기는 현대사회에서 서로 아껴주고 보호해줄 때 우리가 얼마나 더 커다란 존재로 거듭날 수 있는지 증명하는 역할을 한다. 사랑은 개인의 욕망이라는 작은 틀을 넘어 우리를 더 넓고 더 나은 세상으로 나아가게 한다.

철학자, 한문학자, 과학자, 경제학자, 역사학자 등 각 분야의 전문가들
이 참여해 인간의 가치와 삶의 문제를 풀어낸《퇴근길 인문학 수업》6권
이 독자들에게 사랑의 온기를 전하고, 뉴노멀 시대를 담대하게 헤쳐나갈
수 있는 등대가 되기를 기대한다.

백상경제연구원장

오철수

PART 2 | 우리의 삶

PART 3 | 생각의 전환

PART 1

기술과 행복

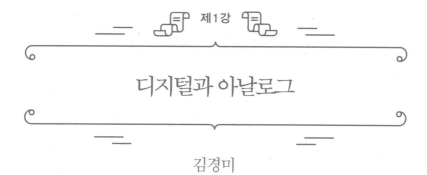

제1강

디지털과 아날로그

김경미

서울경제신문 편집국 기자. 부산대 신문방송학과, 한국과학기술원KAIST 과학저널리즘 석사 과정을 졸업했다. 2년간 금융회사를 다니다 기자가 되고 싶은 마음에 서울경제신문에 입사, 11년간 '부동산부' '사회부' '문화부' '바이오IT부' '생활산업부' 등 다양한 부서를 두루 거치며 지식과 경험을 쌓았다. 현재는 영상 뉴스, 인터랙티브 뉴스 등 새로운 뉴스 제작을 시도하는 디지털미디어센터에 근무하며 변화하는 시대에 적응하고 있다.

디지털 기술이 펼친 새로운 세계

우리는 디지털 세상의 중심에 살고 있다. 오늘날 우리의 생활방식은 이전과는 많이 바뀌었다. 재택근무와 온라인 화상교육이 자리를 잡았고, 무엇이든 온라인으로 주문하면 하루가 채 지나기 전에 문 앞까지 배달된다. 업무가 끝난 뒤에는 스마트폰을 조작해 유명 요리사의 레시피로 집밥을 차리고 사이버 코치와 일대일 홈트레이닝을 한다.

얼마 전까지만 해도 SF영화에나 나올 법한 이야기였지만 이제는 새롭지도 신기하지도 않다. 그러나 이런 일상이 가져다주는 반작용도 만만치 않다. 편리함 뒤에 숨은 암울함으로 우리는 불안에 떤다. 개인정보 유출로 보이스피싱이 판을 치고, 곳곳에서 촬영되는 CCTV로 인한 사생활 위협 등 디지털 세상의 어두운 단면이 점차 모습을 드러내고 있다.

디지털 세상의 두 얼굴인 편리함과 불안함의 정체는 무엇일까. 우리의 삶 구석구석 파고든 디지털 세상이 갑자기 단절된다면 어떤 일이 벌어질까.

순식간에 펼쳐진 낯선 세상에 대한 불안을 줄이기 위해서는 새로운 세계가 과거와 얼마나 달라졌는지 제대로 이해할 필요가 있다. 디지털의 어떤 특성이 이토록 우리 삶을 달라지게 한 걸까. 디지털 세상의 주된 속성 몇 가지를 살펴보자.

모든 것이 저렴해진 디지털 세상

우리가 감각하는 온라인 세상의 출현은 디지털 기술의 발전, 즉 정보의 디지털화에서 비롯한다. 디지털화란 이미지나 영상 등 아날로그 방식으로 만들어진 데이터를 이진수 기호인 비트 단위로 표현한 것을 뜻한다. 즉 디지털 세상이란 모든 정보를 0과 1로 표현할 수 있는 비트의 세계다.

비트에 실린 가벼운 정보는 하나의 거대한 컴퓨터 통신망인 인터넷으로 연결된다. 이로 인해 사용자들은 뉴스와 광고 등 각종 정보는 물론 우정, 사랑, 신뢰 등의 감정에 이르기까지 거의 모든 것을 아주 저렴하게 얻고 소통할 수 있게 됐다. 이것이 디지털 기술의 핵심이다.

온라인 세상에서는 정보의 검색과 복제, 전송, 추적, 검증 등에 들어가는 다섯 가지 비용이 현실 세계보다 크게 저렴하다. 이런 특징은 여러 가지 변화를 몰고 왔으며, 특히 비즈니스 영역이 급전환을 맞았다. 그중에서도 음악, 신문, 책, 영화, 광고, 교육, 통신, 소프트웨어 등 디지털화가 가능한 '정보재Information goods' 산업은 그야말로 혁신을 맞이하게 됐다. 이 단계를 '정보혁명Information Revolution'이라고 한다.

첫째, 인터넷은 정보검색 비용을 크게 절감시켰다. 예전엔 필요한 물품을 좀 더 저렴하게 사려면 상점 여러 곳을 찾아다니는 등 발품을 팔아야 했다. 수업도 마찬가지다. 학기 말 과제를 완성하기 위해 도서관 자료 대출이 필수이던 시절도 있었다. 하지만 이제는 컴퓨터 혹은 스마트폰 검색창에 몇 개의 단어만 넣으면 해당 제품의 최저가 판매처를 순식간에 찾을 수 있다. 앉은자리에서 전 세계 유명대학의 도서관 자료를 원문까지 확인할 수 있다.

검색 비용이 줄어 소비자가 가격을 쉽게 비교할 수 있게 된 상황은 유사한 제품의 가격을 전반적으로 끌어내리는 효과도 가져왔다. 과거 가게마다 값이 다르고 때로는 '부르는 게 값'이던 시절은 이제 끝났다.

검색이 쉬워진 디지털 세상에서는 이른바 '매칭(짝짓기)' 비용도 엄청나게 싸졌다. 필요 없는 물건을 처분하는 '중고거래'의 편의성과 활성화는 굳이 설명하지 않아도 될 것이다. 구직자와 회사, 투자자와 기업가, 빈방과 여행자, 자선 단체와 기부자 등을 만나게 하는 사이트도 셀 수 없이 많이 생겼다. 상품 개발자 간의 교환을 가능하게 하는 중개자, 즉 플랫폼 비즈니스가 디지털 세상의 대세가 된 것 또한 이 같은 검색·매칭 비용 절감과 관련이 깊다.

네이버나 다음, 구글 같은 포털 사이트, 옥션과 아마존 같은 전자상거래 사이트, 페이스북과 틴더 같은 SNS(소셜네트워크서비스), 우버나 에어비앤비 같은 공유경제 서비스 분야의 주요 기업이 플랫폼 기반 비즈니스의 대표적 사례다.

디지털 세계의 두 번째 특징은 한계비용marginal cost(생산물 한 단위를 추가로 생산할 때 들어가는 총비용의 증가분) 제로 상태다. 디지털 상품의 경우 여러 사람이 동시에 사용해도 양이 줄지 않고 품질이 저하되지 않는다.

영화를 예로 들어보자. 과거 필름에 영상을 녹화하던 시대에는 여러 극장에서 영화를 개봉하려면 똑같은 필름을 극장 수만큼 복제해야만 했다. 복제본의 양과 노동력이 비례했고, 복제본의 양과 화질은 반비례했다. 필름 하나를 더 만들려면 그만큼의 인건비가 들어가야 했고, 복제본을 만들 때마다 원본 손상은 불가피했다. 하지만 디지털 영화의 복제비용은 제로(0) 수준이며, 원본은 거의 손상되지 않는다. 이런 디지털 영화의 특징은 영화 편당 가격을 매겨 팔던 과거 방식에서 벗어나 수백, 수천 편의 영화를 묶어 월정액으로 공급하는 넷플릭스 등 동영상 스트리밍 서비스의 탄생을 예고했다.

한편 한계비용 제로인 디지털 세계는 디지털 상품의 제작자 혹은 창작자의 권리를 보호받기 어려운 환경이기도 하다. 인터넷이 처음 확산되던 1990년대 후반만 하더라도 디지털 세계는 책, 음악, 영화 등의 해적판이 원작자의 동의 없이 버젓이 활개 치던 무법지대였다.

비즈니스 영역에서 저작권의 중요성이 강조되기 시작한 것도 이때부터다. 누구나 마음만 먹으면 카세트테이프나 CD로 음악을 복제하던 국내에서, 저작권협회가 회원들의 저작물을 보호하기 위해 철저하게 관리하기 시작한 것도 1990년대 후반이었다.

인터넷으로 디지털 정보를 전송하는 비용 역시 0에 수렴하는 중이다. 정보의 운송비가 낮다는 것은 디지털 상품의 유통 비용이 거리와 상관이 없다는 의미다. 즉, 한국의 반대편에 있는 나라에서도 비슷한 가격으로 고품질의 음원과 영상을 즐길 수 있다는 뜻이다. 페이스북을 통해 세계 각국의 사람들과 실시간으로 접속할 수 있는 것 역시 디지털 전송 비용이 저렴해진 덕분이다.

'신뢰'에도 값이 매겨지는 세상

디지털 상품의 검색, 복제, 전송 비용이 줄어들면서 예상하지 못했던 경제 효과가 나타나기도 했다. 첫째, 누군가를 추적하는 비용이 크게 줄었다. 둘째, 신뢰 등 무형의 가치를 검증하는 비용이 저렴해졌다. 이 두 가지 효과는 경제 영역은 물론 우리의 일상까지 크게 바꾸어놓았다.

우선 추적 비용의 절감은 개인 맞춤형 콘텐츠나 서비스의 탄생을 가능하게 했다. 온라인 세상에서 물건을 구매하거나 원하는 정보를 검색해본 사람이라면 누구나 온라인 세상에서 움직인 흔적이 고스란히 기록되어 보관된다는 점을 눈치챘을 것이다. 이렇게 저장된 정보는 지우기도 어렵다. 이런 기록을 모아 볼 수 있는 디지털 세상에서는 누군가를 추적하는 일이 의외로 쉽다. 넷플릭스만 하더라도 사용자가 봤던 동영상 내용을 추적하고 분석해 취향 저격 콘텐츠를 추천해 사용자들이 더 많은 영상을 소비하게 만든다.

이런 추세에 발맞춰 많은 기업이 개인 맞춤형 제품 광고로 마케팅을 전환하고 있다. 특정인이 필요로 하는 물건이나 취향을 먼저 알아채 적시에 광고를 집행할 수 있다면 비용 대비 광고 효율이 극대화되는 것이다. 미국 소매점 타깃Target이 한 여고생의 구매 기록을 분석해 아버지도 몰랐던 임신 사실을 먼저 알아채고 쿠폰을 보낸 일화는 맞춤형 광고의 대표 사례다.

한편으로 이런 추적은 개인에게 매우 불쾌한 경험이 될 수도 있다. 기업이 설계한 시나리오에 말려든 느낌을 지울 수 없기 때문이다. 개인정보 추적과 활용에 대한 논란은 줄어들 여지가 보이지 않는다.

디지털 세상에서는 누군가의 신원이나 신뢰도, 평판 등을 확인하기가 훨씬 쉬워졌다. 한마디로 '검증 비용verification cost'이 훨씬 덜 들게 됐다. 현실 세계에서 특정 기업이나 품질에 대한 신뢰는 '이름값', 즉 브랜드에서 비롯했다. 예컨대 일본에서 만들어진 물건을 통칭하는 '메이드 인 재팬'은 오랜 기간 우수한 품질을 상징했고, 반대로 중국산을 뜻하는 '메이드 인 차이나'는 조악한 품질의 다른 이름이었다. 브랜드에 대한 평판은 결코 단기간에 쌓을 수 없기에 신생 업체 혹은 평판이 나쁜 브랜드는 자유시장경제에서 불리할 수밖에 없었다.

하지만 온라인 장터에서는 현실 세계의 브랜드 평판이 주는 영향력이 약하다. 온라인 쇼핑몰에 구매자들이 올리는 '별점 리뷰'는 언제든지 평판을 바꿀 수 있다. 대표적인 사례가 샤오미다. 중국 전자제품 회사 샤오미가 만든 상품 중에는 가성비 높다는 소문이 삽시간에 퍼져 불티나게 팔리는 것도 적지 않다. 이런 추세라면 초기에 얻은 별칭인 '대륙의 실수'는 이제 디지털 세계의 역사로 남을 듯하다.

저렴한 검증 비용은 온라인 세상에서 새로운 비즈니스가 싹튼 원동력이기도 하다. 우버(공유 택시)나 에어비앤비(공유 숙박) 등의 성공은 사실이 같은 온라인 평판 시스템에 기대고 있다. 택시 무면허자의 차를 타고 숙박업소로 공인받지 않는 누군가의 집에 머무는 일은 사실 굉장히 위험할 수 있다. 하지만 이용자들의 좋은 평판이 쌓이면서 안전을 보장받고 신뢰도 얻었다. 수요가 늘어날수록 공급이 증가하는 경제원리가 작동하기 시작한 것이다.

온라인 세상에서는 신뢰 추락도 순식간에 벌어진다. 배달앱에 의존하는 소상공인들은 나쁜 별점을 연속으로 받는 '별점 테러'로 일이 줄어들어 생존의 위협에 내몰리기도 한다. 유명 커뮤니티에서 비난의 대상이 되면 사업을 접어야 하는 경우도 있다. 엄마들이 모이는 한 유명 카페에 상품이나 서비스에 대한 불만이 게시되면 사실 여부와 상관없이 비난의 대상이 되어버린다. 억울하게 뭇매를 맞고 폐업을 결정한 뒤, 논란의 발단이 된 사건이 실은 게시자의 실수로 밝혀지는 경우도 적지 않다.

최근 팬이라는 이름의 누리꾼이 무심코 던진 말 한마디로, 혹은 깊이 생각하지 않고 쓴 글 한 줄로 연예인이나 유명인이 곤욕을 치르는 경우 혹은 반대로 이름을 알리는 경우를 쉽게 볼 수 있다. 평판이 기업은 물론 개인의 삶을 좌지우지하는 세상이 되어버렸다. 다른 이의 평가 따위는 무시할 수 있을 정도로 실력이 뛰어나다면 상관없겠지만, 스스로를 평범한 사람이라고 생각한다면 한 번쯤 포털 사이트에서 자신의 이름과 이메일을 검색해보길 권한다. 만약 검색된 당신의 모습이 썩 만족스럽지 못하다면 좀 더 깔끔하고 재미난 모습으로 변신해보는 것도 좋겠다.

초연결시대, 우리의 관계가 바뀌다

　직장인 A 씨는 또래보다 어른스러운 중학생 딸이 내심 자랑스러우면서도 조금 걱정이다. 삼삼오오 어울려 다니는 주변 아이들과 달리 홀로 있는 시간이 많은 것 같아 혹시 왕따를 당하는 건 아닌가 싶을 때도 있다. 불안한 마음에 딸과 조심스레 대화를 시작한 A 씨는 곧 자신이 괜한 걱정을 했음을 깨달았다. 딸의 취미는 영화 감상이었고, 영화를 공통분모 삼아 온라인에서 알게 된 친구들과 한 약속을 지키느라 그야말로 하루 일과가 빡빡했다. 학교 친구 중에는 자신만큼 영화를 좋아하는 친구가 없어서 자주 어울리지 않는 것뿐이라는 딸의 말에 A 씨는 자신의 학창 시절과는 너무나 달라진 세태에 당혹감마저 들었다.

　디지털 경제의 키워드가 '비용 절감'이라면 온라인 세상의 핵심 키워드는 '연결'이다. 그리고 이 연결된 온라인 세상에서 가장 크게 바뀌는 것은 사람 간의 '관계'다. 오프라인 시대의 인간관계는 면대면으로 형성되었고, 연결 수단도 부족했다. 그래서 대부분의 만남은 거주 지역이나 대학, 회사 등 본인이 속한 준거집단 내에서 주로 이뤄졌다. 주거지와 준거집단을 넘어서는 만남이란 말 그대로 특별한 것이었다.

스마트폰과 인터넷은 시간과 공간의 제약을 풀어놓았다. 기술의 발전은 사람 사이의 연결성을 강화했고 경계를 흐리게 했다. '비대면'으로도 별다른 거부감 없이 새로운 사람을 만날 가능성이 높아진 세상. 온라인 세상은 '만남'과 '관계'의 의미를 새롭게 쓰고 있는 중이다.

새로운 시대의 각별한 만남

온라인이 일상으로 들어오면서 사귐의 방식이 달라졌다. 페이스북이나 블로그, 인터넷 동호회 카페 등에서 취미나 성향이 비슷한 사람들이 만나는 일은 익숙해졌다. 엄마들은 맘카페에서 또래 엄마를 사귀거나 육아 정보를 나누고, 취업준비생들은 커뮤니티에서 최신 취업 정보를 얻고 스터디 모임을 꾸린다. 최근에는 카카오톡 오픈 채팅 등 익명 플랫폼도 유행이다. 단기 여행 동행자를 찾거나 같이 달리며 운동할 사람을 모집하는 등의 목적 지향적 활동에는 통성명도 필요하지 않다는 게 이들의 의견이다.

만남과 관계의 극적인 변화로 가장 자주 거론되는 현상이 '온라인 데이팅'의 유행이다. 보수적인 한국 사회에서는 온라인 데이팅을 그저 '가벼운 만남' 정도로 치부하기 쉽지만 온라인에서 만나 결혼까지 하는 사람들이 꾸준히 늘면서 부정적으로 보던 편견도 줄어드는 추세다.

이는 단지 지역적 현상이 아니다. 글로벌 온라인 데이팅앱 틴더의 인기가 이를 방증하고 있다. 2012년 처음 선보인 틴더는 현재 190여 개국에서 서비스하고 있고, 2019년 기준으로 1억 건 이상의 다운로드, 300억 건 이상의 매칭 기록을 자랑하고 있다. 월 3만 원 정도의 유료 서비스를 이용하는 사람만 해도 전 세계 400만 명이 넘는다. 글로벌 앱 분석업체 앱애니가 발표한 자료에 따르면, 틴더는 게임을 제외하고 2019년 전 세계인이 가장 많은 돈을 지불한 앱으로 조사됐다.

온라인 데이팅이 '가벼운 만남'을 넘어서고 있다는 사실은 연구 결과로도 확인할 수 있다. 미국 스탠퍼드대학교 마이클 로젠펠드 교수*의 연구에 따르면 미국 이성애 부부 및 커플의 약 40퍼센트가 온라인 또는 데이팅앱으로 만남을 시작했다. 친구나 가족의 소개, 같은 동네 혹은 학교 친구, 사내커플 등 전통적인 연애 대상을 찾던 비중을 모조리 뛰어넘은 수치였다. 1990년대 후반까지만 해도 1~2퍼센트에 그쳤던 온라인 만남이 10여 년 만에 짝을 고르는 최고의 방법이 된 것이다.

* Michael J. Rosenfeld, Reuben J. Thomas, and Sonia Hausen, "Disintermediating your friends: How online dating in the United States displaces other ways of meeting", *PNAS*, September 2019 116(36) 17753-17758.

사회를 바꾸는
새로운 힘의 탄생

온라인 세상은 인간관계의 영역을 넘어 정치사
회와 비즈니스 지형을 바꾸고 있다. 네트워크를 기반으로 탄생한 각종
플랫폼은 세계 각지에 흩어져 있는 사람들을 국경을 초월한 '참여자'로
변화시켰다. 특히 아이디어가 확산하는 속도와 규모는 과거와는 비교할
수 없을 정도로 신속하고 거대해 가끔 믿을 수 없는 결과를 만들어내기
도 한다.

제2의 간디로 불리는 인도의 사회운동가 아나 하자레Anna Hazare가 2011
년 진행한 캠페인은 온라인 '참여'가 얼마나 대단한 힘을 발휘할 수 있는
지를 잘 보여준다. 올해 83세인 이 사회운동가는 당시 인도 엘리트 계층
의 뿌리 깊은 부정부패를 척결하기 위해 단식 등 극단적인 투쟁을 거듭
했는데, 이와 함께 색다른 방식의 반부패 캠페인도 동시에 진행했다.

스마트폰이 없다면 불가능한 일이었다. 하자레는 인도 국민을 향해 반
부패 캠페인에 동참한다는 문자 메시지 혹은 '부재중 번호'를 자신의 휴
대전화에 남겨달라고 요청했고, 그 결과 하자레의 휴대전화에는 무려 3
천500만 명이 넘는 사람들의 번호가 남았다. 이 덕분에 하자레는 정부로
부터 반부정부패법을 제정하겠다는 정치적 항복을 이끌어내는 데 성공
했다. 그리고 이는 인류 역사상 가장 거대한 연대 중 하나로 기록됐다.

초연결의 온라인 세상에서는 새로운 형태의 지도력과 조직이 등장하

기도 한다. 지난 2013년 이탈리아 총선에서 돌풍을 일으킨 주세페 피에르 그릴로(Giuseppe Piero Grillo)(통칭 베페 그릴로)의 '오성운동Five Star Movement'이 대표적 사례다. 인기 코미디언으로 활동하던 시절 현직 정치인을 풍자했다는 이유로 방송에서 퇴출당한 베페 그릴로는 거리공연과 블로그 등으로 활동무대를 옮겼다. 그릴로는 실비오 베를루스코니 총리가 이탈리아 언론을 탄압하던 시절 유일하게 총리를 직설적으로 비판해 유명세를 타며 시민의 지지를 받았다. 또한 블로그를 자주 찾는 시민을 지역별로 나눠 오프라인 행사를 열고 더 나은 세상을 위한 아이디어를 나누자고 제안했다. 이후 그릴로는 온라인 모임 플랫폼인 밋업Meetup을 통해 2년 동안 전국 각지에 650여 개 모임을 조직하는 등 왕성한 활동을 벌였다. 베페 그릴로는 내친김에 현실 정치까지 바꿔보자며 정당 '오성운동'을 창당, 2013년 총선에 출마했다.

오성운동은 시민이 직접 참여하는 직접민주주의를 구현하겠다는 목표로 후보 선출부터 정책 입안까지 모든 과정을 온라인 플랫폼에서 논의하고 표결해 결정했다. 모든 국민에게 인터넷과 월 1천 유로의 기본 소득을 제공할 뿐 아니라, 모든 청년에게는 태블릿PC를 제공하는 등 빈부 격차를 줄이는 보편적 복지를 주요 공약으로 내세우며 파란을 일으킨 오성운동은 수많은 시민의 지지를 받으며 이탈리아 제3당으로 급부상했다. 당시 오성운동이 차지한 의석은 상하원에서 각각 25퍼센트에 달했다.

구권력 vs 신권력

인터넷은 권력의 패러다임을 바꿔놓았다. 새로운 권력은 개방적인 플랫폼에 다수가 모여 자발적으로 참여하면 힘이 자연스럽게 흐른다는 게 특징이다. 히틀러와 같은 독재체제나 대통령중심제 같은 구권력이 소수의 엘리트에 의해 좌우되고, 상명하달식이며, 폐쇄적 성격을 지니는 것과 정반대다.

신권력은 물처럼 한데 모여 한 방향으로 물결을 만들며 흘러갈 때 가장 강력한 힘을 발휘한다. 누구도 앞장서지는 않지만 어느새 막을 수 없는 거대한 흐름이 되는 것이다. 미투 운동Me too Movement이 신권력의 대표적 사례다. 위계에 의한 성폭행이나 성희롱을 고발하기 위해 2017년 10월 미국에서 시작된 운동은 소셜미디어에 해시태그(#)를 다는 것으로 전 세계 수많은 여성의 참여를 이끌어내며 대중화됐다.

신권력의 부상으로 구권력과의 충돌이 불가피해졌다. 충돌 과정에서 때로는 구권력이 우세를 점하기도 한다. 미국 사회의 경제 불안과 불평등에 항의하며 2011년 뉴욕 월가에서 시작해 전 세계로 확산한 '점령하라 운동Occupy Movement'의 경우 초기의 강력했던 힘에 비해 결말이 흐지부지해졌다. 전문가들은 신권력의 특징인 '분산된 파워'에서 그 이유를 찾았다. 한곳으로 힘이 집중되는 구권력과 달리 의사결정을 내리는 주체나 힘이 참여자 모두에 평등하게 주어지는 신권력 체제에서는 구체적인 변화를 이끌어내기 위한 조직적 운영이 쉽지 않았다는 것이다.

하지만 충돌을 거듭하면서 승리는 신권력 편으로 기우는 모습이다. 2008년 광우병 파동으로 불붙은 한국의 촛불은 정권에 큰 타격을 주는 정도에 그쳤지만, 2016년 타오른 거대한 촛불이 정권을 무너뜨린 것처럼 말이다. 정치는 물론 비즈니스에서도 '주류'로 올라서기 위해서는 SNS 등을 이용해 붐을 일으키는 등 신권력의 동의를 얻는 과정이 필수가 되었다.

그렇지만 두 권력의 충돌은 여전히 현재진행형이고 어떤 결과로 역사에 기록될지 미지수다. 특히 최근에는 구권력을 대표하던 거물 정치인이나 글로벌 기업들이 신권력의 모델을 적극 활용하는 모습이 눈에 띈다. 새로운 세계에서 승리하는 길은 더 많은 사람의 참여를 이끌어내는 방법뿐이라는 공식을 제대로 이해한 것이다. 도널드 트럼프 미국 대통령이 하루에도 몇 번씩 트윗을 하고, 국내 보수정당을 대표하는 정치인이 누구보다 발랄한 유튜브 영상을 제작해 송출하는 것도 바로 이런 연유에서다.

신권력의 문제점도 드러났다. 신권력이 주류가 된 세계에서는 실제 일어난 일보다 개인적인 신념이나 감정이 여론 형성에 더 큰 영향을 미치는 경우가 종종 벌어진다. 재미없는 진실보다는 감정을 동요시킬 만한 흥미로운 거짓이 더 큰 영향을 발휘하는 '탈진실post-truth'의 세계에서 우리는 옳다고 생각하는 가치를 지켜갈 수 있을까.

　신권력이 거대한 영향력을 발휘하는 '연결된 세상'에서 우리 모두는
말 그대로 주인이 된다. 당연히 주인에게는 책임이 따른다. 새로운 세상
을 더 살기 좋은 곳으로 만들려면 물결치는 거대한 흐름에 속절없이 휩
쓸리기보다 잠깐 멈춰 서서 흐름의 이유와 시작과 과정 그리고 전망을
담은 방향성을 곰곰이 따져봐야 할 것이다.

'좋아요'에 휘둘리는 리얼라이프

사람들은 늘 누군가와 '함께하기'를 원한다. 인간관계의 기본이 소통과 상호작용인 만큼 누가 시키지 않는데도 모임을 만들고 협력하는 과정이 자연스럽다. 세상 돌아가는 일에 관여하는 것조차도 '함께하기'를 꿈꾸는 본능의 연장선 위에 있다. 사람들은 때로 위험을 무릅쓰며 도전하고, 손해 보는 일에도 깊이 관여한다. 함께하기는 새로운 문화를 만들며 세상을 바꿨다.

하지만 온라인 세상이 열리기 전까지는 개인이 '참여할 기회'를 얻기란 쉽지 않았다. 뜻이 맞는 사람들과 수시로 연락할 수단이 마땅치 않았고, 시간과 정성을 들여 사귀기 전에는 누구와 뜻이 맞는지조차 알기 어려웠다. 마음 맞는 사람을 찾아도 때로 그들은 너무 먼 곳에 있었다. 사람들의 불편을 이해하고 함께하고자 하는 욕구를 정확하게 파악해 온라인 세상에서 마음껏 펼치도록 한 도구는 바로 SNS다.

하지만 모든 기술에는 빛과 그늘이 있다. 기술이 강력하면 강력할수록 그늘은 짙어진다. 페이스북과 트위터, 유튜브와 인스타그램 등은 관계를 맺고 공동체를 결성하는 데 아주 유익한 도구지만 한편으로는 이전까지 접해보지 못한 새로운 문제를 일으키기도 한다.

참여하고 연결될수록
'나'를 잃어가는 사람들

SNS와 친숙한 청소년들은 능숙한 의사소통 능력을 갖추고 있다. 사람들 앞에서 자신의 의견을 피력하는 데 거침이 없고 카메라 앞에서조차 자유분방하다. 과제를 할 때면 단톡방(단체 메신저 대화방)으로 능숙하게 의견을 조율하고, 완성된 결과물은 대중에 공개해 피드백을 받기도 한다.

하지만 이들도 때로는 온라인 세상의 거대한 소통 속에서 길을 잃고 헤맨다. 자신의 경험과 감정을 공유하고 세상사에 참여하고 싶어 하는 것이 인간의 욕망이라면 타인에게 인정받고자 하는 마음도 인간의 본능이다. SNS 세상 속 '좋아요'는 이 같은 인간의 인정 욕구를 자극하며 사회적 부작용을 낳았다. 자신의 생각과 경험, 판단조차 '좋아요' 수에 휘둘리기 시작한 것이다.

SNS에 올릴 자극적인 영상과 사진을 얻기 위해 벌어지는 사건 사고들이 대표적인 예다. 세간의 주목을 끌기 위해 거짓말을 하고 '인생 샷'을 건지기 위해 출입금지 푯말을 무시한 채 위험 지역에 들어선다. 유명인의 SNS에 악성 댓글을 달거나 허위 정보를 만들어내는 행위도 비슷한 욕망에서 시작된다.

비즈니스 세계에서는 소위 '인플루엔서influencer'의 말 한마디로 상품 매진 사례가 잇따르며 극단적인 소비 쏠림 현상이 나타나는 경우도 있다. 지난 2019년에는 무려 다섯 편의 천만 영화(⟨극한직업⟩ ⟨어벤져스: 엔드게임⟩ ⟨알라딘⟩ ⟨기생충⟩ ⟨겨울왕국 2⟩)가 탄생한 반면, 관객 수 500만~800만 명 사이의 흥행을 기록한 '중박' 영화는 거의 없어 흥행 양극화는 더욱 심해지는 추세다. 영화를 예매하기 전 관련 정보를 검색하면서 좋은 평가를 받는 영화에 관심이 쏠리는 현상이 가속화하는 것이다. 극장 사업자들 역시 시사회가 끝난 뒤 SNS에서 '핵노잼(정말 재미가 없다)'이라는 평가를 받은 영화에는 영화관을 적게 배분하는 경향이 부쩍 늘었다. 관객이 다양한 영화를 골라서 볼 수 있는 기회가 그만큼 줄어드는 셈이다.

사진과 영상을 공유하는 인스타그램과 유튜브 등이 인기를 끌며 '보기 좋은 것', 즉 외형적인 것의 가치가 지나치게 높아지기도 했다. 예쁘고 독특한 사진을 올려 '좋아요'를 받고자 하는 2030세대의 욕망이 본질을 벗어나기 시작하고 있다. 맛보다는 분위기를 더 따지는 레스토랑과 커피숍, 제품의 질보다는 포장과 마케팅이 중시된 세상을 불러온 것이다.

보기 좋은 것을 선호하는 게 뭐가 문제냐는 반론이 나올 수도 있겠지만 껍데기가 본질을 뒤흔든다는 점에서 보면 마냥 반길 수는 없는 노릇이다. 삶의 모든 영역을 보기 좋은 것이냐, 그렇지 않느냐로 판단하는 세상은 분명 끔찍한 미래다.

SNS에서 가짜 뉴스가 범람하는 이유

가짜 뉴스 역시 SNS 플랫폼의 출현, '좋아요'에 휘둘리는 세계와 관련이 깊다. 가짜와 거짓말은 인류 역사에서 늘 존재해왔지만 가짜가 이토록 영향력을 발휘한 적은 찾아보기 어렵다. 이는 SNS 속 세상을 움직이는 힘이 이성이 아닌 감정이기 때문이다.

페이스북과 유튜브에 콘텐츠를 더 알리려면 감정선을 건드려야 한다. 이때 굳이 감정의 옳고 그름 혹은 긍정과 부정 같은 가치관을 개입시키지 않아도 된다. 심지어 사실 여부의 중요성도 떨어진다. SNS는 옳고 그름을 거르는 기능이 없고 단지 클릭 수와 '좋아요' '공유' 등의 참여율만 계산하기 때문이다. 가짜 정보라도 좋으니 최대한 충격적이고 극단적인 내용을 담아 최대한 많은 사람의 참여를 이끌어낸다면 SNS에서 성공한 콘텐츠가 된다. 참여율이 높은 콘텐츠는 페이스북과 유튜브의 추천 알고리즘에 영향을 미쳐 더 많은 사람에게 추천되고 배포된다.

콘텐츠의 조회 수와 시청 시간에 따라 창작자에게 수익을 배분하는 동영상 플랫폼 유튜브의 등장은 가짜 뉴스가 범람하는 최근의 세태와 결코 무관하지 않다. 동영상 콘텐츠로 돈을 벌고자 하는 사람들에게 가짜 뉴스란 비용 대비 효율성이 아주 높은 성공적인 아이템 중 하나다.

플랫폼 기업에게도 가짜 뉴스는 사업을 번창시키는 유익한 요소다. 플랫폼이 확장하려면 많이 읽히고 많이 공유되는 콘텐츠가 필요하다. 한

번 클릭하는 횟수가 같은 비중인 만큼 옳고 그름의 가치 판단은 끼어들 여지가 없다. 페이스북과 유튜브는 최근까지도 진짜 뉴스 옆에 가짜 뉴스를 나란히 배치하고 있다. 가짜 뉴스를 만들어내는 계정을 신고해도 계정 삭제와 같은 적극적인 조치는 기대하기 어렵다.

최근 들어 SNS 기업들은 사회적 논란을 의식한 듯 진짜 뉴스를 별도 분류해 제공하는 조치를 취하고 있다. 하지만 플랫폼상에서 가짜 뉴스를 원천 봉쇄하려는 움직임은 아직 감지되지 않는다. 가짜 뉴스에 뒤따르는 수십억 건의 클릭과 수익을 쉽사리 포기하기 어려워서일지도 모른다.

국내 사정도 크게 다르지는 않다. 뉴스 콘텐츠에 달리는 악성 댓글로 인해 연예인들이 자살하는 등 심각한 사회 현상이 빚어지고 있지만, 국내 포털업체들은 긴 시간 그저 지켜보기만 하고 있다. 자극적인 연예 뉴스가 가져다주는 트래픽과 광고 수익을 포기하기 어렵기 때문일 것이다. 최근 연예 뉴스 일부에 댓글 창을 닫는 시도가 이어지고 있지만 일부 포털업체들은 자신들은 그저 '플랫폼'일 뿐 언론사가 아니라는 입장을 고수한다. 뉴스의 진위 여부 가리기는 자신들의 몫이 아니라는 주장이다.

한국언론진흥재단의 조사에 따르면, 우리나라 국민 10명 중 8명은 포털 등 검색사이트에서 뉴스를 보고 있으며 10명 중 6명이 포털을 언론으로 인식하고 있었다. 여론이 이러하다면 포털사는 이미 국내 최대의 언론사 역할을 수행하는 셈이다. 온라인 세상에서 가짜 뉴스가 사라지려면 포털사가 영향력 있는 언론사의 편집자로서 책임을 다해야 한다. 그리고 우리는 포털사에 사실 확인에 노력을 기울이고 언론 윤리를 지킬 것을 더 강력히 요구해야 한다.

확장된 '연결' 속
약해진 '연결 고리'

　　　　　SNS의 등장은 사람 간의 연결을 확장해 서로 쉽게 관계를 맺을 수 있도록 했다. 마음이 맞는 친구를 찾고, 말을 걸어 사귀고, 놀이를 하며 애정을 쌓아가는 과정이 SNS 세상에서는 매우 빠르고 간단하다. 과거 같은 반 친구들의 이름을 외우기 위해 한 명씩 얼굴을 맞대며 인사를 나누던 노력은 이제 메신저 단톡방을 열고 한 줄의 자기 소개를 남기는 수고 정도로 대체됐다. '너와 친해지고 싶다'는 말은 그의 페이스북 계정에 '좋아요' 버튼을 누르는 것으로 바뀌었고, 뜻 맞는 친구를 찾기 위해 여러 모임을 기웃거리던 노력은 페이스북 통계가 추천해주는 '친구 찾기'가 해결해준다.

　이렇게 간단히 맺어진 관계가 단단하게 유지될 수 있을까. 클릭 한 번으로 맺은 친구 관계는 '차단' 버튼 한 번으로 쉽게 끊어버릴 수 있다. 디지털 사상가인 니콜라스 카Nicholas Carr는 "디지털 시대에서 사회적 애착 관계는 쉽게 맺어지는 만큼 쉽게 깨지는 소비자와 제품 사이의 관계로 전락하고 만다"라고 통찰했다.

　약한 유대 관계를 맺고 살아가는 사람들은 외로움이나 소외감으로 불안에 떤다. 그리고 이 같은 불안감은 스마트폰 중독이나 포모증후군Fear of Missing Out(고립공포감)과 같은 문제를 일으키기도 한다. 포모증후군이란 놓치거나 제외되는 것에 대한 두려움을 의미한다. 특히 SNS에서 자신만 도태되는 것은 아닌지 불안해 일상생활을 유지하기 어려울 정도로 SNS에 더욱 매달리게 되는 상황을 뜻한다.

포모증후군의 치료법은 역설적이게도 인터넷 혹은 SNS 사용을 줄이는 '디지털 디톡스'다. SNS에서 맺어진 관계가 우리 삶에서 차지하는 비중이 커지면 커질수록 이런 고립공포감은 계속될 수밖에 없기에 온라인 세상에 의존하는 일 자체를 줄여야 하는 것이다. 온라인 세상에서 맺어진 관계를 대체할 수 있는 것은 현실 세계의 친구들이다. 현실 세계의 친구들과 함께 한바탕 어울린다면 스마트폰이 손에 쥐어져 있지 않은 오프라인 상태에서도 불안감을 떨칠 수 있다.

새로운 세상은
모두를 행복하게 할 수 있을까

요즘 KTX를 타면 입석으로 가는 사람 대부분이 나이 지긋한 어르신이라고 한다. 젊은이들이 대부분 스마트폰 앱으로 좌석을 지정해가며 열차표를 예매하니 과거 방식 그대로 역에서 기차표를 끊는 어르신들은 서서 갈 수밖에 없다는 것이다. 나훈아, 장윤정 등 인기 트로트 가수의 콘서트 티켓 구매가 어른들에겐 '하늘의 별 따기'가 됐다는 말도 나왔다. 예전에도 티켓 구하기가 쉽지 않았지만 최근 수강 신청과 아이돌 콘서트 티켓 구매로 단련된 손자 손녀들이 온라인 효도에 나서면서 티켓 판매가 오픈과 동시에 매진되기 때문이다. 이야기는 손자 손녀 없는 사람들은 서러워서 살겠느냐는 우스개로 끝나곤 하지만, 듣는 사람들은 씁쓸한 느낌을 쉽게 지우기 어려울 것이다. 깊어지는 디지털 격차digital divide 속에서 세대 갈등의 조짐까지 읽히기 때문이다.

디지털 기술에
외면받는 사람들

기술이 발전하면 인간의 생활은 대체로 편리해진다. 하지만 기술의 혜택에서 소외되는 계층도 있다. IT 기술에 적응하면 수혜계층이 되지만, 그러지 못하면 소외계층으로 전락하게 된다.

패스트푸드점을 중심으로 확산되는 터치스크린 방식의 무인단말기 '키오스크'를 떠올려보자. 키오스크 단말기는 최저임금 상승으로 고민하던 자영업자 매장에 유행처럼 도입됐고, 줄 서는 일이 번거롭고 비대면 경제 활동에 익숙한 10~20대 연령층에게 인기를 끌며 시장 안착에 성공했다. 키오스크는 주문을 처리하는 속도가 빨라 직원 1.5명분의 역할을 너끈히 해내고 있다. 지치지 않는 기계를 사람 대신 쓰며 인건비를 줄일 수 있게 된 사장님들 또한 기술혁신이 가져다준 변화에 기뻐했다.

하지만 키오스크 도입은 기계 조작이 서툰 중장년층이 패스트푸드점 방문을 꺼리는 요인이 됐다. 실제로 붐비는 키오스크 앞에서 한참을 망설이다 밖으로 나가는 어르신들을 쉽게 볼 수 있다. 물론 아직은 기계 조작이 익숙지 않은 사람들을 위해 주문을 대신 받아주는 직원이 있지만, 한창 바쁜 점심시간에는 그마저도 용이하지 않아 키오스크로만 주문받는 점포가 늘고 있다.

새로운 기술은 다수의 사용자를 기준 삼아 개발하는 경우가 많기에 소수자인 장애인은 신기술로부터 외면받기 쉽다. 키오스크 역시 하체 마비

장애인들이 사용하기가 쉽지 않다는 지적이 나온다. 최근 유행 중인 음성 인식 AI(인공지능) 스피커도 청각·언어 장애인들에겐 무용지물이다. 목소리 하나만으로 조작 가능한 AI 스피커는 일반인들보다 오히려 장애인들에게 훨씬 유용한 기술일 수 있었다는 점을 고려하면 이런 결과가 아이러니하다.

이와 반대로 디지털 기술에 능숙한 사람들이 이득을 얻는 경우는 점점 더 많아지고 있다. 음식 배달앱 등 각종 쇼핑앱에서 제공하는 할인 쿠폰의 존재를 아는 사람들은 그렇지 못한 사람들에 비해 더 저렴하게 상품을 구입한다. '간편결제' 등 새로운 디지털 결제 시스템이 경쟁적으로 도입되고, 계좌나 신용카드를 한 번만 등록해두면 지문 혹은 암호 입력만으로 대금 결제가 가능해지는 간편결제 시스템은 급격하게 커지는 시장을 선점하기 위해 많은 혜택을 제공하고 있다. 일정 금액 이상 결제하면 일정 비율로 결제 대금을 그대로 돌려주는 '페이백' 서비스나 할인 쿠폰이 그것이다. 물론 스마트폰을 이용한 결제 방식이 어렵고 불편한 사람들에게는 '그림의 떡'일 뿐이다.

전문가들은 조만간 실물 화폐가 사라지고 신용카드와 간편결제가 대세가 되는 세상이 올 것이라 전망하고 있다. 과연 누가 지폐를 마지막까지 쓰는 그룹이 될까. 명쾌하게 말할 수는 없지만 그들이 우리 사회의 '주류'가 될 수 없으리라는 점 정도는 누구나 짐작 가능할 것 같다.

기술 접근성이 초래할
'위험한' 차별

지난 2019년 12월 중국에서 시작해 전 세계로 퍼진 코로나 바이러스19 감염증COVID-19 사태는 디지털 격차로 인한 문제가 더 심각해질 수 있다는 사실을 여실히 보여줬다. 전염병을 막기 위해 전국적으로 '사회적 거리 두기'를 실시하자 상반된 상황이 벌어졌다. 디지털에 익숙한 사람들은 인터넷 뱅킹과 온라인 쇼핑을 하며 별다른 동요 없는 일상을 보냈다. 하지만 고령층이나 디지털 기술에 소외된 사람들은 생필품이 떨어져도 장 보러 가기 어렵고 간단한 은행 업무도 처리하지 못한 채 불편한 나날을 견뎌야 했다.

마스크 사재기가 극심하던 당시의 상황은 더욱 참담했다. 디지털 세대가 홈쇼핑과 온라인 쇼핑몰을 헤집으며 마스크를 쟁여놓을 때 고령층은 속수무책 약국과 슈퍼마켓 앞에서 줄을 서는 수밖에 없었다. 공적 마스크가 풀린 뒤에도 상황은 나아지지 않았다. 공적 마스크가 나오는 시간과 재고 여부를 알려주는 스마트폰 앱을 이용해 때맞춰 줄을 서는 디지털 세대와 달리 고령층은 그저 지루한 기다림을 참아낼 수밖에 없었던 것이다.

정부와 전국 지역자치단체가 코로나19 사태로 긴급재난소득을 지급한다고 나선 상황 역시 이들을 난감하게 만들었다. 지원을 하는 방식이 현금이나 세금 감면이 아닌, 이름도 생소한 '지역화폐'였기 때문이다. 온라인 쇼핑몰이 뭔지도 모르는 사람에게 전용 앱을 깔고 모바일로 결제를 하라고 요구하는 게 지나치다고 토로하는 사람들도 나왔다.

디지털 격차는 결과적으로 부의 양극화를 초래하고 사회 갈등을 일으킬 수 있다. 디지털 세상에서는 기술을 독점한 자가 그 기술로 인해 더욱 부유하거나 행복해지고, 그렇지 못한 사람들은 사회에서 도태될 수도 있기 때문이다. 인공지능 기반의 스타트업을 설립한 개발자 겸 투자자인 존 고지어Jonathan D. Gosier는 "기술, 특히 첨단 기술은 해당 기술을 선점한 소수 집단의 성공 가능성을 공고히 한다. 이는 자본이 움직이는 방식과 유사하다"고 분석했다.

전문가들은 기술의 진화와 더불어 이 같은 양극화의 가능성이 점점 더 커질 수 있다고 경고한다. 새로운 기술이 더 강력해지고 더 큰 영향력을 발휘할수록 기술에 접근할 수 없는 사람들의 불편함은 증폭될 수밖에 없기 때문이다. 일례로 국내 스마트폰 전체 보유율은 2019년 기준 91.1퍼센트에 이르며 10~50대의 보유율은 무려 98퍼센트에 달한다. 스마트폰을 보유하지 않은 나머지 2퍼센트의 생활 편의성에 과연 누가 관심을 둘 것인가. 게다가 스마트폰에는 점점 더 다양한 첨단 기술이 탑재되고 있다. 이 중 어떤 기술은 이용할 수 있는 소수의 사람들과 그렇지 못한 다수의 사람들 사이에 위험한 차별을 만들어내고 있다.

심장 박동 수나 걸음 수를 체크해 건강에 이상이 있을 경우 경고 메시지를 전송, 착용자가 스스로 병원을 찾게 만드는 '디지털 헬스케어' 기술을 떠올려보자. 앞으로 이 기술을 제대로 활용하는 사람들은 그러지 못하는 사람들에 비해 더 건강하고 오래 살 가능성이 높다. 하지만 이 기능이 탑재된 도구를 가지려면 현재 기준 적어도 40만 원 이상의 값은 치러야 한다. 사용법도 아주 쉽지만은 않다. 좋은 기술인 것은 분명하지만 누구에게나 열려 있는 기술은 아니라는 뜻이다.

최근 생명공학 분야에서 주목받고 있는 융합 신기술인 '전장유전체분석WGS; Whole Genome Sequencing' 같은 경우는 용어부터 일반인에게 거부감을 줄 정도로 어렵다. 한 사람이 가진 개별 유전체 데이터를 통째로 분석해 각 개인에 꼭 맞는 진단과 치료법을 찾아내는 기술인데 워낙 값이 비싸 2011년에야 처음으로 시도됐다. 유전체를 분석하는 데 드는 비용이 당시 10만 달러(한화 약 1억 2천만 원)로 만만치 않은 비용이었다. 최초로 이 기술을 사용한 사람은 바로 애플의 창업자이자 당시 췌장암 말기로 고통받고 있던 IT 부호 스티브 잡스였다. 해당 기술은 꾸준히 발전해 9년이 지난 지금 비용이 100분의 1 수준까지 떨어졌다. 하지만 여전히 문턱 높은 치료법이다.

기술이 중심이 된 세상을 제대로 맞이하려면 모든 사람이 '디지털 문해력literacy'을 갖춰야 한다. 스마트폰을 활용해 메신저를 사용하고 인터넷에 접속하는 수준을 넘어 전자상거래까지 원활하게 활용할 수 있어야 한다. 하지만 이 같은 목표는 고령 인구 개개인의 노력만으로는 결코 달성할 수 없다. 은퇴자들로 구성된 고령층 집단은 기술을 어렵게 느끼기도 하지만 디지털 기기를 적극적으로 활용하려는 동기조차 높지 않기 때문이다.

과학기술정보통신부가 매년 발표하는 디지털 정보 격차 실태조사에 따르면, 일반 국민을 100으로 가정할 때 장애인과 고령자, 농어민, 저소득층 등 정보 취약계층의 디지털 정보화 수준은 69.9에 불과했다. 디지털 정보화 수준은 디지털 기기 보유 등을 의미하는 접근 수준, 인터넷의 기본적인 이용 능력을 말하는 역량 수준, 인터넷을 양적·질적으로 활용하는 정도인 활용 수준을 포함한다. 2019년 발간된 자료에 따르면, 이들은 유무선 디지털 기기를 보유하고 있고 인터넷에 접속할 수 있는지를 물어 판단하는 디지털 접근 수준에서는 97.1로 높은 점수를 얻었지만 활용 수준과 역량 수준은 60퍼센트 정도에 머물렀다. 정보 취약계층 가운데서도 고령층의 디지털 활용 능력은 가장 뒤처진다. 무선 네트워크를 설정할 수 있는 고령층은 51퍼센트에 그치고, 스마트폰 애플리케이션을 설치해 이용할 줄 아는 고령층은 39.7퍼센트 수준이다. 컴퓨터로 문서나 자료를 작성할 수 있는 고령층은 20퍼센트도 채 되지 않는다.

전문가들은 고령층을 대상으로 디지털 기술을 배우고자 하는 의지를 높이는 맞춤형 서비스가 필요하다고 조언한다. 온라인 쇼핑이나 간편결제 등 실생활에 바로 접목할 수 있는 기술 위주로 교육해 고령층 스스로가 디지털 격차를 해소하고 싶게끔 해야 한다는 의미다.

또 한두 번의 교육으로는 디지털 기술에 접근하기 어려운 사람들에게 조력자를 매칭해주는 방법도 고려해볼 만하다. 온라인 쇼핑몰에서 휴지나 마스크를 사야 할 때마다 옆에서 주문결제를 도와주는 조력자가 있다면 여러 번의 경험을 통해 고령층도 충분히 기술을 습득할 수 있다. 곧바로 도움을 줄 수 있는 동거 가족이 있다면 이상적이겠지만 봉사활동이나 공공의 노력으로도 충분히 해결할 수 있다.

두 개의 세상을 현명하게 살아가려면

일반적으로 온라인 또는 디지털 세계가 본격적으로 열린 시기를 스티브 잡스가 스마트폰을 처음 소개한 2007년 무렵으로 본다. 스마트폰과 인터넷, 통신 기술이 일상을 파고들어 떼려야 뗄 수도 없어진 지금에 이르기까지 10여 년밖에 지나지 않았다. 그래서일까. 지금까지 기술이 사회에 미친 영향을 연구하는 많은 학자들은 여전히 온라인(또는 디지털로 구축된 가상의 세계)을 오프라인(또는 물리적이고 실제적인 세계)과 분리된 것으로 바라본다. 연구자들은 현대인이 온라인과 오프라인이라는 두 개의 다른 세계를 독립적으로 살고 있다고 주장한다.

최근에는 두 세계가 완전히 분리되어 존재하는 건 아니라는 생각에도 힘이 실리고 있다. 일상 속에서 온라인과 오프라인의 삶이 중첩되는 순간이 잦아지는 만큼 두 세계가 상호작용하며 영향을 미치는 경우도 늘어나고 있다. 두 개의 세상에서 조화롭고 현명하게 살아가려면 우리는 어떻게 해야 할까.

"나는 누구? 여기는 어디?"
분열하는 정체성

　　　　　　　현실 세계에서 관계를 맺기 위해서는 자신이 누구인지를 먼저 드러내야 한다. 하지만 익명으로 존재할 수 있는 온라인 공간에서는 그럴 필요가 없다. 사람들은 종종 온라인에서 자신의 실체를 드러내지 않고 다른 정체성을 발현해 새로운 관계를 맺으려고 시도하기도 한다.

　특히 현실 세계에 적응하지 못하는 사람들에게 온라인 공간은 자유를 선사했다. 이곳에서는 성(性), 가족, 사회 등 현실 세계에서는 쉽게 변하지 않는 '고정된 정체성'에서 벗어나 자신이 원하던 정체성을 스스로에게 부여하는 일이 가능해졌다. 하지만 이렇게 온라인 세상에서 만들어진 정체성은 때때로 부정적으로 작동하며, 가끔은 그것을 만들어낸 자신도 혼란스럽게 만든다. 대표적인 사례가 악성 댓글이다. 물리적인 세계에서도 대중을 향해 과격한 언사나 모욕적이고 선동적인 표현을 골라 하는 '문제적' 인물이 있지만, 온라인 세상에서는 그 숫자가 유난히 많다.

　우리는 왜 온라인 세상에서 더 악해지는 것일까. 연구자들에 따르면 온라인 세상이 가진 중요한 특징인 익명성이 '온라인 탈억제 효과online disinhibition effect'를 불러오기 때문이다. 이것은 자신이 누구인지 숨길 수 있을 때 평소 자신을 억제하던 사회적 규범을 무시하는 현상을 말한다. 미국 휴스턴대학교의 한 연구팀이 이민을 다룬 기사에 달린 댓글 900개를 분석한 결과는 이런 주장을 뒷받침한다. 연구에 따르면 실명 사용자의 댓글 중 29퍼센트만이 저열한 댓글이었지만 익명 사용자 댓글에서는 이 비율이 53퍼센트까지 치솟았다.

익명의 공격자들에게 다른 이용자들로부터 주목받고 싶다는 기묘한 '인정 욕구'까지 있다면 상황은 더 나빠진다. 이들은 자신들의 공격성을 더 과시하고 더 눈에 띄기 위해 일부러 조회 수가 많은 기사나 유명인에 관한 기사를 찾아가 꼬투리를 잡고 욕설을 쏟아낸다. 특히 첨예한 이슈에는 극단적이고 선명한 댓글이 더 높은 공감을 받는 경우가 많다. 자신이 쓴 악성 댓글에 붙은 '좋아요'의 숫자가 커질수록 이들은 점점 더 과격해진다.

온라인에서 더 악해지는 이유가 익명의 공간이 만들어낸 정체성이 내포한 취약성 탓이라는 의견도 있다. 독일 뒤스부르크에센대학교의 레오니 뢰스너Leonie Rösner 교수 연구팀에 따르면 인터넷 공간에서 사람들은 쉽게 자신의 정체성을 잃고, 이를 해소하기 위해 '네 편/내 편' '여성/남성' '가난한 사람/부유한 사람'과 같이 구분 짓기 쉬운 집단으로 매몰하기 쉽다. 이 때문에 온라인에서는 주변 분위기에 쉽게 휩쓸려 자신과 다르다고 생각하는 사람들에게 집중 공격을 퍼붓는 일이 오프라인에서보다 더욱 자주 일어난다.

더 선명해지고
가까워지는 가상의 공간

새로운 기술이 등장할수록 혼란은 가속화할 수밖에 없다. 특히 가상현실Virtual Reality 기술이 보편화하면 혼란은 최고조에 다다를 것이라는 전망이 지배적이다. 가상현실은 컴퓨터 기술을 활용해 어떤 특정한 환경이나 상황을 실제처럼 만들어 그것을 접하는 사람들조차 마치 실제 주변 상황 및 환경과 상호작용하고 있다고 느끼게 만드는 기술이다.

지금 세계의 공학자들은 가상 세계 속에서 움직이는 나의 캐릭터(정체성)가 물리적 세계를 살아가는 실제의 나와 똑같다고 느끼게끔 만드는 작업, 즉 가상현실 속에 있으면서도 실제 현실에 존재한다는 '현존감being there'을 높이기 위한 연구에 매진하고 있다. 가상현실이 잘 작동하면 우리의 가상 세계는 실제의 물리적인 세계만큼이나 매끄럽게 움직이고, 사람들은 점차 가상과 실제 사이의 경계를 발견할 수 없게 될 것이다. 자신이 살고 싶은 가상현실을 만들어 실제와 연결이 끊긴 환상의 세계로 빠져드는 일이 더 이상 공상과학영화 속 이야기가 아니게 되는 것이다.

혹자는 이것이 왜 문제냐고 반문할 수도 있다. 온라인 세상이든 어디든 간에 자신이 선택한 정체성을 가지고 살아가는 편이 훨씬 자유롭고 인간적일 수 있다는 반론이다. 하지만 온라인과 오프라인 사이에는 근본적인 차이가 있다. 인간에게는 육체가 있고, 이 육체가 실존하는 물리적 공동체에는 가상 공동체가 따라갈 수 없는 깊이가 있다.

역사학자 유발 하라리Yuval Harari는 육체와 떨어진 온라인 세상에서 살아가는 일에 대해 이렇게 말했다.

"자기 몸과 감각, 물리적 환경에서 멀어진 사람들은 소외감을 느끼고 방향감각을 잃기 쉽다. 논평가들은 그런 소외의 느낌을 종교적이거나 민족적인 유대감이 퇴조한 탓으로 돌리지만 아마도 자기 몸과의 접촉을 잃어버린 것이 더 중요한 원인일 것이다. 자기 몸 안에서 편안함을 느끼지 못하면 세계에서도 결코 평안을 느끼지 못한다."

그렇다면 온라인과 오프라인 속의 정체성을 하나로 일치시키는 것은 심리적 안정을 찾는 데 도움이 될까. 그렇지 않을뿐더러 가능한 일도 아니다. 온라인 정체성은 현실 공간의 실제와 연결돼 있지만 현실과 온전히 합치되는 것이 아니다. 일례로 사람들은 대부분 온라인 공간에서 수십 개의 계정을 보유하고 있으며 때로는 원래 쓰던 계정을 버리고 새로 만들기도 한다. 이는 하나의 이름을 가지고 살아가는 현실 세계에서 결코 쉽지 않은 일이다. 온라인 공간의 정체성은 내 안에서 발현되는 정체성 가운데 한 조각 정도로 생각하는 편이 바람직하다. 뜻밖의 모습을 발견하더라도 '내게도 이런 면이 있었구나' 정도로 생각할 수 있다면 내면의 지평을 넓혀가는 데 많은 도움이 될 것이다.

온라인과 오프라인의
균형 찾기

온라인 세상이 차지하는 비중이 커지면서 오프라인과의 균형을 유지하기 위한 노력이 필요해졌다. 모든 기술이 그러하듯 기술 자체에는 선악이 없으며, 따라서 온라인과 디지털 기술을 제대로 활용한다면 우리 삶은 더없이 윤택해질 수 있다.

미국 캘리포니아대학교 제임스 파울러James Fowler 교수 연구팀의 연구 결과에 따르면 SNS의 적절한 사용은 사망률을 줄이고 건강을 증진하는 효과도 있다.* 연구팀은 캘리포니아에 거주하는 페이스북 사용자들의 6개월간 페이스북 활동을 추적하고 건강 기록을 분석한 결과, SNS 이용자들이 비사용자들보다 사망 위험률이 12퍼센트 낮다는 사실을 확인했다.

이 같은 현상은 특정 유형의 이용자들에게 두드러지게 나타났는데 바로 페이스북에 사진을 올릴 때 자신과 함께 찍은 사람들의 이름을 많이 태그tag하는 사람들이었다. 태그한 사람이 많다는 건 오프라인에서도 많은 사람과 교류하며 지낸다는 것을 뜻한다. 즉 이들은 현실 세계에서 활발한 교우 관계를 맺고 이후 온라인에서 관계를 돈독히 하려고 SNS를

---

* W. R. Hobbs, M. Burke, N. A. Christakis, J. H. Fowler, "Online social integration is associated with reduced mortality risk", *Proceedings of the National Academy of Sciences*, 2016 Nov 15 vol 13(46) pp. 12980-12984.

활용했다. SNS에서 맺는 관계가 현실 세계의 관계를 대체하는 것이 아니라 현실의 관계를 강화하는 역할을 할 때 가장 건강한 삶을 산다는 뜻이다.

온라인과 오프라인 세상에서 보내는 시간 배분도 중요하다. 미국 샌디에이고 주립대학교 심리학과 진 트웬지^{Jean Twenge} 교수와 연구팀은 우리가 스마트폰과 태블릿, 노트북, 데스크톱 등 스크린을 보면서 보내는 시간이 길어질수록 행복 지수가 떨어질 수 있다고 밝혔다.* 미국 13~14세 아동 110만 명의 데이터를 분석한 결과, 디지털 기기에 할애하는 시간이 가장 적은 아동집단의 웰빙 지수가 가장 높았고, 주 40시간 이상 사용하는 아동은 이보다 2배가량 행복도가 낮았다.

변화에 맞춰
변화하기

지금까지 온라인이 오프라인 세상 속으로 깊숙이 들어온 세계에 대해 논하고, 그 변화 속에서 현명하게 대처하는 방법을 살펴봤다. 하지만 이 모든 논의가 곧 부질없는 일이 될지도 모른다. 지금 이 순간 변화의 속도는 너무도 빠르고 예측 불가하기에 미래가 어

---

* J. M. Twenge, G. N. Martin, & W. K. Campbell, "Decreases in Psychological Well-Being Among American Adolescents After 2012 and Links to Screen Time During the Rise of Smartphone Technology", *Emotion*, 2018 Sep, 18(6), 765–780.

떤 모습일지는 누구도 단언할 수 없기 때문이다.

디지털 기술이 처음 변화시킨 것은 음악과 영화 등의 정보재information goods로 국한됐지만, 이제는 냉장고나 자동차 등 내구소비재 부문에서도 변화의 물결이 일고 있다. 사물인터넷IoT; Internet of Things 기술이 발전하면서 모든 사물이 네트워크로 연결되고 있다. 집 안의 모든 사물을 원격조정하고 날씨 정보와 농작물 가격 등을 연결해 열매를 맺는 시기를 조정해주는 스마트 농장도 시범 운영되고 있다. 운전자보다 더 똑똑한 인공지능이 자동차를 운전해주는 자율주행 자동차의 시대도 곧 열릴 것이다. 이런 세상은 지금까지 우리가 경험해보지 못한 혜택과 편의를 제공하는 한편, 마찬가지로 지금까지와는 전혀 다른 새로운 삶의 방식을 요구할 것이다. 우리가 세계 혹은 다른 사람들과 상호작용하는 방식 역시 완전히 달라질 수 있다.

디지털 시대의 유일한 상수는 '변화'다. 새로운 기술의 등장 간격은 점점 짧아지고 있으며 변화 속도 또한 점점 빨라지는 중이다. 이런 시기에 성공하는 사람과 실패하는 사람은 지극히 작은 차이로 갈리는데, 그 기준은 바로 '변화에 적응할 수 있느냐'이다. 우리는 불과 1년 뒤 난생처음 보는 도구들을 능숙하게 다뤄야 하는 환경에 내던져질 수도 있다. 살아남기 위해서는 최대한 빨리 변화를 받아들이는 수밖에 다른 방법이 없다.

하지만 변화를 마냥 두려워할 필요도 없다. 불과 10년 전만 해도 많은 사람이 스마트폰을 낯설고 불편하게 여겼지만 이제 한국의 경제활동인구 99퍼센트가 스마트폰을 자유롭게 사용한다. 게임을 즐기듯 변화의 물결에 올라타자. 유행한다는 앱을 내려받고 SNS 계정을 만들어보자. 변화에 올라타서 즐기는 것이야말로 끝없이 변하는 세상에 휘둘리지 않는 가장 확실한 방법이다.

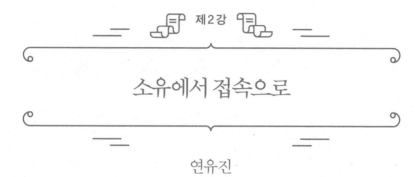

제2강

소유에서 접속으로

연유진

기술이 바꿀 미래를 균형 잡힌 시선으로 바라보기 위해 노력하는 작가. 경희대학교에서 언론정보학과 경제학을 전공했으며 2019년까지 서울경제신문사에 기자로 몸담았다. 백상경제연구원과 서울시 교육청이 공동 운영하는 인문학 프로젝트 '고인돌(고전 인문학이 돌아오다)' 강사로 활동했다. 저서로는 《유튜브 탐구 생활》《4차 산업 혁명이 바꾸는 미래 세상》《최소한의 국제 이슈(공저)》가 있다.

대량생산과 소유의 시대

20세기까지만 해도 재화를 온전히 소비하고 그 재화의 효용가치를 원하는 대로 누리려면 독점적이고 배타적인 소유권부터 먼저 확보해야만 했다. 남들이 부러워할 만한 명품 수트에 가방 그리고 멋진 자동차에 고급 주택까지 모두 갖추려면 먼저 '내 것'으로 만들어야만 했다. 그래서 사람들은 힘들게 일해서 번 소득을 재화를 소유하는 데 기꺼이 지불했다.

소유와 결핍의 문제

문제는 극소수 부자를 제외한 보통 사람들의 소득이 늘 한정돼 있기에 선택이 필수라는 것이었다. 한정된 소득으로 스포츠카, 세단, SUV를 모두 소유하는 건 합리적이지 못한 소비가 분명했다. 사람들은 '자동차'라는 카테고리에서 가장 큰 만족을 얻을 수 있는 재화 한두 개를 골라 내 것으로 만들었다.

선택의 갈림길에 선 소비자들의 결핍은 당연지사. 이들에게는 때로 소유 자체가 행복이기도 하다. 한정판 운동화를 구매해 신발장에 고이 모셔두는 행위처럼 말이다. 운동화를 소비해서 누리는 본연의 효용인 편리함이나 멋 부리기를 포기하는 매우 비합리적인 행위지만, 운동화에 때라도 묻을까 전전긍긍해하며 신발장을 열어보는 것만으로도 행복을 느끼는 것이다.

재화의 소유권은 판매자와 구매자가 만나는 공간인 시장에서 거래됐다. 재화의 가격은 시장에서 거래되는 소유권의 가치를 화폐로 책정한 것이다. 소비하기 위해 소유해야 하는 환경에서 시장과 가격은 자연스럽게 자본주의의 근간이 되었다. 시장과 가격의 작동 원리는 마치 자연의 법칙처럼 느껴질 정도였다. 우리는 한마디로 '소유의 시대'를 살았다.

'소유의 시대'에 재화의 소비로 얻는 효용가치를 최대로 높이기 위해서는 어떻게 해야 할까? 더 많은 사람이 더 낮은 가격에 재화를 소유할 수 있어야 한다. 무료와 다를 바 없는 가격에 TV를 만들고 소유할 수 있는 국가를 상상해보자. TV라는 재화가 세상에 존재함으로써 사람들이 누리는 총량은 가장 클 것이다.

그런데 재화의 생산비와 유통비를 결정하는 중요한 경제적 법칙이 있다. 바로 '규모의 경제'다. 규모의 경제는 일정 수준까지 생산량을 늘릴 때 재화 한 개의 평균 생산 및 유통 비용이 낮아지는 효과가 발생하는 것이다. 모든 산업에 이 법칙이 맞아떨어지지는 않지만, 대규모 자본을 투입해 생산해야 하는 제조업에서는 대체로 통한다.

생산 및 유통비용 절감은 최종 소비자 가격을 낮추는 결과로 이어진다. 이는 기업이 경쟁에서 살아남아 더 많은 소비자의 선택을 받을 수 있는 원동력이었다. 그래서 기업들은 회사의 규모를 키우고 계열사를 확장해 수직적인 구조를 만드는 데 힘을 쏟았다. 규모의 경제로 거래비용을 낮추고 생산 및 유통의 한계비용을 줄이기 위해서다. 자유시장을 향한 믿음이 절정에 이르렀던 2000년대 초반만 해도 대형화를 위한 인수합병M&A과 산업의 구조조정을 자본주의가 나아가야 할 올바른 길로 여겼던 것도 이 때문이었다.

협력적 공유사회의 도래

소유의 시대에 변화가 올 것을 예측했던 문명비평가이며 워싱턴 경제동향연구재단FOET 설립자인 제러미 리프킨Jeremy Rifkin은《한계비용 제로 사회》에서 대중이 기업의 대형화와 수직적 통합을 수용한 까닭은 낮은 소비자가로 얻는 혜택이 있었기 때문이라고 설명한다. 소비자들은 한정된 수입으로 더 많은 재화를 구매하고 생활수준을 높일 수 있었기에, 특정 산업에서의 과점 체제와 경제력 집중을 사실상 용인해줬다.

소유를 전제로 한 경제관은 경제지표를 만들고 활용하는 데도 큰 영향

을 미쳤다. 한 나라의 경제수준을 보여주는 국내총생산GDP이 대표적이
다. GDP는 한 국가 안에서 가계, 기업, 정부 등 모든 경제주체가 일정 기
간 생산해낸 모든 부가가치를 시장가격으로 평가해 더한 값이다. 그런데
중고거래처럼 새롭게 생산하지 않은 제품의 거래는 GDP에 포함되지 않
는다. 중고 재화로 누군가는 분명히 효용을 얻음에도 불구하고 말이다.
이런 계산법은 새로 물건을 만들고 그 물건을 소유함으로써 온전히 소비
할 수 있다는 경제관에서 출발한 것 아닐까?

그런데 요즘 기존의 경제관에 변화가 감지된다. 공유경제, 구독경제,
중고시장 등 과거에는 볼 수 없었던 새로운 유형의 생산과 소비형태가
나타나고 있다. 사유재산을 기본으로 하지 않고 여러 사람이 공동으로
재화를 소유하고 소비하는 '협력적 공유사회'가 도래한 것이다. 제러미
리프킨은 이렇게 달라진 경제활동이 접속권을 기반으로 이뤄질 거라 예
상했다. 그래서 그의 대표 저서 《소유의 종말》의 원제목도 '접속의 시대
Age of Access'다.

지금 변화를 주도하고 있는 세대는 막 경제주체로 떠오른 10~20대,
즉 Z세대다. 이들이 변화를 이끄는 것으로 보이는 건 소비주체로 편입된
지 얼마 되지 않아 관성에 의해 움직이지 않기 때문일 것이다. 과거의 방
식이 아닌 주어진 현재 조건에 따라 최선의 경제활동을 한다.

Z세대부터 시작된 변화는 짧은 시간 안에 모든 세대로 퍼져나가 새로
운 표준으로 자리 잡을 것이다. 보수적이고 관성적으로 움직이던 30대
이상 기성세대도 결국 달라진 시대의 새로운 소비방식을 받아들일 수밖

에 없다. 인류를 둘러싼 환경과 기술이 달라지면서 경제관에 근본적인 변화가 일어나는 것이다. 새로운 패러다임이 만들어내는 변화는 우리가 알아차리지 못한 사이에 우리 곁에 와 있다.

그렇다면 무엇이 우리를 소유의 시대에서 접속의 시대로 이끌고 있을까? 배타적 소비가 아닌 협력적 공유를 토대로 한 경제활동이 일상화된다면 우리의 삶은 어떻게 바뀔까? 새로운 시대를 맞이해 우리는 무엇을 준비해야 할까?

공유경제, 구독경제, 중고거래의 공통점

이번에는 '소유의 시대'에서 '접속의 시대'로 경제 패러다임이 전환하면서 나타난 현상들에 대해 얘기해보자.

자동차는 우리를 싣고 어딘가로 이동하기 위해 만들어진 재화다. 그런데 실은 도로를 달리는 시간보다 주차장에 서 있는 시간이 훨씬 길다. 존재의 가치를 뽐내며 누군가에게 효용을 주는 시간보다 그러지 않는 시간이 훨씬 긴 것이다. 그런데도 우리는 잠깐의 편의를 위해 수천만 원에서 수억 원에 이르는 돈을 기꺼이 지불한다.

그렇다면 자동차의 소유권이 아니라 꼭 필요한 1시간의 이용권을 살 수는 없을까? 원하는 시간, 원하는 장소에서 자동차를 편리하고 쾌적하게 사용할 수만 있다면, 자동차가 이동수단으로서 운전자에게 주는 효용은 거의 달라지지 않을 텐데 말이다. 그 대신 여러 사람이 자동차를 소유하고 유지하기 위한 비용을 나눠서 낼 수 있으니, 한 사람이 맡아야 하는 부담은 훨씬 줄어들 것이다.

새로운
접속의 시대

공유경제는 이러한 아이디어에서 출발한 개념이다. 즉 접속을 통해 유휴 상태로 남아 있던 재화를 소비해 효용을 극대화하는 소비형태다. 2008년 로런스 레식Lawrence Lessig 하버드대 교수가 《리믹스》에서 창안한 후 자동차, 집 등 다양한 재화를 공유하는 서비스가 일상 속으로 파고들면서 이제는 익숙한 개념이 됐다.

공유경제는 이름에서부터 알 수 있듯 과거의 배타적 소비방식에 정면으로 도전한다. 소유권을 가진 재화를 유휴 상태로 놓아두는 대신, 다른 사람들이 재화에 접근해 사용할 수 있도록 허용한다. 재화가 주는 효용을 접속권의 형태로 만들어 시장에 공급하고 소비자들에게 이용료를 받아 새로운 가치를 창출하는 것이다. 덕분에 소비자들은 재화를 소유한 것과 다름없는 효용을 누릴 수 있다.

구독경제도 공유경제와 마찬가지로 접속을 통한 소비에 바탕을 두고 있다. 구독경제는 사용자가 원하는 상품이나 서비스를 공급자가 주기적으로 제공하는 유통방식을 의미한다.

사실 구독이라는 단어가 우리에게 생소한 개념은 아니다. 과거에도 신문, 잡지, 우유 등을 주기적으로 배송 받아 사용하곤 했다. 다만 짧은 시간 가치를 발휘하고 사라져 이내 다시 새로운 재화를 구매해야만 하는 물품으로 대상이 한정돼 있었다.

구독경제에서 의미하는 '구독'은 과거와 조금 다르다. 공급자와 소비자 간 거래가 주기적으로 이어진다는 점은 같지만, 거래를 통해 재화의 소유권이 넘어가지는 않는다. 다만 재화를 일정 기간 사용할 수 있는 권리를 주기적으로 주고받는 형태다.

구독경제에서는 비싸고 오랫동안 가치를 잃지 않는 내구재부터 가볍게 소비할 수 있는 콘텐츠까지 모든 재화가 거래 대상이 된다. 스트리밍 서비스가 좋은 사례다. 굳이 콘텐츠를 디지털 장비에 내려받지 않고 온라인 상태에서 소비하는 형태는 이제 일상이 되었다. 주기적으로 구독료를 내고 서비스 제공자가 보유한 방대한 데이터베이스에 일정 기간 접속해 음악, 책 등 콘텐츠를 소비할 수 있는 모델이 일반화됐다.

또 가전제품이나 자동차처럼 오랜 기간 사용할 수 있는 고가의 제품도 구독 대상이 됐다. 구독경제의 한 형태인 전자제품 렌털 서비스를 살펴보자. 렌털 제품의 소유권은 엄밀히 따져보면 소비자에게 있지 않지만, 비용을 내는 동안에는 마치 자기 것처럼 사용할 수 있다. 아울러 필터 교환이나 청소처럼 제품 유지관리에 필요한 서비스도 받을 수 있다. 구독을 통해 소비자들은 편리함을, 공급자들은 소유권을 판매하는 것 이상의 부가가치를 만들 수 있게 됐다.

재화의 소유권이 아닌
접속권을 거래하는 사람

최근 빠르게 성장하는 중고거래도 '접속의 시대'와 맞닿아 있다. 얼핏 보면 중고거래 증가는 공유경제나 구독경제와 다른 범주로 보인다. 거래 대상이 재화의 소유권이기 때문이다. 엄밀하게 말하자면 소유주가 바뀌었는데, 이를 접속으로 보는 것이 타당한가를 두고 의문을 제기할 수도 있다.

그러나 중고시장에서 재화가 거래되는 여정을 따라가 보면, 소유가 아닌 접속을 통해 소비가 이루어지는 무대라는 사실을 알 수 있다. 사람들은 새로운 재화를 구매한 뒤 필요한 만큼만 쓰고 이를 시장에 되판다. 이때 소비자가 시장에 재화를 판매하는 공급자가 된다. 재화를 필요한 만큼 소비하기 위해 사람들이 부담하는 금액은 재화의 가격 전체가 아니라 구매가와 판매가의 차액이다.

이러한 중고거래는 재화가 망가져서 가치를 소멸할 때까지 반복된다. 구매자가 다시 판매자가 되고 새로운 구매자에게 소유권이 넘어가는 일이 계속된다. 이를 통해 사람들은 서로 필요한 만큼만 재화를 소비하게 되고, 재화의 가격을 나눠서 부담하는 효과를 얻게 된다.

과거 중고시장은 자동차, 가전제품 등 고가 제품 위주로 형성돼 있었지만, 이제는 우리가 생활에서 접하는 모든 재화가 거래의 대상이 됐다. 중고거래의 경우 개인 간 거래가 많은 탓에 시장 규모를 정확히 측정할 수는 없지만, 국내 시장 규모만 20조 원대로 추정된다. 중국인터넷연구원中國互聯網研究院은 2020년 중국 중고시장 거래 규모가 1조 위안(약 175조 원)에 이를 것으로 전망했다.

공유경제, 구독경제, 중고거래는 이제 주류 비즈니스 모델로 부상했다. 적은 비용으로 더 넓은 선택권을 누릴 수 있다는 강력한 이점 덕분에 이용자가 빠르게 늘었다. 예를 들어 월정액 도서 구독 서비스에 가입하면 책 한 권을 소유하는 비용으로 수천, 수만 권의 책을 이용해 필요한 지식을 자유롭게 습득할 수 있으며, 고가의 물건을 사용하다 적당한 시점에 되팔아 자금을 마련할 수도 있다.

이처럼 새로운 비즈니스 모델이 일상화되면 소유의 시대를 살던 인류의 최대 고민 '한정된 자원 아래서의 선택과 기회비용 문제'가 사실상 무의미해질 수 있다. 접속의 시대로 갈수록 시장은 재화의 소유권을 팔기 위해 판매자와 구매자가 만나는 장소가 아니라 공급자와 사용자가 잠시 만나 접속권을 교환하는 공간으로 변할 것이다.

새로운 생산방식

자본가(부르주아: Bourgeois)와 노동자(프롤레타리아: Proletariat). 독일의 철학자로 공산주의 이론의 틀을 만든 카를 마르크스Karl Marx는 《공산당 선언》과 《자본론》 등에서 자본주의사회의 계급을 이렇게 두 가지로 구분 했다. 두 계급을 가르는 기준은 생산수단의 소유 여부에 있다. 마르크스 는 자본가가 토지와 공장 등 생산수단을 소유하고 이를 독점했으며, 생 산수단을 소유하지 못한 노동자는 자본가들에게 노동력을 착취당하고 있다고 주장했다.

사회혁명가인 마르크스가 이러한 모순의 해법으로 '공산주의'를 주장 한 것이 적절했는지에 대한 판단은 잠시 접어두자. 여기서 논하고자 하 는 것은 마르크스가 자본주의에 대해 내린 진단이다. 적어도 마르크스가 내린 진단은 사유재산에 바탕을 둔 자본주의의 핵심을 꿰뚫고 있었다.

자본가와 노동자의
무너지는 경계

이처럼 '소유'를 중심으로 한 세계관은 소비의
영역에서만 작동하고 있던 게 아니었다. 기업 영역에서 생산을 위해 이뤄
지는 투자 역시 소비와 마찬가지로 소유에 기반을 두고 이뤄지고 있었다.

'소유의 시대'에 사람들이 가장 많은 재화를 소비하려면 '규모의 경제'
로 재화를 만들고 유통하는 데 들어가는 비용을 낮춰야 했다. 기업들은
이를 위해 엄청난 자금을 투자해 땅을 사고 생산설비를 마련했다. 생산
설비를 소유하지 못하면 원하는 만큼 재화를 생산하는 게 어려웠다. 카
펙스CAPEX; CAPital EXpenditures라는 고정자산에 대한 투자는 이미 규모의 경
제를 이룬 대기업과 막 시장에 진입하려는 기업 사이의 격차를 벌려놓는
일종의 진입장벽이 됐다.

이제 생산의 영역에서도 변화가 시작됐다. 자본가와 노동자의 경계는
소유에서 접속 기반으로 생산의 패러다임이 변화하기 시작하면서 깨지
고 있다.

2020년 1월 기준 글로벌 시가총액 2위를 차지하고 있는 미국의 정보
통신IT업체인 애플은 자체 생산 공장이 없다. 그 대신 폭스콘 등 대규모
설비를 보유하고 있는 회사에 아이폰, 아이패드 등의 주요 상품 생산을
위탁하고 있다. 설비를 소유하지 않고도 원하는 만큼 설비에 접속해 전
세계에 공급할 기기를 생산하는 셈이다.

생산한 물건을 소비자에게 배송하는 물류 분야는 어떨까? 얼마 전부터 많은 기업이 자체 물류창고를 보유하는 대신 3PL Third Party Logistics 업체를 이용해 물류를 해결하고 있다. 3PL은 원하는 시기에 원하는 만큼 물류창고의 공간을 빌려 제품을 보관하고 배송까지 맡긴 뒤 사용량만큼만 비용을 내는 것이다.

최근에는 필요한 만큼 자유롭게 접속하며 사용하는 사무공간도 늘고 있다. 다양한 형태의 공유 사무실에서는 사용하는 인원과 사무공간의 크기, 사무공간의 위치와 제공받는 서비스를 자유롭게 선택할 수 있다. 과거에도 물론 사무공간 임대를 할 수 있었지만 '접속'보다는 계약에 따른 '점유'에 가까웠다는 점에서 차이가 있다. 이제 기업들은 물건을 만들고 유통하기 위한 공장, 물류창고, 사무실을 소유하지 않고도 전 세계를 무대로 비즈니스를 할 수 있다.

생산수단도
소유 대신 접속하는 시대

IT업계를 뜨겁게 달구고 있는 '클라우드 컴퓨팅'도 앞서 살펴본 모델과 다르지 않다. 과거 IT기업들은 온라인에서 이용자들에게 새로운 서비스를 제공하기 위해 서버를 구매하고 유지관리 비용도 지불했다. 또 문서작성, 고객관리 등 생산을 위해 필요한 소프트웨어를 사용하기 위해 거금을 내고 회사의 전산 환경에 맞춰 구매해야 했다.

하지만 클라우드 컴퓨팅을 이용하면 네트워크, 스토리지, 운영체제, 소프트웨어 등 IT 자원에 필요한 만큼 접속해 사용하고 쓴 만큼만 비용을 내면 그만이다. 크리에이터들이 콘텐츠를 생산할 때 사용하는 이미지 및 동영상 편집프로그램을 만드는 어도비의 사례를 살펴보자. 과거 어도비의 고객들은 일시불 형태로 소프트웨어의 '라이선스'를 구매해 소유하고, 신규 버전이 출시됐을 때는 새로운 라이선스를 다시 구매해야 했다. 라이선스 비용이 상당히 고가였던 탓에 전문가 그룹이 아니면 선뜻 구매하기 어려웠다.

그런데 어도비는 무형의 자산인 소프트웨어에도 구독 개념을 적용해 이용자들이 저렴한 비용을 매월 지불하고 원하는 기능을 조합해서 이용할 수 있는 권리를 팔고 있다. '어도비 크리에이티브 클라우드'가 그것이다. 원한다면 언제든 구독을 해지할 수 있고, 소프트웨어의 사용 범위를 늘리거나 줄여 비용을 조정할 수 있다. 사용자들이 체감하는 비용 부담과 진입장벽이 낮아지면서 어도비 프로그램은 훨씬 대중적으로 사용되고 있다.

소유에서 접속으로 변화한 환경은 소수의 자본가만 누리던 생산수단에 대한 접근권을 훨씬 더 많은 사람에게 개방했다. 원래부터 자본가이거나 자본가로부터 투자를 받을 수 있는 소수의 창업자가 아니더라도 생산수단에 접근할 수 있게 된 것이다. 매월 발생하는 비용을 감당할 수 있는 현금 흐름만 확보할 수 있다면 큰 비용을 들이지 않고 생산수단에 접속해 부가가치를 만들 수 있기 때문이다. 이제 생산수단의 소유 여부는 더 이상 자본가와 노동자를 가르는 기준이 아니다.

물론 이러한 현상을 비판적으로 볼 수도 있다. 다수에게 생산수단에 대한 접속권을 공급하기 위해서는 누군가 거대한 규모의 생산수단을 직접 소유해야만 한다. 생산수단을 소유한 기업은 기술, 인프라 등 주요 생산수단에 접속할 수 있는 조건을 결정할 수 있다. 이러한 소수 기업의 영향력은 과거보다 훨씬 더 커질 수밖에 없다. 이럴 때일수록 정부가 새로운 생산의 시대에 맞는 정책을 세워야 한다. 접속 조건을 제공하는 기업이 횡포를 부리지는 않는지 혹은 특정 집단에 악용되지는 않는지 철저하고 투명하게 감독할 필요가 있다.

변화가 불가피한 시대에는 새로운 모험을 더 이상 우려 섞인 시선으로 바라볼 필요가 없다. 분명한 것은 우리의 선택권이 과거보다 넓어졌다는 점이다. 창업을 하거나 새로운 비즈니스에 뛰어들면서 초기 투자비용을 크게 들이지 않고도 생산수단을 갖출 수 있게 된 상황은 분명 긍정적인 변화다. 이러한 변화는 자신의 아이디어를 현실화하기 위한 진입장벽을 낮추고 혹시 모를 실패에서 오는 충격을 줄일 것이다. 아울러 더 많은 사람이 비즈니스에 뛰어들도록 유도함으로써 시장에 다양성을 공급하는 효과로 이어질 것이다.

접속의 시대를 이끄는 초연결

'접속'을 통해 소비와 생산이 자유롭게 이뤄지려면 전제조건이 있다. 사용할 수 있는 재화와 이를 공급하고 사용하려는 사람들이 거대한 네트워크 안에서 연결돼 있어야 한다는 점이다. 즉, 모든 사람과 사물이 이어져 있는 '초연결hyper-connectivity'이 일어나야 한다.

초연결이 새로운 개념은 아니다. 2000년대 초반에 인터넷이 발달하고 소셜미디어가 등장하면서 초연결이라는 개념이 쓰이기 시작했다. 이후 스마트폰 등 모바일 기기의 보급과 더불어 사물에 센서를 부착하고 네트워크에 연결하는 사물인터넷 기술이 본격적으로 도입되면서 일상적으로 사용되기에 이르렀다.

초연결이란
무엇인가

　　　　　그렇다면 초연결은 무엇인가? 지난 2012년 세
계경제포럼WEF이 발간한 〈글로벌 정보기술 보고서Global Information Report〉
는 초연결의 속성을 6가지로 정리했다.

1. 사람과 사물이 24시간 네트워크와 연결돼 있다(Always-on).

2. 기기와 사람이 연결되며 언제 어디서나 쉽게 접속할 수 있다
   (Readily accessible).

3. 웹사이트, 검색엔진, 소셜미디어 등이 모두 소비할 수 없을 만큼
   풍부한 정보를 제공하며(Information rich)

4. 상호작용할 수 있다(Interactive).

5. 사람끼리는 물론 사람과 사물 간, 사물끼리도 연결되어 있다(Not
   just about people).

6. 센서, 소형화된 카메라, 위치저장장치 등 기록장치로 모든 사람의
   활동과 커뮤니케이션이 무한용량의 가상저장소에 늘 기록(Always
   recording)된다.

　초연결은 인류가 단순한 '소유권의 교환'보다 훨씬 고차원적인 형태의
거래를 할 수 있는 기반이 됐다. 우선 사람과 사람, 사람과 사물이 24시

간 연결되면서 내가 사용하고 싶은 타인의 소유물 현황을 쉽게 파악할 수 있다. 어떤 물건을 아무도 사용하지 않고 있다면 사용을 원한다는 의사를 표현할 수도 있다.

아울러 재화에 대한 접속과 사용 내역은 다양한 기록장치에 빠짐없이 저장된다. 다시 말해 소유권이 아닌 접속권을 경제적 대가로 환산할 수 있는 체계가 확립된 것이다. 서로 복잡한 거래의 조건을 확인하고 대가를 주고받는 것도 가능해졌다.

물론 초연결만으로 인류가 새로운 패러다임을 맞이하긴 어렵다. 갓 생산된 재화의 소유권을 주고받는 거래보다 더 복잡한 수준의 거래가 일어나기 위해서는 또 하나의 전제조건을 만족해야 한다. 바로 거래 당사자들 간에 신뢰가 충분히 담보돼야 한다는 점이다.

오프라인과 비교하면 온라인에서는 사람들이 거래하려는 재화와 거래 상대방에 대해 지닌 정보의 양이 현저하게 적다. 실제로 이런 경험이 없다면 한 번도 만나지 않은 상대방과 직접 상태를 확인하지 못한 재화를 거래하며 돈을 주고받기가 처음에는 꽤 어려운 일이다.

전자상거래 시장이 초기에 물건이 마음에 들지 않아도 별로 손해를 보지 않는 정도로 가격이 매겨진 제품, 공장에서 갓 출고한 새 제품의 소유권을 주고받는 거래를 중심으로 형성된 것도 이런 이유에서다. 그 후 차츰 사람들의 경험이 쌓이면서 전자상거래는 서서히 거래 대상을 넓혀왔다. 미국 최대 전자상거래업체 아마존도 1994년 설립 당시 도서 및 음반을 파는 기업으로 출발했다. 그러다 이제는 지구상에 존재하는 상품 대부분을 취급하는 마켓플레이스로 발전했다.

신뢰를 공급하는
플랫폼

접속권을 주고받는 거래의 성립은 또 다른 차원의 문제다. 새 물건이 아닌 누군가 사용했던 물건을 거래 대상으로, 누구나 아는 기업이 아닌 정체를 알 수 없는 개인들을 거래 상대방으로 삼은 채 훨씬 복잡한 조건의 거래를 해야 한다. 얼핏 들어도 위험 부담이 큰 거래다. 이러한 위험 부담을 해소하고 패러다임의 전환을 일으키는 촉매가 된 것이 바로 플랫폼platform이다.

플랫폼은 원래 기차역의 승강장을 뜻한다. 승강장에는 기차를 타거나 내리는 사람, 이들을 맞이하거나 배웅하는 사람, 다양한 서비스를 제공하고 돈을 받는 상인들로 북적거린다. 즉, 기차역의 승강장은 기차를 중심으로 다양한 집단이 모여 가치를 교환하고 목적을 이루는 공간이다.

플랫폼이라는 용어는 인터넷과 모바일 혁명이 일어나면서 비즈니스 모델을 설명하는 데 쓰이기 시작했다. 동영상을 중심으로 한 시청자-크리에이터-광고주가 모이는 유튜브, 숙박공간을 빌려주는 호스트와 빌리려는 게스트 사이에서 청소나 문화 체험 등 다양한 서비스를 파는 사람들이 모이는 에어비앤비 등을 플랫폼이라고 부른다. 이들을 이어주는 중심이 기차 혹은 동영상 혹은 집처럼 각각 다를 순 있지만 플랫폼에서 다양한 집단이 상호작용하며 가치를 만드는 모습은 근본적으로 매우 유사하다.

플랫폼은 단순히 생산자와 소비자 등 이해 관계자들을 한곳에 모으는 기능을 넘어 보다 복잡한 거래가 이뤄지기 위한 '신뢰'를 공급하는 기능을 한다. 재화를 소유한 사람과 접근을 원하는 사람이 직접 만나지 않더라도 거래 조건을 살펴보고 합의할 수 있다. 아울러 비록 현실에서 만나본 적이 없더라도 플랫폼에 남은 흔적을 통해 서로가 지닌 신용과 평판을 자연스럽게 확인할 수 있다.

예를 들어 에어비앤비에서 해외여행 시 머무를 숙소를 고르는 과정을 생각해보자. 에어비앤비에 접속하면 위치와 숙박비 같은 기본 정보를 확인할 수 있다. 그리고 숙소를 이용했던 이용자들의 후기를 읽고 플랫폼 운영자가 호스트의 신원을 어디까지 보증하는지도 확인할 수 있다. 플랫폼이 제공하는 이런 믿음의 장치를 바탕으로 우리는 살면서 한 번도 가보지 못한 국가에서 한 번도 만나지 못한 사람의 집에 머무르겠다는 결정을 선뜻 내리게 된다.

정리하자면, 초연결과 플랫폼의 등장은 소유에서 접속의 시대로 이행하기 위한 기반을 만들었다. 초연결은 접속권이라는 보다 복잡한 재화를 거래할 수 있는 기술적 기반을 제공했으며, 플랫폼은 생산자와 소비자가 거래에 참여할 수 있는 사회적인 신뢰를 제공했다.

달라지는 경제 패러다임

접속을 통해 소비하고 생산할 수 있는 사회. 사유재산이라는 자본주의의 근간이 흔들리고 협력적인 소비가 부상하는 사회. 지금까지 우리는 오랜 기간 인류의 사고를 지배해온 경제 패러다임이 전환하는 과정을 살펴보았다. 그렇다면 근본이 달라지는 경제 패러다임은 앞으로 우리의 삶을 어떻게 바꿀까?

선택의 기준이 변화한다

우선 재화를 소비하는 사람들의 선택 기준이 바뀔 것이다. 만약 자동차를 소유하지 않아도 아무 때나 원하는 시간에 적당한 금액으로 자동차를 빌릴 수 있는 시스템이 생긴다면 굳이 몇 년 치 저축액에 해당하는 거금을 들여 자동차를 구매하지 않아도 된다. 사람들은 그때그때 기분이나 상황에 맞춰 스포츠카, SUV, 픽업트럭을 자유롭게 접속해 소비할 것이다.

이렇게 된다면 자동차 한 대를 만드는 데 들어가는 비용과 이를 구매하는 데 드는 가격이 더 이상 소비자들의 선택 기준이 아니다. 어떤 자동차 한 대의 가격이 5천만 원과 1억 원이라면 분명 소비자들의 의사결정에 영향을 미칠 만큼 부담스러운 차이가 나지만, 시간당 5천 원과 1만 원이라는 대여rental 요금의 차이는 소비자들이 감당할 만하다고 느끼게 된다. 취향에 맞는 서비스를 누릴 수 있다면 시간당 5천 원의 비용은 기꺼이 더 낼 수 있는 것이다. 이렇게 소비자들이 가격에 큰 의미를 두지 않는다는 것은 엄청난 변화로 이어질 수 있다. 특히 지금까지 사회적 효용을 극대화하기 위해 당연하게 여기던 대량생산 체제가 큰 도전에 직면하게 된다.

대량생산은 기본적으로 많은 사람이 만족할 만한 표준화된 상품을 가장 저렴한 소비자가격에 가격에 공급하는 데 최적화된 체제였다. 그런데 사람들이 접속권을 구매해 소비하게 되고 내 취향이나 상황에 딱 맞는 제품에 접속하길 원한다면, 적당히 모든 상황에 어울리는 저렴한 가격의 재화는 더 이상 팔리지 않게 될 것이다. 이는 곧 대량생산 체제에 의해 생산되는 재화가 매력적이지 않다는 의미다.

접속의 시대에 소비자들은 나에게 딱 맞는 재화를 위해 지갑을 열 것이다. 물론 과거보다 재화를 소유하는 데 들어가는 비용은 커지겠지만, 짧게 몇 시간 동안 재화를 접속하는 비용은 크게 의미 있는 수준이 아니다. 이때 소비자들의 효용을 극대화해줄 수 있는 것은 저렴한 가격이 아닌 천차만별인 소비자의 욕구를 만족시켜줄 수 있는 다양성이다.

접속의 시대
GDP는 유효한가

그렇다면 사회 전체가 소비를 통해 누리는 효용을 극대화할 수 있는 다양성은 어떻게 달성할 것인가? 누구나 생산수단에 접속할 수 있게 되면 일정 부분 해결될 수 있을 것이다.

과거와 달리 누구나 생산수단에 접속할 수 있다는 사실은 그만큼 많은 사람의 아이디어가 재화의 형태로 구현될 수 있다는 걸 의미한다. 상대적으로 자본력이 뛰어난 소수만 생산의 주체가 될 수 있었던 과거와 달리, 의지가 있는 누구나 생산을 할 수 있게 되는 것이다. 이렇게 되면 재화의 다양성은 자연스럽게 뒤따르게 된다.

물론 대량생산 체제에서 생산된 신상품을 싸게 소유하는 대신 다양한 재화를 적시에 접속하는 방식이 일상화되면, 경제활동을 측정하는 방법도 달라져야 한다. 현재 우리가 경제 규모를 측정하기 위해 살펴보는 GDP 대신 새로운 지표가 필요할 것이다.

예를 들어 가구마다 자동차를 소유하던 '마이카 시대'에는 매년 엄청난 수의 자동차가 새롭게 생산되고 순조롭게 팔려나갔다. 이 덕분에 주차장에는 운행하지 않는 자동차들이 넘쳐났다. 멈춰 있는 자동차들은 아무런 효용도 만들어내지 못한다.

그런데 자동차를 자유롭게 접속하는 세상을 상상해보자. 집마다 자동차를 구매하지 않는다면 새롭게 생산되고 팔리는 자동차의 수는 줄어든다. 하지만 알고 보면 소비자의 효용은 자동차가 팔리지 않아도 줄어들지 않는다. 오히려 상황이나 취향에 맞춰 가장 높은 만족도를 줄 수 있는 재화를 사용할 수 있으니 효용은 과거보다 늘어났다고 볼 수 있다. 다시 말해 자원이 효율적으로 재분배되면서 생산은 줄었지만 사회 전체의 효용은 늘어나는 것이다. 이러한 상황에서 GDP만 보고 '경제가 활력을 잃었다'고 해석하는 게 과연 합당할까?

《GDP 사용설명서》를 쓴 다이앤 코일Diane Coyle 케임브리지대학교 교수는 한 칼럼에서 "거의 모든 사람이 도입된 지 80년이 지난 GDP가 더는 경제적 진보를 측정하는 데 유용한 지표가 아니라는 결론을 내리고 있다"라고 지적했다. 그러면서 '번영'이라는 개념을 다시 정의하고 삶의 질을 측정할 방법을 찾아 GDP를 업그레이드해야 한다고 주장했다.

접속할 권리를 보장하라

새로운 경제 패러다임이 불러올 사회적 문제는 없을까? 제러미 리프킨은 이에 대해 '네트워크 바깥의 사람들'이라는 문제를 예견한 바 있다. 이미 우리는 디지털 기술에 접근할 수 있는 사람과 없는 사람 간의 격차인 '디지털 디바이드digital divide'를 체감하고 있다. 나이와 소득수준 등의 차이로 인해 발생했던 디지털 디바이드는 정보에 접근할 수 있는 수준을 결정하며 선진국과 개발도상국, 부자와 가난한 사람 사이에 격차를 만들어간다.

정보기술의 격차로 인한 여파는 경제활동이 네트워크에서 일어나는 세상이 온다면 더욱 커질 수밖에 없다. 네트워크 안으로 들어올 수 있는 계층은 과거와는 비교할 수 없을 만큼 다양한 경험을 할 수 있지만, 그렇지 못한 사람은 사회에서 철저히 배제된다.

'접속의 시대'에서 배제당하지 않을 권리, 즉 접속의 권리는 누구나 누려야 할 기본권이 되어야 한다. 정부의 역할도 이제는 공정한 거래가 일어날 수 있도록 감시하는 시장질서의 수호자에서, 모든 사람이 새로운 패러다임 안에서 이러한 권리를 누릴 수 있도록 보장하는 역할로 진화해야 한다.

제3강

AI라는 동반자

이준정

성균관대 신소재공학과를 마치고 한국과학기술원KAIST에서 박사학위를 받았다. 현재 미래탐
험연구소 대표이며 한국공학한림원 원로회원이다. 서울대학교 재료공학부 객원교수, 포스텍
POSTECH 겸직교수, RIST 연구본부장 및 연구소장을 역임했다. 첨단 기술 추세와 미래 사회 변화
를 다각도로 분석해서 신문 및 잡지에 게재하고 있으며, 우리의 미래 삶에 대해 쉽게 설명하는 기
업 및 대중강연에 적극적이다. 지식경제부 첨단소재분과위원, 소재원천기술위원, 산업단지혁신
클러스터 전문위원, 금속기술지원단장 등을 역임했다. 과학기술진흥의 공로로 대통령 표창을 받
았으며, 세계 3대 인명사전 중 하나인 '마르퀴즈 후즈 후Marquis Who's Who'에 12년 연속 등재되기
도 했다.

AI의 미래, 선택에 달렸다

우리는 오랜 기간 인간을 대신해 까다롭고 어려운 일을 처리해줄 로봇의 탄생을 상상해왔다. 미래학자 레이 커즈와일^{Ray Kurzweil}은 2029년이 되면 바야흐로 컴퓨터가 감성지능을 가지고 사람처럼 판단할 것이라고 전망했다. 반면에 AI 전문가들은 컴퓨터가 의식을 갖는다는 예측에 회의적이다. 컴퓨터에 의식을 설계하는 법을 전문가들이 아직 알지 못하기 때문이다.

AI^{Artificial Intelligence}는 1960년대부터 인간의 지능, 즉 판단능력을 모방한다는 의미로 사용되었다. 컴퓨터가 해결해줄 수 있는 문제점은 AI기술의 발전에 따라서 꾸준히 변해왔다. 현실에서 마주치는 AI는 SF영화에 등장하는 지능로봇처럼 똑똑하거나 힘이 세지 않다. 컴퓨터가 인간 두뇌처럼 판단해주길 기대하지만 항상 인간의 적수가 되지 못했다. 그런데 컴퓨터의 연산 속도가 빨라지고 기계학습 알고리즘이 발전하면서 컴퓨터의 분석능력이 범상치 않게 진화했다. AI는 컴퓨터의 빠른 계산능력과 빅데이터를 처리하는 능력을 활용하는 것이라고 여겼는데, 최근엔 인간의 뇌를 대신해 애매모호한 추상적 문제에 대한 해결책까지 제시해주는 신통력을 발휘하고 있다.

AI의 발전과
인류의 미래

컴퓨터 AI가 인간의 지능을 추월하였다고 믿게 만든 사건은 2016년에 벌어졌다. 이세돌-알파고의 바둑대전이다. 알파고가 등장하기 전에도 AI 바둑 프로그램이 있었지만 프로 기사에게 2점을 접고도 승률이 떨어졌다. 그런데 알파고는 세계 최고의 프로 기사를 일방적으로 물리쳤다. 프로 대국과 똑같은 시간제한 조건에서 컴퓨터 알고리즘이 인간의 추리력과 판단력을 능가했다. 알파고의 승리는 예기치 못한 사건이었다. 멀게만 느꼈던 AI시대가 코앞에 닥친 것을 직감하고 모두가 놀라움에 휩싸였다.

AI의 미래를 바라보는 시각은 엇갈린다. 사상가들은 AI의 위협적 요소를 걱정하고, 과학자들은 AI가 제공할 혜택을 강조한다. 사상가들은 인간이 AI의 무한 확장성을 통제하지 못한다고 우려하고, 과학자들은 인간이 AI의 기술적 한계를 통제할 수 있다고 논리적으로 반박한다. 문제의 핵심은 인간이 AI를 어떤 목적으로 활용할 것인지에 달려 있다. 지금으로선 개발자나 사용자 모두가 AI기술의 발전이 가져올 긍정적 효과와 부작용을 구체적으로 이해하기 위해 노력해야 한다.

먼저, AI기술의 발전이 가져올 긍정적 효과는 크게 세 가지 기술적 물결로 설명할 수 있다.

첫 번째는 알고리즘Algorithm 물결이다. AI 알고리즘은 사용 분야나 용도에 따라서 달라진다. 주어진 데이터 처리나 해석에 어떤 알고리즘이 가장 적합한지를 찾는 일이 중요하다. 같은 비즈니스라 할지라도 업무별로 서로 다른 AI 알고리즘을 사용할 수 있다. AI기술의 발달은 효과적인 알고리즘을 발굴하는 일이고 데이터 처리기술이 핵심이다. 즉, AI는 인간이 다루기 어려웠던 빅데이터를 파헤쳐서 눈에 띄지 않았던 통찰력을 채굴해내는 기술이다. 그래서 많은 데이터를 학습해서 패턴을 인식하고 분류하는 기계학습 알고리즘을 기반으로 하고 있다. 현재 실용화 단계에 들어선 생체인식 기술을 활용한 신분 확인, 음성인식 기반 다국어 자동통역, 고객의 행태를 분석해 개인 맞춤 마케팅을 제공하는 기술 등이 알고리즘의 대표적 성공 사례로 꼽힌다. 아직 AI기술이 적용되지 못하는 분야가 있다면 이는 가장 효과적인 알고리즘을 찾아내지 못했기 때문이다.

두 번째는 증강화Augmentation 물결이다. AI기술의 바람직한 발전 방향은 인간의 잠재력을 증강해주는 것이다. AI 소프트웨어를 활용하면 전문가의 도움 없이도 어려운 문제를 쉽게 처리할 수 있게 된다. AI 번역기가 대표적 사례다. 구글 크롬이나 MS 익스플로러로 해외 사이트에 접속하면 웹페이지를 통째로 한국어로 번역해준다. 구글 번역기는 현재 103개국 언어로 번역된다. 이젠 외국어를 몰라도 전 세계 사이트에 접속하기만 하면 한글로 번역된 정보를 얻을 수 있다. 해외여행 중에도 스마트폰 통역앱으로 외국인과 실시간으로 소통할 수 있다. 언어가 서로 달라도 웬만한 대화를 나누는 데 불편함이 없다. 번역앱뿐만 아니라 모든 비즈니스 영역에서 일반인도 전문가의 판단능력을 빌려 쓸 수 있을 만큼 다양한 AI 소프트웨어가 등장하고 있다. 잘만 활용하면 관련 지식이 다소 부족해도 초급 전문가 수준 정도로 일을 처리할 수 있게 된다. 개인적인 능력이 증강되는 셈이다.

세 번째는 자율화Autonomy 물결이다. 자율화는 사람이 통제하지 않아도 기계가 스스로 판단해 일을 대신하는 것을 말한다. AI로봇의 자율 작동은 통상 조종자가 원격으로 통제한다. 하지만 비상시를 대비해 원격감시만 할 뿐 실제로 기계가 대부분 자율적으로 작동하고 있다. 공장 자동화, 창고 자동화가 대표적 사례다. 공항의 무인셔틀이나 시내를 운행하는 무인전철, 군사용 무인드론도 마찬가지다. 다만 살상무기를 탑재한 군사용 드론은 원격조종사의 통제 아래 작동한다. 최근 개발되는 자율자동차는 원격감시나 조종 없이도 움직이는 완전 무인 자동차다. 아직은 개발 중이지만 곧 상용화가 가능해질 것이다. 물론 어떤 경우든 완전 자율 작동이 되려면 기술이 성숙하여 확률적으로 신뢰할 수 있는 구간에 도달했다는 전제조건을 충족해야 한다.

AI기술과 관련한
우리의 우려

AI기술을 적용하는 데 잊지 말아야 할 사실이 하나 있다. 모든 기술은 반드시 부작용을 수반한다는 점이다. 자칫 잘못하면 AI의 부작용이 긍정적 효과를 상쇄해버릴 수 있다. 안면인식기술을 예로 들어보자. 중국에선 신분 확인 용도로 폭넓게 활용하고 있지만 미국에선 법적인 판단 기준에 근거해 사용을 금지하고 있다. 흑인 식별 시 오류가 잦고, 여성과 노인을 대상으로 한 인식률도 낮기 때문이다.

AI기술이 수반할 수 있는 부작용이나 부정적 효과를 다섯 가지로 압축하면 다음과 같다.

첫째, 컴퓨터 자율 시스템이 사람의 역할과 참여를 줄이거나 없앤다는 점이다. 당연히 인간이 맡아온 직업과 노동의 총량이 감소할 수밖에 없다.

둘째, AI를 도입하는 목적이 대부분 시스템의 효율이나 수익 증대에 있다는 점이다. 인간의 간섭을 줄이면서 시스템의 경제성이나 효율성을 앞세워 설계하면 인간이 추구하는 정성적 가치나 삶의 행복은 과소평가될 가능성이 높다. 시스템은 정량적인 경제적 성과를 높이는 데 주력하고 인간이 추구하는 정성적 가치는 고려 대상에서 제외하기 쉽다.

셋째, AI기술의 적용은 일자리 구성에 큰 변화를 가져올 것이다. 디지털 재능격차에 따라 계층 간 혜택의 불균형이 커지면서 사회적 갈등이 증폭될 수 있다. 기술 감수성이 높은 계층, 즉 교육수준이 높을수록 혜택을 더 많이 받을 가능성이 있다.

넷째, AI기술이 인간의 역량을 증강시킬 수도 있지만 오히려 AI에 지나치게 의존해 창의력과 판단력이 흐려지고 무기력해지는 부작용이 발생할 수 있다. 많은 사람이 AI의 판단을 더 신뢰하며 AI 좀비가 되는 현상을 목격할 수도 있다.

다섯째, AI기술을 무기 개발에 적용하거나 거짓 정보나 대중 선동에 이용한다면 사회갈등을 조장하고 건전한 사회 발전을 가로막는 악마의 저주가 될 수 있다. 제2차 세계대전에서 단 한 번 사용했던 히로시마 원자폭탄 투하에서도 목격했듯이 AI기술의 오용은 인간 사회를 도탄에 빠뜨릴 수 있다.

AI 알고리즘은 주어진 목표 달성에 몰입하기 때문에 부작용을 유발할 수 있다. 알고리즘 설계 단계부터 부작용을 최소화할 수 있도록 주의를 기울여야 한다. 위험 요소를 최소화한다면 AI는 인류에게 대단한 성과를 제공할 것이다. 대부분의 서비스 업무는 물론이고 지금껏 인류가 해결하지 못했던 복잡한 문제에서도 AI로 해법을 찾아낼 수 있을 것이다.

AI기술이 충분히 확산된 시점이 오면 현재 상위 1퍼센트 부자가 아니면 누릴 수 없는 편의성을 누구나 일상생활에서 보편적으로 누리는 세상으로 바뀔 것이다. AI기술의 발전은 인간을 배척하는 우울한 미래가 아니라 인간과 동행하며 누구나 원하는 차원 높은 역량을 갖게 해줄 것이

다. 인간과 기계가 상생하면서 발전하는 AI혁명의 미래 지형은 인간의
선택에 달려 있다.

챗봇의 미래

인간의 훌륭한 동반자가 될 수 있는 AI로 챗봇Chatting Bot이 손꼽힌다. 챗봇은 얼마만큼 발전했고, 또 어디까지 진화할 수 있을까?

최근 들어 스마트폰이나 스피커로 작동하는 챗봇이 일상생활은 물론이고 비즈니스 업무를 지원해주는 똑똑한 비서 역할을 해내고 있다. 영화 〈허Her〉에 등장한 '사만다'가 대표적인 챗봇이다. 이혼남 테오도르는 외로움을 달래기 위해 AI 서비스 사만다에 가입하고 틈나는 대로 그녀와 대화를 나눈다. 고독한 테오도르는 달콤하고 배려심 깊은 사만다와 사랑에 빠진다. 그러나 달콤한 목소리의 주인공 사만다의 실체는 슈퍼컴으로 작동하는 AI 프로그램이다. 사만다는 수천 명의 회원을 상대로 동시에 개별 맞춤 대화를 이끌어간다.

오늘날 챗봇 기술은
어디까지 발전했나

현실은 어떠할까. 대화형 챗봇은 목소리에만 그치지 않고 실제 사용자가 원하는 모습을 갖춘 인물형 아바타가 될 가능성이 높다. 컴퓨터 그래픽 기술의 발전으로 아바타는 만화 수준을 넘어 영화 속 주인공처럼 섬세한 인물로 변신을 거듭해왔다. 가상의 인물을 실물처럼 그래픽으로 조작하는 기술은 이미 영화나 광고에서 널리 활용되고 있다. 이렇게 시뮬레이션된 인물은 가상의 동작까지도 실감나게 연출할 수 있다. 대표적인 사례가 영화 〈아바타〉에 등장하는 인물들이다.

그렇다면 챗봇 기술은 어느 수준에 도달해 있을까? 챗봇의 기본이 되는 디지털 인물의 지능 수준을 구분한다면 다섯 단계로 나눌 수 있다.

가장 초기 단계인 레벨 1은 '디지털 꼭두각시' 수준이라고 할 수 있다. 배우가 미리 다양한 영상을 촬영해 녹화 파일로 저장해놓고 입력 내용에 따라서 관련 영상 토막을 작동시키는 방법이다. 대화자가 키보드나 말로 대화 내용을 입력하면 조건에 맞는 파일을 데이터베이스에서 불러들인다. 현재 활용 중인 방법이다.

레벨 2는 미리 작성된 원고를 읽으면서 작동하는 아바타다. 실존 인물의 음성이나 표정 변화를 그대로 모방하여 재현하는 '디지털 모조품' 단계다. 기계학습 기법 중에서 GAN^{Generative Adversarial Network} 기법은 실물의 특징을 모방하여 진짜처럼 보이게 하는 기술이다. 예를 들면 문재인 대통령의 어투나 표정을 그대로 재현하는 디지털 모조품을 만들어서 가상의 문장을 읽도록 하면 마치 실제 대통령이 직접 말한 것처럼 음성과 영상을 조작할 수 있다. 대표적인 사례가 인터넷에서 유명인의 가짜 동영상을 제작, 유포하는 데 쓰는 딥페이크DeepFake다. 지금까지는 위조 여부를 눈으로 식별할 수 있지만 기술이 발전할수록 합성 수준이 섬세해져 악용될 소지가 커진다. 물론 챗봇이라는 측면에서 본다면 실시간 대화에 대응하지 못하고 사전에 준비된 답변에 근거해 반응하기 때문에 부자연스럽긴 하다. 그러나 실존 인물들의 표정이나 어투를 모방할 수 있다는 점에서 범죄에 악용될 가능성이 있다.

긍정적인 활용 사례도 있다. 중국의 신화통신사에서 텔레비전 뉴스 앵커를 대신하는 AI 앵커를 개발했다. AI 앵커는 실제 뉴스 앵커의 음성, 표정, 몸짓 등을 시뮬레이션해서 뉴스를 진행한다. 원고만 주면 바로 방송에 투입해 실제 앵커의 빈자리를 채울 수 있다.

레벨 3은 대화형 디지털 모델이다. 구글이 개발한 듀플렉스Duplex가 여기에 해당한다. 듀플렉스가 전화로 미용실과 식당을 예약하는 시연을 보면 AI의 대화 수준이 너무 자연스러워서 상대방이 컴퓨터와 대화하고 있다는 사실을 전혀 알아채지 못할 정도다. 말을 하면서 호흡을 가다듬거나 발음 간격을 조절하면서 자연스러움을 유지할 정도로 치밀하다. 실존 인물의 얼굴과 목소리에 이런 대화능력을 합성하면 완벽한 디지털 모델이 된다. 만약 유명인의 음성과 표정을 컴퓨터에 학습시켜 광고에 활용한다면 효과는 기대 이상일 것이다.

대화형 디지털 모델이 상대의 표정 변화나 대화 내용에 따라서 감정표현까지 한다면 어떻게 될까? 뉴질랜드의 스타트업 소울머신즈Soul Machines는 실존 인물의 상반신과 얼굴을 모델화한 '디지털 영웅Digital Hero'을 개발했다. 공동설립자 그레그 크로스Greg Cross에 따르면 사람의 감정 변화가 뇌의 호르몬 변화에 좌우되듯이 디지털 영웅은 디지털 호르몬들을 채택해서 감정을 다르게 표현하는 방식을 도입했다. 대화에 등장하는 단어의 종류나 대화 상대방의 표정 변화를 읽고 디지털 호르몬을 골라 얼굴 표정을 바꿔주는 방식이다. 소울머신즈는 같은 모델을 화장품 회사, 부동산 회사, 은행 등 비즈니스에 맞춰 제각기 차별화한 대화 패키지로 학습시켰다. 대화 도중 나오는 상대의 예상치 못한 질문이나 내용에도 표정을 바꿔가며 대화를 이어갈 수 있다고 한다. 현재 창구 직원을 대신하는 응대 서비스, 각종 상품 안내 또는 길 안내 서비스 등에 이 기술을 적용하는 중이다. 상대방이 쓰는 언어를 자동 탐지해 같은 언어로 대화를 나눌 수 있는 다국어 서비스도 가능하다.

레벨 4는 전신을 갖춘 '디지털 인간'이다. 최근 CES 2020의 참가자들은 삼성 리서치 아메리카SRA 산하 연구소 '스타랩'이 발표한 가상 인물 캐릭터 네온Neon에 주목했다. 스타랩이 실존하지 않는 가상 인물들의 전신을 모니터에 섬세하게 비추자 관람객들이 대부분 실제 인물의 동영상을 보고 있다는 착각했다. 표정과 동작이 실제 인간처럼 자연스러웠기 때문이다.

개발자 프라나브 미스트리Pranav Mistry에 따르면 디지털 인간마다 서로 다른 성격을 부여할 수 있으며, 컴퓨터 그래픽으로 가상의 인물을 머리 끝에서 발끝까지 완벽하게 창조할 수도 있다. 네온의 특허인 코어Core R3 플랫폼은 전신을 움직이는 행동신경망, 상대의 반응에 따라서 판단할 수 있는 지능, 그리고 현실을 계산하는 지능을 포함한다고 한다. 미스트리는 앞으로 비즈니스 목적에 맞는 인물을 컴퓨터로 창조해서 대여해주는 서비스를 고려하는 중이다. 기업의 업무에 투입될 때는 그 기업이 원하는 대로 옵션을 추가할 수 있다. 가상의 인간들이 상점 입구에서 방문객과 눈을 맞추며 대화할 수 있는 것이다.

마지막 레벨 5는 디지털 인간의 3D 가상 서비스다. 디지털 3D 홀로그램이 실물 인간처럼 공간에 등장해서 서비스하는 단계다. 평면 디스플레이에서 만난 레벨 4 디지털 인간을 3D홀로그램으로 바꾼 형식이다. 디지털 인간을 3D 홀로그램에 실시간으로 구현하려면 엄청난 데이터를 처리할 수 있어야 한다. 당장은 데이터 용량보다는 컴퓨터와 네트워크 속도가 장애물이 될 것이다. 디지털 인간 구현 기술은 충분하지만 실시간으로 자연스러운 모션을 보여주는 데 아직 컴퓨터 속도가 따르지 못하기 때문이다. 아마도 ARAugmented Reality(증강현실) 안경이 실용화되는 2025년 이후에야 가능할 것 같다.

1인 가구가 증가하면서 반려견과 함께 사는 사람들이 늘고 있다. 이들이 여러 가지 불편함과 경제적 부담에도 불구하고 반려견을 선호하는 이유는 소통할 대상이 필요하기 때문이다. 그러나 이제는 반려동물을 대신해서 챗봇이 외로움을 달래줄 날이 머지않았다. 나의 복잡한 개인사를 이해하고 마음까지 챙겨주는 대화 상대로 챗봇을 추천한다.

미래의 일과 인공지능

나는 AI가 인간의 자리를 뺏기는 게 아니라 인간이 다른 자리로 옮겨 가는 쪽에 더 가깝다고 생각한다. 그럼 AI는 어떻게 인간의 영역으로 들어오게 되는 걸까?

컴퓨터는 계산 속도와 정보를 처리하는 양에서 인간을 압도한다. 인간이 해오던 일을 알고리즘으로 변환해 컴퓨터에게 맡기면 훨씬 빠르고 정확하다. 인간은 주로 빠른 수학적 계산이나 데이터 처리 등 지루하게 느끼는 반복 작업을 컴퓨터에 의존한다. 인간은 패턴 인식, 언어 능력, 창의적 사고 등에서만큼은 컴퓨터보다 잠재력이 월등히 뛰어나다고 믿었다. 그런데 최근 등장하는 AI기술은 인간처럼 패턴 인식, 언어구사 능력을 자유자재로 발휘하면서 인간의 뇌를 능가하는 듯하다.

로봇이 일자리를
빼앗을까

인간 뇌의 기억 용량은 무한대라고 알려져 있다. 미국 노스웨스턴대학교의 심리학 교수인 폴 레버Paul Reber는 우리 뇌의 용량이 약 2.5페타바이트(1페타바이트는 약 100만 기가바이트) 정도라고 밝혔다.* 이는 디지털 TV를 300년 이상 작동할 만큼의 대용량이다. 하지만 이 엄청난 용량의 인간 두뇌마저 최근 나오는 디지털 정보의 양에 비하면 미미한 수준에 불과하다. 독일 시장조사 전문기업 스타티스타Statista에 따르면, 2019년에 전 세계에서 생성된 데이터는 약 41제타바이트(1제타바이트는 약 1조 1천억 기가바이트) 정도이며 매년 기하급수적으로 증가해 2025년엔 175제타바이트에 이를 것이라고 전망한다.

이토록 엄청난 규모와 속도로 증가하는 정보를 비즈니스에 제대로 활용하려면 어떤 기업이든 정보 분석 및 처리능력을 핵심 경쟁력으로 강화해야만 한다. 일처리 방식을 인간 두뇌에만 의존하지 말고 가능한 한 많은 종류의 AI를 활용해 컴퓨터 자동화를 해나가는 법을 익혀야 한다. 컴퓨터는 방대한 데이터를 끊임없이 반복 학습하고 분석하면서 점점 더 똑똑한 비즈니스 기법을 구축할 수 있다.

한편 컴퓨터 지능을 도입해 인간의 업무를 처리하는 범위가 확장되면

---

* Paul J. Reber, "The Neural Basis of Implicit Learning and Memory: A Review of Neuropsychological and Neuroimaging Research", *Neuropsychologia*, 2013. Vol. 51, No. 10, pp. 2026-2042.

사라진 유물들 전시관. (출처: Youtube Originals, The Age of A.I. S1. E6 1:20/26:13)

인간의 일자리가 고갈될 것이라는 우려도 커지고 있다. 실제로 구글 검색기에 가장 많이 올라오는 질문이 '로봇이 내 일자리를 빼앗을까?'라고 한다. 유튜브가 제작한 〈AI의 시대〉 일자리 편에는 기술혁명으로 사라진 유물을 전시하는 장면이 나오는데 유선 전화기(1877~2007), 축음기(1879~1982), 영사기(1892~2009) 등이 사라졌고, 다음 차례는 영화배우(1970~2020)가 될 것이라고 전망했다. 영화배우가 필요 없는 시대가 될 것이라고 단언하는 대목이 예사롭지 않다.

전문가들은 기술이 발달하면 그동안 인간이 처리해온 일의 많은 부분이 AI로 대체될 것이라고 지적한다. 직장인이라면 지금 맡고 있는 일이 앞으로 어떤 형태로 바뀌게 될지 한 번쯤 고민해야 할 시점이다. 지금 하는 일을 외주업체에 넘기거나, 혹은 내부에서 자동화해 일처리 속도를 높일 수 있는지를 관리자 입장에서 판단해보아야 한다. 만약 내가 하고 있는 일의 일부를 자동화하면 나머지 업무를 어떤 식으로 처리해야 성과를 더 많이 낼 수 있을지도 고민해보자.

기술이 지속적으로 발전하면서 세상이 바뀌고 일자리 형태나 일처리 방식이 바뀌는 것은 당연하다. 이와 동시에 외주 작업 혹은 자동화 등으로 업무를 통합하게 되면 일의 범위 또한 넓어질 수밖에 없다.

로봇이 불러올 변화와 한계

일부 일자리의 소멸은 문명사에서 지극히 자연스러운 변화다. 인간은 편의성을 높이고 업무를 개선하기 위해 끊임없이 도구를 개발하고 적용해왔기 때문이다. 농기계, 증기기관, 모터, 인쇄기, 컴퓨터, 인터넷과 마찬가지로 AI는 인류문명을 개척할 새로운 도구가 될 것이다. 패턴화하기 쉬운 단순 반복적인 업무가 제일 먼저 사라질 것이다. 혹시 당신의 업무가 이런 성격이라면 그 일자리는 곧 사라질 수밖에 없다.

한때 엘리베이터 안에 여직원이 탑승하던 시절이 있었다. 지금은 건물 로비에 무인으로 작동하는 엘리베이터 여러 대가 움직인다. 목적지 버튼을 누르면 가장 가까이에 있는 엘리베이터가 움직인다. AI로 작동하고 있다는 의미다. 시내버스도 마찬가지다. 승객이 타면 자동으로 요금이 징수되고 운전기사도 없는 버스가 버스 전용차선을 따라 움직이게 될 것이다. 비행기 조종에서 가장 어렵다는 이착륙 조작도 지금은 모두 AI가 맡고 있다. 이런 변화가 일상이 되기까지 물론 까다로운 검증 절차를 거치겠지만, 막상 현실화되면 과거의 방법이 매우 유치하게 느껴질 것이다.

새로운 발상이 필요하면 일을 처리하는 방법도 바뀌게 마련이다. 인간의 욕구가 변화하면서 컴퓨터 기술도 진화를 거듭하게 되고, 업무 자동화도 차츰 더 복잡하고 어려운 단계로 전환할 것이다.

그러나 컴퓨터가 처리할 수 있는 업무 영역이 확장될수록 인간의 업무 영역은 더 넓어지게 된다. 컴퓨터를 감독하고 평가하는 일은 인간의 몫이다. 전체 업무를 조망하면서 컴퓨터가 미처 고려하지 못한 오류를 수정하고 새롭게 역할을 조정하고 설계를 바꾸는 역할을 맡는 것이다. AI가 처리한 일이 제대로 되었는지 결과를 평가하면서 새로운 개선방안을 찾아내는 역할도 마찬가지다.

AI는 설계된 대로 일을 처리하면 그만이다. 성과의 의미를 고민할 수 없으며 하는 일의 가치를 알지 못한다. 사회정의나 지구환경을 위해서 할 일도 찾아낼 수 없다. 결국 인간이 올바른 가치관에 따라 AI를 조종해야만 한다.

AI가 강력한 힘을 발휘하려면 학습할 데이터를 충분히 확보해야 한다. 반복 작업으로 데이터가 충분히 축적된 업무가 아니라면 AI를 적용하기 어렵다. 기계는 개발자가 정해준 규칙에 따라서 상징적인 동작을 반복할 뿐이다. AI는 자유의지가 없고 시키지 않은 일은 처리하지 못하므로 일의 범위나 종류를 일일이 정해줘야만 한다. AI의 지적인 판단 가능성은 알고리즘 설계자에게 달려 있다. 설계자가 AI에게 신뢰할 만한 업무처리를 맡겨야만 처리가 가능하기 때문이다. AI는 스스로 일처리 순서를 융통성 있게 바꾸지 못한다. 설계된 알고리즘에 따라 순서대로 작동할 뿐이다. 알고리즘에 포함되지 않은 일, 즉 설계되지 않은 일은 처리할 수 없다.

AI 학습법으로 널리 활용되는 심층 학습법도 충분히 학습할 만큼 데이터가 쌓여 있을 때 비로소 유의미한 패턴으로 구분될 수 있다. 만약 AI의 학습 결과가 전문가의 신뢰를 얻지 못한다면 인간을 투입해야만 한다.

자동화가 확산될수록 인간의 노동시간은 줄어들 것이다. 평범한 사람들도 힘든 노동의 굴레를 벗어나서 편안한 삶을 누리게 될 것이다. 인간이 처리하던 물리적 노동이나 단순한 사무노동은 기계가 대신한다.

바뀌지 않는 사실 한 가지. 인간 사회는 경쟁 사회라는 것이다. 남들보다 높은 보수를 받으려면 남들도 하고 싶지만 할 줄 모르는 일을 해야 한다. 누구나 쉽게 할 수 있는 일은 보수가 낮거나 자동화되기 쉽다. 구글이 영화배우를 사라질 직업으로 꼽는 이유는 영화배우가 정해진 각본대로 움직이기 때문이다.

인공지능이 해내지 못하는 일이란 일처리 방법이 일정하지 않은 것이다. 대개 불규칙하면서 남다른 생각이 많이 필요한 경우가 많다. 무형의 가치를 즐기는 오락 산업이나 미용 산업, 건강관리 산업이 미래 사회의 핵심 산업이다. 지금은 직업으로 분류하기 힘든 무형의 일이 미래엔 유망 직종으로 각광받을 수 있음을 명심하자.

AI, 생명 없는 알고리즘

"가장 개인적인 것이 가장 창조적이다(The most personal is the most creative)."

봉준호 감독이 제92회 아카데미 감독상을 수상하면서 소개한 자신의 좌우명이다. '가장 개인적 것'이란 '남이 느끼지 못하는 생각'이며 '창조'란 '남이 미처 발견하지 못한 가치'를 말한다. 예술을 창조활동이라고 부르는 이유는 이 세상에 존재하지 않던 것을 발굴해 사람의 마음을 움직이기 때문이다. 한마디로 창조란 존재하지 않거나 인정받지 못하던 가치를 새롭게 발굴하는 일이다. 복제된 예술작품이 가치를 인정받지 못하는 것은 작품의 질 탓이 아니라 이미 존재하고 있다는 사실 때문이다. 인공지능은 이미 존재한 사례를 데이터로 수집해 학습하고 모방하는 기술이다. 당연히 창조활동과는 거리가 멀다.

인간이 지닌
상식과 의식과 직관

인간의 지능과 의식은 다르다. 지능은 학습으로 터득할 수 있지만 의식은 본능적으로 감지하고 작동한다. 몸이 느끼는 감정은 배우지 않아도 얼굴에 자연스럽게 드러난다. 개인마다 느끼는 강도가 다르고, 같은 현상이라도 발생 빈도에 따라 느낌의 정도가 다르다. 인간이 느끼는 희로애락의 감정을 알고리즘으로 만들기는 어렵다. 기준을 정할 수 있는 이성적이고 논리적인 영역이 아니기 때문이다. 타고난 본능적 감성이며, 자로 잰 듯 자를 수도 없는 정성적인 표현이다.

많은 SF영화에선 인공지능이 인간의 의식작용을 구현할 수 있다고 착각한다. 컴퓨터가 사람들의 대화를 저장하고 분류하고 자율학습하면 마치 사람처럼 대화를 이어갈 수 있고 설득력도 있을 것이라고 가정한다. 하지만 이러한 영화적 상상은 실현 가능성이 희박하다. 인간 두뇌의 작동방식이나 실체를 인간조차 정확히 알지 못하기 때문이다.

두뇌지능이 인공지능과 뚜렷이 구분되는 특징은 크게 3가지다.

첫째는 상식이다. 인간이라면 통용되는 상식이라는 기준이 있지만 이마저도 경험, 윤리의식, 가치관 등 개인과 민족에 따라 다르게 형성된다.

둘째는 의식이다. 인체의 모든 감각기관을 통해 입력된 정보에 근거해 형성되는 생각의 틀, 감정/마음, 통찰/지혜를 포착하는 힘을 의식이라 부를 수 있다.

셋째는 직관이다. 정해진 형식이나 기준에 얽매이지 않고 기회를 포착하는 힘, 구체적 언어로는 표현하기 어려워도 언뜻 스치는 느낌, 뚜렷하지는 않으나 무의식에 내재된 판단 기준, 예상하지 않았지만 우연히 마주한 뜻밖의 행운을 포착하는 힘, 연결고리가 희미했던 가치들을 연결해서 새로운 가치를 상상해내는 두뇌 능력을 직관이라 한다.

인간 뇌 지능의 차별점은 언뜻 단순해 보이지만, 아직까지 AI가 따라오지 못하는 부분이다. 인간이 의도적으로 개입하지 않으면 상식과 의식, 직관 그 무엇도 스스로 갖추기 어렵다. AI는 기본적으로 알고리즘과 데이터라는 한계를 갖고 있기 때문이다.

AI를 활용하려면 먼저 알고리즘이 제대로 작동하는지부터 검증해야 한다. 알고리즘이 충분히 신뢰할 만한 결과를 내야 하고, 학습에 필요한 데이터가 충분해야만 가능하다. AI가 이미 알고 있는 현상과 동일한 결과를 예측할 때, 그리고 통계적으로 충분히 신뢰할 만한 확률을 나타낼 때 비로소 AI가 검증되었다고 할 수 있다.

AI가 한 가지 물체를 제대로 인식하려면 적어도 수천에서 수만 장에 달하는 이미지로 지도학습을 받아야만 가능하다. 단순한 정보인식에 수천에서 수만 장의 데이터를 제공하는 건 결코 만만한 작업이 아니다. 알파고는 이세돌에게 도전하기 전 인터넷에서 3천만 수의 기보를 모아서 학습 데이터로 삼았다. 알파고 제로AlphaGo Zero처럼 스스로 강화학습을 거쳐 데이터를 생성하는 경우도 마찬가지다. 알파고 제로는 40일을 40개 시간 블록으로 분할해서 블록별로 50만 번씩 바둑을 두면서 신경망 계수를 조정했다. 프로 기사가 평생 동안 바둑을 둔 게임 수를 다 합쳐도 10만 번을 넘지 못하므로 프로 기사보다 200배(5배×40블록)나 바둑을 많이 둔 셈이다.

인공지능을 암 진단에 사용하려면 충분한 진단 사례가 데이터로 확보되어야 한다. 일부러 환자의 병세를 다양한 수준으로 바꿔가면서 데이터를 생성할 수도 없기 때문에 현재까지는 질병 진단에 AI를 활용하기 어렵다. 적은 양의 데이터만으로도 학습 효과를 높일 수 있는 획기적인 알고리즘이 개발되었다고 해도 생명을 다루는 일인지라 검증 절차가 까다로울 수밖에 없다.

데이터의 양만 문제가 아니다. 컴퓨터가 스스로 강화학습을 하려면 바둑처럼 승패의 가치판단 기준이 명확해야 한다. 하지만 세상일이란 사용자의 주관에 따라 가치의 평가 기준이 뒤바뀔 수도 있기 때문에 학습 자체가 불가능한 경우가 많다.

신경망 기계학습을 통해 다양한 분야에서 인공지능이 문제를 해결했다고 해도 현재까지 개발된 인공지능들은 데이터가 충분히 확보된 문제를 전문적으로 처리하는 용도에 국한한다. 알파고에 사용한 알고리즘을 의료용 인공지능에 적용할 수는 없다. 의료용 알고리즘이 별도로 개발되어야 하고, 결과를 검증할 만한 데이터 세트가 충분히 존재해야 한다.

인간의 지능은
단순하지 않다

인간은 학습을 하면 하나의 뇌로 시를 쓰고, 음악을 작곡하고, 미분방정식을 풀기도 하며, 번역은 물론 가구 디자인도 할 수 있다. 즉 두뇌의 작동원리 중 기본이 범용성이다. 하지만 컴퓨터가 다양한 일처리를 하려면 해당 업무별로 별도의 알고리즘이 필요하다. 하나의 알고리즘으로 모든 업무를 학습시킬 수 있는 범용 알고리즘이란 존재하지 않는다. 업무에 따라서 적합한 알고리즘을 선택해야 하며 검증 절차도 바꾸어야 한다.

AI란 특정 업무를 처리하도록 설계된 지엽적인 기능일 뿐이다. 알고리즘 기술이 충분히 발달한다 해도 동시에 한 가지 알고리즘으로 다양한 것을 배울 수가 없다는 점이 AI의 한계다.

AI가 곧 인간을 밟고 올라설 것이라는 우려는 아직까지 기우에 불과하다. AI가 인간의 능력을 온전히 따라잡기 위해서는 넘어야 할 단계가 무수히 많고 과정이 복잡하며, 많은 노력과 시간이 필요하다. AI나 기계의 한계가 명확해서 인간이 예상하는 만큼 빠른 시간 내에 우리의 일을 잠식하지는 못할 것이다.

이세돌은 바둑계에서 은퇴하면서 AI를 은퇴경기 상대로 선택했다. 비록 1승2패로 아쉽게 패했지만 그는 우리에게 많은 영감을 주었다. 이세돌은 경기가 끝난 뒤 이제 가족에게 더 많은 시간을 쏟으면서 후배 양성에 힘을 쏟을 계획이라고 담담히 말했다. 한마디로 인간이 더 잘할 수 있는 영역을 찾겠다는 의미다. 감정이 없는 AI는 지금도 부지런히 데이터를 습득할 뿐이다. 게임에선 AI가 승자일지 모르지만 AI가 넘어서지 못하는 인간 고유의 영역이 따로 존재하며, 앞으로는 그 영역이 더 중요해진다.

　인간의 지능은 결코 단순하지 않다. 지능은 상식, 인식, 언어, 추론, 유추, 그리고 기획 능력을 모두 포함하고 있다. AI란 해당 전문 분야에 한해 조금 높은 인지능력을 지녔을 뿐이다. 인지능력의 다양한 요소 중에서도 일부분을 재현할 뿐이다. 기계는 빅데이터의 패턴을 습득해야 그럴듯한 판단능력이 생기지만 사람의 두뇌는 소량의 데이터만으로도 연역하고 유추해서 곧잘 이해할 수 있다. 이런 격차는 상식뿐 아니라 의식이나 직관적 판단력 차이에서 비롯된다. 기계학습은 지능기계에 이르는 극히 일부분의 수단일 뿐이다. 데이터 학습만으로는 모든 인과관계를 알 수 없다. 추상적인 아이디어를 얻을 수 없고, 논리적인 추론도 할 수 없다. 지식을 요약하거나 이해하는 것도 불가능하다.

　두뇌 지능과 달리 AI는 오랜 경험을 거친다고 해서 그 기능이 획기적으로 향상되기 어렵다. 많은 양의 데이터를 저장하겠지만 활용법이 인간의 지능과 매우 다르다. 기계에 입력되는 데이터 패턴이 변해도 설계 조건을 벗어나서 반응하지 못한다. 인공지능이 사람을 상대할 때는 그가 악당인지 아닌지 알지 못한다. 상대의 지적 수준에도 관심이 없다. 인공지능이 인간의 창작활동을 흉내 낸다고 해도 인간 작가가 구현하고픈 가

치를 알 수는 없다. 인간의 상상력을 AI 알고리즘으로 표현하기엔 역부
족이다. 기계지능은 감성도 알지 못한다. 상식, 의식, 직관적 판단력이라
는 인간지능의 큰 특징을 인공지능에 기대하기란 어렵다. AI는 생명 없
는 알고리즘일 뿐이다.

인공지능과 함께 이룰 수 있는 미래

영화 〈아이, 로봇〉에서 주인공 윌 스미스가 심각한 표정으로 로봇에게 말한다. "너는 사람을 모방한 기계일 뿐이야. 로봇이 교향곡을 작곡하니? 화판에 명화를 그려낼 수 있니?" 그러자 로봇이 대꾸한다. "그런 너는 할 수 있니?"

한 방 맞은 기분이다. 사실 모든 것을 잘하는 인간은 없다. AI도 마찬가지다. 구글의 알파고가 이세돌과 겨룬 바둑 대결에서 승리했다고 하지만 이세돌과 마주 앉아 바둑을 둔 건 컴퓨터가 아니라 알파고 개발팀 연구원 아자황Aja Huang이었다. 아마추어 6단 실력인 아자황은 알파고의 힘을 빌려 세계 최고의 고수 이세돌을 이길 수 있었다. 아자황과 AI 바둑 프로그램 알파고가 합작해서 바둑 천재 이세돌의 전문성을 넘어선 것이다.

요즘엔 프로 바둑 기사들이 AI 바둑 프로그램과 두 점 정도를 놓고 접바둑을 둔다. AI는 프로 기사들에게 정석에도 없는 새로운 묘수를 코칭

해준다. AI 소프트웨어는 한 수마다 다음 수를 두는 장소에 따른 최종 승패의 확률을 알려주므로 프로 기사들이 통찰력을 얻는 데 도움이 된다. 이젠 프로 기사들이 AI와 대국을 많이 둘수록 실력이 더 좋아지는 세상이다.

인간은 AI와 협력해 다음 단계로 더 빨리 나아갈 수 있다. 다소 한계는 있지만 AI만의 강점으로 인간을 어떻게 향상시킬 수 있는지 살펴보자.

AI와 만난 예술

오늘날 AI는 거장의 화풍을 모방해 그림을 그리고, 명배우의 표정을 재현해내고, 세계적 무용수의 섬세한 동작을 영상으로 창조하며, 그럴듯한 소설도 쓴다. AI가 전문 예술가처럼 예술작품을 모방할 수 있다는 사실은 언뜻 놀랍고 신기하다. 그러나 누구도 AI가 만든 예술작품의 가치를 거장의 작품처럼 높게 평가하지는 않는다. 컴퓨터의 재현예술이란 복제품일 뿐이며 작가의 독특한 영감(혼)을 담았다고 할 수 없기 때문이다. 특히 작품이 전달하는 메시지가 없다는 점에서 대중의 공감을 크게 얻지 못한다.

컴퓨터의 예술활동에는 현실과 다른 허구가 많으며, 모조품이 갖는 한계를 극복할 수 없다. 명화를 재현한다 해도 컴퓨터는 패턴화된 색상 코드를 이리저리 옮길 뿐이지 전체 데이터 배열이 관객에게 어떤 그림으로 전달되는지를 모른다. 디지털 데이터 나열이 만들어낸 예술적 느낌이 관객에게 어떻게 전달될지 알지 못한다. 아름다움이 무엇인지 모르기 때문에 표현할 수 없는 것이다.

이러한 한계에도 불구하고 AI는 나름대로 강점이 있다. AI의 강점은 빅데이터를 분석해서 특징 있는 개별 현상을 신속하게 추출해낼 수 있는 데이터 처리능력에 있다. 이런 강점은 인간과 협력할 때 더욱 빛이 난다. 이를 잘 활용하면 예술가의 연출 능력이나 작품 표현 능력을 강화할 수 있다.

이젠 영화감독이 좋은 영상을 만들려는 욕심에 연기자들에게 수십 번씩 같은 장면을 반복하도록 연기를 부탁할 필요가 없어졌다. 봉준호 감독은 오스카 감독상 후보들과의 대담에서 영화 〈기생충〉을 제작할 때 활용했던 영상 편집 요령을 소개했다. 그러면서 등장인물 여럿을 한 장면에 담는 경우 모든 연기자의 연기가 최고로 잘 어울린 장면을 찍기 위해서 무작정 촬영 횟수를 늘릴 수 없어서 컴퓨터로 편집했다고 실토했다. 몇 차례 촬영된 영상 파일에서 인물별로 최고의 순간을 뽑아내 하나의 파일에 합치면 최고의 영상물이 완성된다는 것이다. 이제는 거장도 AI기술을 활용해 영상을 완성하는 시대다.

AI를 활용하는 작곡자들도 늘고 있다. 원하는 장르나 감정을 소프트웨어에 입력해 초벌 작품을 만든 다음 컴퓨터 연주를 들으면서 작품을 다듬는 편집 과정을 거친다. AI를 활용하면 악상을 쉽게 옮길 수 있을 뿐아니라 미처 생각지 못한 악상을 차용해 자신만의 영감을 좀 더 구체화해나갈 수 있다.

AI가 컴퓨터 오선지 위에 뿌려놓은 음표에 작곡가의 통찰력과 혼을 덧칠해주면 대중이 원하는 작품으로 변신한다. 물론 변신의 정점은 작곡가의 예술적 감성이 스며드는 순간이다. 즉 곡을 만드는 작업의 90~95퍼센트 정도는 컴퓨터에 의존하고, 나머지는 5~10퍼센트만큼의 창의력으로 완성시키는 것이다. 마지막 점 하나로 작품을 완성하는 화룡점정의 미학이 AI시대에도 여전히 통한다.

이와 함께 하나의 작품을 완성하는 속도 역시 빨라졌다. 물론 작품의 가치는 작가의 영혼이 스며드는 마지막 노력에 의해 결정되므로 작가의 역량, 즉 전문성이 가장 중요하다.

다양한 분야에서 펼쳐지는
기술 협업

예술창작 활동만 그런 게 아니다. 과학기술에서도 전문가의 최종 판단이 가장 중요하다. 최근 중국에서 발생한 신종 코로나 바이러스의 출현을 제일 처음 알아챈 곳은 중국 보건 당국이 아니라 전염병을 빠르게 추적하는 AI기술을 가진 블루닷^{BlueDot}이란 캐나다 신생 기업이다. 창업자 캄란 칸^{Kamran Kahn}은 2003년 사스^{SARS} 전염병이 퍼질 때 토론토 병원에 있던 감염질환 부문 전문가였다.

전염병의 심각성을 잘 알고 있었던 캄란 칸은 40여 명의 개발자와 함께 전염병을 빠르게 감지할 수 있는 질병 감지 소프트웨어를 개발했다. 이 소프트웨어는 65개 언어로 뉴스를 수집하고 분석해 전염병 발생 시 나타나는 현상을 포착한다. 자동화된 데이터를 분석해 전염병 징후를 확인한다고 해도 전염병이 세계적으로 번지고 있는지에 대한 최종적인 결론은 감염질환 전문가가 주도적으로 판단한다. AI의 결론이 과학적 관점에서 충분히 의미가 있는지를 전문가가 검증한 후 전염병 발생 보고서를 발간해 정부, 기업, 공중보건 의료기관에 발송하는 것이다.

이처럼 AI는 빅데이터를 수집하고 분석해서 어떤 힌트를 잡아내는 데 탁월하다. 그러나 그 힌트를 실제 사건으로 인지하고 판단하는 일은 전문가의 몫이다.

AI는 다양한 분야의 실무에 이미 적용되고 있다. AP통신은 워드스미스WordSmith가 개발한 NLG(자연어 발생) 소프트웨어로 기사를 쓰고 있다. 국내에서도 증시 관련 단순 기사는 AI 소프트웨어로 처리한다. 수집된 데이터로 기사를 쓰는 데 채 1초도 걸리지 않는다. 기자가 쓴 원고와 품질 차이가 거의 없고, 인간 기자보다 15배 이상 기사를 더 많이 쓴다. AI가 쓴 원고는 윤문이나 교정 작업을 거치면 손쉽게 출고할 수 있다.

이 덕분에 기사 양은 늘었고, 인간 기자의 업무는 20퍼센트 이상 감소했다. 현재 AP통신은 상대적으로 시간 여유를 되찾은 기자들이 과거에 다루지 못했던 새로운 시각의 비판 기사를 쓸 수 있도록 업무 방향을 조정하는 추세다.

AI와 인류가 만들어갈
조화로운 미래

많은 사람이 AI가 발전할수록 일자리가 없어지고 인력 고용이 줄어들 것이라고 예상한다. 하지만 지금까지의 적용 사례를 보면 직장 업무의 복잡성이 줄어들고 단순해지는 긍정적 효과를 낳고 있다. 이제 지능적인 최종 판단만 내리는 상황으로 인간의 업무방식이 바뀌고 있다. 반복 업무는 줄어들고, 컴퓨터 해석 결과를 검증하고, 좀 더 복잡한 일을 맡는 등 업무의 차원도 달라졌다. 자동화된 단순 작업에서도 최종적인 감시와 평가는 여전히 인간이 하고 있다. 즉 인간의 업무 영역이 확장되고 있는 것이다. 각 분야 전문가들은 더 많은 일을 더 다양하게 처리해야 하는 상황이 되었다.

AI기술 도입으로 인간들은 새로운 업무와 확장 가능성을 놓고 더 깊이 고민하게 됐다. 노동자의 전문가적 자질이 요구되고 업무의 전문성도 강화되는 추세다. 이젠 과거 방식을 고수해서는 경쟁력을 유지하기 어렵다. AI를 더욱 적극적으로 활용해 업무 성과를 높이고 컴퓨터가 처리하지 못하는 영역을 찾아내 더 전문적인 식견을 쌓아가야 한다. AI를 활용해 기존의 비즈니스 방식을 수정하고 새로운 도전 과제를 발굴하며 미래를 개척해나가는 수단으로 이용해야 한다.

2017년에 비영리단체 '퓨처 오브 라이프Future of Life'가 만든 '아실로마 AI 원칙'이 있다. 물리학자 스티븐 호킹, 일론 머스크 등이 여기에 지지 서명했다. 원칙의 핵심은 보편적인 인류의 윤리적 이상과 국가나 조직을 초월한 모든 인류의 이익을 위해 AI를 개발하는 데 목표를 두고 있다. 특히 AI 개발 과정에서 발생할 수 있는 실패와 자유의 침해에 대해 윤리적이며 책임 있게 행동해야 한다고 강조한다.

알파고를 만든 데미스 하사비스는 이렇게 말했다. "인공지능을 조수처럼 활용하고, 최종 결정은 인간이 내리는 방식이어야 한다. 이 같은 방식이 아니라면 시간 낭비에 불과하다."

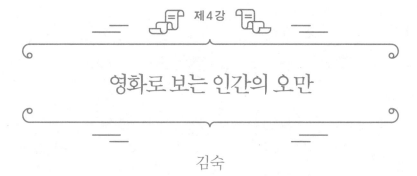

제4강

영화로 보는 인간의 오만

김숙

홍익대 미학과에서 〈크리스티앙 메츠의 영화기호학 연구〉로 석사, 이화여자대학교 철학과에서
〈디제시스로서의 영화〉로 박사학위를 받았다. 예술철학 전공. 중앙대 첨단영상대학원 전임연구
원. 장산곶매 영화제작소에서 연출부로 활동하며, 〈숲속의 방〉〈닫힌 교문을 열며〉 영화 제작에
참여했다. 〈영화제작소 장산곶매〉 다큐멘터리 프로듀싱을 했다. 역서로 《영화 스타일의 역사》
《진짜 눈물의 공포》《이미지와 마음》《허구의 본성》이 있다.

인간보다 나은 인간의 꿈

인간 능력 증강과 확장이 부딪히는 벽

4차 산업혁명시대로 진입한 오늘날, 인공지능과 사물인터넷, 빅데이터 등 정보통신기술과 제조업의 융합으로 혁신의 속도가 빨라질 것이라는 전망이 지배적이다. 세상의 이치가 그렇듯이 밝은 면 뒤에는 어두운 면이 있게 마련이다. 노동자들이 일자리를 빼앗길 위험이 제기되면서 인간의 존엄성 훼손이 우려되고 있다.

도구와 기술의 발달이 인간에게 도움을 주고 삶을 풍요롭게 한다는 것은 상식이 아니었나? 어떻게 인간은 자신들이 개발한 기술과 도구에 밀려날 지경에 이르게 된 것일까? 혹시 스스로를 과신하고 오만했던 까닭에 인류가 멸망의 길로 내몰리는 것은 아닐까?

게다가 생물학과 의학 분야의 기술 발전은 더 큰 도전을 제기하고 있다. 많은 자본과 기술이 질병을 고치고 예방하는 데 머물지 않고, 보통 사람의 능력을 더 월등하게 하거나 새로운 능력을 갖춘 인간 개발에 투입되고 있다. 새로운 전염병의 출현과 유전자 변화는 혹시 거대 자본과 기술이 결합해 시도한 수많은 실험의 부작용은 아닐까? 실제로 의약학계에서는 신약 개발을 위해 수많은 동물을 생체실험 대상으로 쓰고 있다. 도대체 누가 인간에게 다른 동물의 생명을 마음대로 실험해보라는 권리를 주었단 말인가?

현대의 과학기술은 17세기 서양의 근대과학 발달에 뿌리를 두고 있다. 그리고 그보다 더 깊숙한 뿌리는 중세 천 년 동안 신 중심으로 세계를 보았던 관점에서 벗어나 인간 중심으로 세상을 보려는 르네상스, 즉 인간의 재탄생이라는 거대한 변화에 있다. 15세기 이탈리아의 사상가였던 피코 델라 미란돌라Pico della Mirandola는 그와 같은 주체적이고 능동적인 관점의 변화를 보여준다. 그가 쓴 〈인간 존엄성에 관한 연설〉(1486)은 '르네상스 선언'이라고 일컬어질 정도다. 하지만 르네상스 선언 이면에는 인간 중심주의에 과도하게 치우친 오만한 태도가 깔려 있다. 또 르네상스 인간 중심주의와 짝을 이루고 있는 것이 바로 자연을 기계적인 대상으로 보고, 조물주인 신을 시계를 만드는 기술자로 보는 메타포였다. 기술자로서의 인간이 신과 동급의 자리에 있는 양 떠받들어지는 오만에는 필연적으로 착각과 그에 따른 낭패가 이어질 수밖에 없다.

중세에서 근대, 현대로 이어지는 서구 문명 발전 과정에서 사유체계의 변화에 기폭제 역할을 한 것이 바로 관점의 변화다. 관점의 변화는 곧 생각의 변화, 세계관의 변화로 이어진다. 아메리카 인디언들은 서구인의 세계관이 자신들의 세계관과 완전히 달랐다는 점을 증언하고 있다. 서구의 기술은 어마어마한 힘과 속도로 세계를 지배해나갔고, 이후 세계의 모습은 그전 시대와는 판이한 모습으로 변모해왔다. 그런데 사물에 지능을 부여하는 것을 핵심으로 하는 4차 산업혁명 이후에 인류가 맞이할 세계는 더 급속도로 빠르게 변해갈 것이라는 전망을 각계각층에서 내놓고 있다.

사물에 지능을 부여한다고?
: 〈이미테이션 게임〉

인공지능 컴퓨터 발전의 역사에서 빼놓을 수 없는 인물로 앨런 튜링Alan M. Turing이 있다. 곡절 많은 그의 일대기는 영화로 재탄생했다. 바로 〈이미테이션 게임〉이다. 이 영화는 앤드루 호지스가 쓴 전기 《튜링 : 이미테이션 게임》을 토대로 만들었다. 튜링은 1951년 BBC 라디오 강연에서 "생각의 전체 과정은 여전히 우리에게 매우 신비롭지만, 생각하는 기계를 만들려는 시도는 우리 자신이 어떻게 생각하는지 이해하는 데 큰 도움이 될 것이라고 믿는다"라고 말했다.

튜링의 말처럼 우리는 마치 숨을 들이마시고 뱉듯이 '생각'하지만 그것이 무엇인지 아직 잘 모른다. 어찌 보면 살아 있는 모든 것이 생각하고 있는 것처럼 여겨지기도 하고, 생각하는 일은 오직 인간 수준의 지능을 가진 존재만 가능한 것처럼 여겨지기도 한다. 이 강연에서 튜링의 전망은 다소 겸손했다. 미래에는 인류가 생각하는 기계를 사용하게 될 거라고 말하기보다는, 그 기계가 우리 인간이 생각한다는 행위가 무엇인지 이해하는 데 도움을 줄 것이라고 밝혔다.

사실, 생각하기thinking는 서양 근대철학의 아버지라 불리는 데카르트 이후로 서양철학의 핵심 개념으로 자리 잡았다. 데카르트는 "나는 생각한다, 고로 존재한다(Cogito, ergo sum)"라고 말하면서 인간의 존재 의식에서 '생각하기'가 핵심이라는 것을 간파했다. 여기서 생각하는 행위의 주체, 즉 사유 주체로 일컬어지는 '코기토cogito'가 바로 근대철학의 한계를 벗어나고자 했던 20세기 말 유행한 포스트모더니즘의 격한 비판 대상이었다.

데카르트는 자연세계를 이해함에 있어 기계론적 세계관을 받아들였고, 인간 이외의 모든 동물을 인과법칙의 지배를 받는 일종의 기계로 간주했다. 동물은 전적으로 물질로만 이루어진 물질적 대상이지만, 인간은 동물과 달리 물질적 신체와 비물질적인 정신의 결합으로 이루어진 복합적인 존재라고 보았다. 따라서 동물의 내적 작동과 외적 형태를 지닌 것으로 디자인된 기계는 동물과 구별할 수 없는 반면, 인간의 안팎을 모방한 것은 아무리 닮아 보여도 인간과 구별된다고 본 것이다. 그런데 튜링은 데카르트가 인간의 고유한 정신성을 드러낸다고 보았던 바로 그 '생각'하는 기계를 궁리했던 것이다.

어쨌든 '생각하는 기계'를 궁리했던 튜링은 제2차 세계대전에서 독일군의 암호 체계를 푸는 작업에 합류하여, 암호 해독에 필요한 작업을 자동으로 빠르게 수행하기 위한 기계, 콜로서스Colossus 제작에 참여했다. 전쟁이 끝난 후에는 초창기 컴퓨터 중 하나인 영국의 에이스ACE; Automatic

Computing Engine 개발에 참여했고, 〈계산기계와 지능〉(1950)이라는 논문을 발표했다. 튜링은 생각하는 과정 자체를 명확하게 설명하거나 규정하기 어렵다는 점을 간파하고, 생각한다는 것이 무엇이냐는 문제를 우회하여 장막 뒤에서 말하는 것이 기계인지 사람인지 분간되지 않을 때는 그 기계를 '생각하는 기계'라 해도 무방하지 않겠느냐는 아이디어를 내놓는다. 이것이 그 유명한 '튜링 테스트'다.

기계가 생각한다고?
: 튜링 테스트와 중국어 방

튜링은 어떤 물음을 제기했을 때, 장막 뒤에서 내놓는 답이 인간이 쓴 것과 구별하기 어렵다면 그 기계도 자발적인 이해능력이 있는, 즉 '생각하기' 기능이 작동하는 것으로 간주했다. 튜링은 이 같은 논리로 튜링 테스트라는 아이디어를 발전시켰다. 이를 통해 기계도 생각할 수 있다는 명제를 내놓은 것이다.

기계가 생각할 수 있다는 아이디어의 허점을 폭로하기 위해 미국 철학자 존 설John Searle은 1980년 중국어 방chinese room 사유실험을 제시했다.*
중국어 방의 세팅은 다음과 같다. 장막 뒤에서 구멍을 통해 중국어로 질문이 들어오면 그 방에 있는 사람은 정해진 매뉴얼에 따라 중국어로 답

* John Searle, "Minds, brains, and programs", *Behavioral and Brain Science*, Volume 3, Issue 3, 1980, pp. 417-424.

을 내보낸다. 하지만 실상 그런 일을 수행하는 장막 뒤의 사람은 중국어
를 알지 못하고 단지 매뉴얼에 맞춰 행동했을 뿐이다. 실상 중국어를 전
혀 몰라도 겉으로는 중국어를 아는 사람처럼 답을 내놓는 것이다. 우리
가 어떤 상징이나 기호를 이해하려면 그것이 의미하는 바를 알아야 하는
데 중국어 방처럼 컴퓨터는 모양과 구문론적 속성만 파악해 답을 내놓을
뿐이다. 존 설의 중국어 방 사유실험은 튜링 테스트엔 매뉴얼에 따른 기
계적인 계산이 있을 뿐이며, 우리가 보통 '생각하기'와 관련되어 있다고
여기는 아무런 의미론적 '이해'도 없음을 보여준다.

　문제는 튜링 자신도 전통적으로 '생각하기'로 여겨져왔던 것을 자신의
튜링 테스트를 통해 보여주려 한 게 아니라는 데 있다. 튜링은 왜 생각이
란 것을 하는 데 한 가지 방법만 있다고 단정 지어야 하는지를 묻고 있
다. 거기다 신경생리학자 벤저민 리벳Benjamin Libet 등이 수행한 실험은 인
간의 의식, 지능, 생각에 대해 훨씬 관념론적인 색채를 뺀 그림을 착상할
계기를 마련했다. 피실험자의 손가락을 움직이려는 의식적인 결정과 실
제 손가락 움직임, 그리고 뇌파 측정기로 측정한 두뇌 활동 간의 시간 차
이를 분석하는 실험을 통해, 피실험자가 손가락을 움직이겠다는 의식적
인 결정보다 빠르게 두뇌 활동이 진행됨을 증명하는 뇌파를 측정했기 때
문이다. 물질적 신체가 의식적인 생각에 앞서서 결정한다는 것을 보여주
는 듯한 실험 결과였다.

　결국 존 설의 중국어 방 사유실험은 여전히 데카르트적 정신을 상식적
이라고 여기는 우리의 직관에 호소했을 뿐, 이미 다른 패러다임으로 그

림을 그리고 있는 튜링을 공격한 데 지나지 않을 수도 있다.

데카르트의 '코기토'는 근대적 생각의 주체, 근대적 자아를 가리킨다. 르네상스 이후 현대에 이르기까지 서양의 객관적인 과학적 진리 추구와 짝패를 이루는 인간 중심주의의 핵이 바로 데카르트의 근대적 자아, 코기토였다. 20세기 포스트모더니즘은 서양의 근대를 넘어서고자 했고, 그것이 주창했던 '주체의 죽음'은 바로 이 데카르트적 생각의 주체의 사망 선언이었다.

최근 인공지능 발달과 맞물려 등장한 '포스트 휴먼' 논의도 같은 맥락에 있는 것으로 보인다. 혹시 우리는 '사물에 지능을 부여'하고 기계가 생각한다고 너무 쉽게 말하는 것은 아닌지 되묻고 싶다. 인공지능의 아버지격인 튜링 스스로도 생각한다는 것에는 일면 튜링 테스트 식으로 해명될 부분이 있다고 보았을 뿐이다. 하지만 튜링도 그렇게 간단히 설명할 수 있다고는 여기지 않았다. 한 가지 분명한 사실은 인간은 아직도 '지능'이 무엇이고 '생각'이라는 게 무엇인지 분명히 알지 못한다는 것이다.

영원한 젊음과 불모의 미래

생명 연장의 꿈과 누구도 모를 진화의 끝

2020년 새해 벽두부터 중국에서 정체불명의 폐렴 환자가 속출하면서 전 세계로 퍼져나가기 시작했다. 감염자가 늘어나면서 사람들은 곧 공포에 휩싸였지만, 바이러스의 정체는 쉽사리 밝힐 수 없었다. 다만 전파 속도가 무척 빠르다는 것 하나만 확실했다. WHO는 'COVID-19'라는 정식 명칭을 붙이면서 팬데믹pandemic(전염병이 전 세계적으로 크게 퍼지는 현상)을 선언했다.

서로 부대끼며 함께 살아온 전 세계 공동체 사회가 서로 격리되었다. '사회적 거리 두기' 외에는 뾰족한 수가 없었기 때문이다. 생강나무, 유채꽃, 목련, 개나리, 진달래, 급기야는 벚꽃이 핀다는 소식이 연이어 들려오는데 꽃구경은 언감생심, 손님들을 맞이하기 위해 가꾸어왔던 꽃밭마저 갈아엎는다는 소식이 들려왔다.

그런데 사회적 격리를 종용하자 희한한 소식이 주변을 떠돌기 시작했다. 미세먼지와 매연으로 늘 뿌옇던 대기가 맑아져 평소 보이지 않던 별이 보이고, 저 멀리 인도에선 30년 만에 히말라야 만년설이 보인다는 소식, 사람들이 북적이던 도시가 조용해지자 어디에선가 야생동물이 심심찮게 출몰한다는 소식이었다.

자연재해인가, 인재인가?
: 〈12 몽키즈〉

늘어나는 확진자 수를 발표하는 뉴스를 매일 접하면서 갑자기 영화 한 편이 생각났다. 동물원에 갇혀 있던 동물들, 기린이 자동차로 붐비던 고가도로 위를 달리고, 코끼리가 고층 건물 복도 기둥 사이사이를 달리던 기상천외한 SF영화 〈12 몽키즈〉다. 공교롭게 〈12 몽키즈〉도 바이러스 감염증 전파로 인류가 멸망이라는 파국에 이르는 것을 막기 위해 고군분투하는 스토리다. 〈터미네이터〉와 마찬가지로 멸망에 이르는 인류를 구하기 위해 미래에서 파견한 인물이 주인공이다. 영화에서는 1996~1997년 사이에 발생한 전 지구적 바이러스 감염으로 인해 인류의 1퍼센트만이 살아남았고, 더 이상 지상에서는 살아갈 수 없어 깊은 땅속에서 살아야 한다고 설정되어 있다. 그로부터 30년 후에 미래의 과학자들이 바이러스 감염 경로를 알아내기 위해 관찰력도 좋고 정신력과 의지력이 강한 제임스 콜(브루스 윌리스 분)을 30년 전의 과거로 보내 문제 해결의 실마리를 찾아낸다는 스토리다.

영화 제목인 '12 몽키즈'는 동물해방운동 그룹의 이름이다. 유명한 바이러스 학자를 아버지로 둔 제프리 고인즈(브레드 피트 분)가 동물 생체실험에 반대하며 우리에 갇힌 동물들을 풀어주는 바람에 도시의 교통이 마비된다. 미래의 과학자들은 이 그룹이 바이러스 전파의 원흉이라 생각하고 추적했지만 진짜 원흉은 따로 있었고, 이를 알아낸 미래의 과학자가 바이러스 전파자를 제거한다는 것을 암시하고 영화는 마무리된다.

〈12 몽키즈〉에는 인상적인 장면이 많다. 짧게 스치는 동물 해방구가 된 도시의 몇몇 장면들, 지하에서 사느라 거미 같은 벌레를 먹고 살던 미래의 인류 주인공이 코를 킁킁거리며 공기 냄새와 맛이 너무 좋다고 속삭이는 장면, 라디오에서 흘러나오는 루이 암스트롱의 〈참 멋진 세상What a wonderful world〉 같은 20세기 노래를 음미하며 황홀경에 빠지는 장면 등 어디까지나 영화 속에서는 그것이 현실이기 때문에 더더욱 그렇다.

이런 장면은 우리가 지금 당연하게 누리고 있는 것들이 얼마나 귀하고 소중한지 새삼 느끼게 해준다. 공기의 냄새, 시원하고 상쾌한 시냇물, 따사로운 햇살, 라디오에서 나오는 노래. 사운드 트랙에 잠깐 등장하는 미국 가수 톰 웨이츠의 노래 〈지구가 비명 지르며 죽었다Earth died screaming〉는 영화가 전하고자 하는 강력한 메시지를 나귀처럼 짖어댄다.

영화의 스토리 이면에는 여러 테마가 겹쳐 있기 때문에, 25년 전에 만든 영화인데도 여전히 흥미진진하다. 같은 제목의 텔레비전 드라마 시리즈가 각색되어 또 한 차례 만들어진 것도 그런 까닭에서일 터다. 인간을 위한 동물 생체실험에 대한 비판적 시각도 여러 테마 중 하나다. 〈혹성탈출〉 리부트 시리즈로 2011년부터 제작된 '진화의 시작' '반격의 서막' '종

의 전쟁'도 원숭이와 침팬지 같은 영장류 대상 생체실험 현실에 대한 비
판적 시선을 밑바닥에 깔고 있다. 영화를 보고 있으면 인간인 내가 인간
을 공격하는 원숭이 편에 서 있는 모습을 발견하게 된다. 이 시리즈의 감
독들은 이 같은 아이러니한 효과를 겨냥하고 있다.

　진실을 말하고 있지만 아무도 믿어주지 않는 불행인 카산드라 신드롬
Cassandra syndrome (선견지명은 있지만, 미래의 불행을 대비할 수 없는 안타까운 주인

공)을 겪는 여주인공 정신과의사 캐트린 레일리(매들린 스토우 분)는 영화
속에서 중요한 조력자 역할을 한다. 사이코 동물해방운동가 제프리 고인
즈와 함께 미래에서 온 주인공이 '바이러스 감염 대유행으로 인류가 파
국에 이르게 될 것'이라고 전하는 말을 진지하게 받아들인다. 하지만 막
상 주인공 제임스 콜 자신조차 사람은 2가지 차원을 동시에 살 수는 없는
것 같다고 되뇌면서 모든 게 자신의 망상이고 꿈이었을지도 모른다며 혼
란스러워한다. 이 영화는 미래에서 온 어른 제임스 콜의 죽음을 목격하
는 어린 제임스 콜의 두 눈을 클로즈업하는 것으로 마무리된다. 이 장면
은 '시간여행'이란 개념이 지닌 모순을 암시한다. SF영화는 보통 시간여
행이 가능한 것처럼 스토리를 진행하는데, 〈12 몽키즈〉처럼 단순히 주제
를 전달하기 위한 장치 이상으로 진지하게 이 개념을 실제에 적용할 때
생기는 문제점을 고백한 영화도 흔치 않다.

아이들 노는 소리가
사라진 세상
: 〈칠드런 오브 맨〉

때는 2027년 런던. 영화 〈칠드런 오브 맨〉은 텔레비전에서 2009년생 전 세계 최연소 젊은이가 죽었다는 뉴스로 시작한다. 이 소식을 접한 사람들은 슬픔에 잠긴다. 영화에서는 여성들이 점점 불임이 되어가면서 2009년 이후로는 신생아 출산 소식이 끊긴 상황이다. 그런데 지구에 마지막으로 태어난 2009년생 젊은이가 죽은 것이다. 2027년의 런던은 바야흐로 물 부족과 공해에 시달리는 환경에서 폭탄 테러가 예사로 벌어진다. 정부군과 저항군의 폭력이 난무하는 외국인 불법체류 난민 수용소는 전쟁터와 다름없다. 그러나 다른 한편에서는 '평온한 죽음'을 선물하는 안락사 약 광고와 영원한 젊음을 약속하는 성형시술 광고가 도시를 뒤덮고 있다.

영화 속 주인공 테오(클라이브 오웬 분)는 인류의 종말이 임박하고 있음을 깨닫고 있었지만, 자신이 젊었던 2003년에는 아무도 이 사실을 믿지 않았다고 탄식한다. 결국 외계인 침공이나 혜성 충돌, 핵전쟁 같은 외부의 폭력이 아니라 전 세계 모든 여성의 불임이 인류 종말의 단초가 된 것이다.

영화 속 한 인물의 대사는 상황이 더욱 절망으로 치닫고 있음을 암시한다.

"불임이 치료된다 해도 이미 늦었어요. 세상이 다 썩어버렸으니까."

2009년 이후 18년 만에 기적처럼 임신한 흑인 불법체류 난민 키(클레어-호프 에쉬티 분)는, 자신의 이익을 위해 손쉽게 동지를 배신하고 죽여버릴 만큼 타락하고 폭력적인 세상에서 간신히 목숨을 부지한다. 영화 속 폭력적인 총격 장면은 흡사 다큐멘터리처럼 실감나게 연출된다. 2027년의 세계가 저 정도라면 여성의 불임률 증가는 당연하지 않을까 하는 생각마저 들 정도다.

이민자와 불법체류 난민이 겪는 상황은 전쟁터를 방불케 할 정도로 처참하다. 하지만 런던의 중상류층 백인들은 부도난 국가의 미술품을 사들여서 자신의 집을 치장하기 바쁘고, 여왕의 기마 경호부대는 늠름하게 거리를 활보한다. 영화에서는 현실 세계의 양극화 현상이 더욱 처절하고 선명하게 대비된다. 주인공이 부유한 공무원 친척에게 통행증을 부탁하려고 찾아가는데, 그의 집에 다비드상이 세워져 있고 식당의 벽은 피카소의 〈게르니카〉 원본으로 장식되어 있다. 주인공이 "백 년 후엔 이걸 볼 사람도 없는데 왜 사 모으고 있어?"라고 묻자 "나는 미래는 생각 안 해"라는 대답이 돌아온다.

인간에게 평등한 조건 한 가지를 말하라면 무엇보다 '죽음'이라고 할 수 있다. 누구든 언젠가는 죽음을 맞이할 운명을 타고났다. 인간이 미래를 생각한다는 것은 스스로 죽음을 의식한다는 뜻이다. '나도 그렇겠지만 너도 그렇겠구나'라는 식으로 인간으로서 공감대를 갖게 되는 바탕이

기도 하다. 죽을 운명의 인간이면서 나는 미래를 생각하지 않는다는 말
은 곧 자신에게 운명적으로 다가올 필연적인 문제를 무시해버리겠다는
독선적이고 오만한 태도에서 나오는 과장된 리액션이다.

보통 과거를 후회하거나 미래를 미리 걱정하지 말고 지금 살아가는 이
순간을 놓치지 말라는 뜻의 카르페 디엠carpe diem이란 경구는 고단한 현
실을 살아가는 개개인에게 현명하고 지혜로운 조언으로 여겨진다. 하지
만 창밖에서 세기말적인 폭력과 고통이 만연한데도 고상한 취미활동에
만 몰두하는 이 부자 친척의 "나는 미래는 생각 안 해"라는 공언은 그 자
신이 개인주의가 지나쳐(혹은 개인주의를 넘어) 심각한 이기주의에 빠져 있
음을 드러낸다. 그렇게 말하며 서 있는 친척의 뒤편 창밖에는 돼지 조각
상이 매달려 있다. 피카소로 하여금 〈게르니카〉의 절규를 그리게 했던 것
과 비슷한 상황이 창 바깥에서 벌어지고 있는데도 마치 두 귀를 막고 있
는 자에게, 피카소의 예술적 걸작은 그저 돼지 목의 진주 목걸이라는 걸
암시하는 듯하다.

부를 독점하고 독선과 오만이 목구멍까지 꽉 찬 고위직 공무원에게
통행증을 받아야만 여행이 가능한 세계라니, 과연 미래, 내일, 희망 같
은 것들이 뿌연 안개 속 저 너머에 있기라도 한 것일까? 그래도 주인공
테오는 키와 마지막이 될지도 모르는 생명인 아기를 지켰다는 기쁨에
미소를 짓는다. 결국 총상을 입고 축 늘어진 테오의 어깨 너머로 '내일
Tomorrow'이라는 이름의 구명선이 다가오면서 영화는 끝난다.

인간보다 나은 사이보그,
차라리 이 세상보다 나은 사이버 세상

수많은 현대 영화가 최첨단 기술과 결합해 지진이나 화산 폭발 같은 자연재해, 바이러스 감염 같은 재난, 우주 종말, 좀비, 외계인 침공 같은 소재들을 웅장하고 스펙터클한 이미지로 제시한다. 보통 주인공의 영웅적인 활약으로 위기를 벗어나는 것으로 마무리되곤 하지만, 그런 많은 재난영화들이 전하고자 하는 메시지가 무엇인지는 대부분 불분명하다. 하지만 우리 앞에 벌어지는 수많은 재난은 대부분 인재에 가깝고, 그 원인을 찾아 거슬러 올라가보면 인간의 오만과 착각 그리고 무지와 탐욕에서 비롯되는 경우가 적지 않다. 게다가 마치 서바이벌 게임인 듯 기껏해야 내 식구는 구한다는 식의 영화 엔딩은 떨떠름한 뒷맛을 남기고 만다.

그렇다면 전달하는 메시지가 선명하면서도 대중적인 인기와 평론가들의 극찬을 받은 영화는 없는 것일까. 사이보그라는 새로운 형태의 영웅을 등장시킨 〈블레이드 러너〉는 대중적 인기와 평단의 호응이라는 두 마리 토끼를 동시에 거머쥐었다. 이에 편승해 리들리 스콧 감독은 2017년에 속편 〈블레이드 러너 2049〉까지 만들어냈다.

시간 속에 사라질 그 모든 순간
: 〈블레이드 러너〉

1982년에 나온 〈블레이드 러너〉의 미래 세계는 2019년이다. 스탠리 큐브릭의 SF영화 〈스페이스 오디세이〉의 미래 세계 역시 우리에게는 이미 과거가 되어버린 2000년이다. 바이러스 감염으로 전 인류의 1퍼센트만 살아남고 생존자들은 지하로 숨어 살게 된다는 〈12 몽키즈〉의 배경인 2035년의 미래 세계는 앞으로 몇 년 후일뿐이다. 게 다가 〈12 몽키즈〉에서 인류가 바이러스 대유행이란 사건을 겪는 시기는 1997년이었는데, 비슷한 상황이 2020년에 벌어지고 있다.

〈블레이드 러너〉에서 묘사된 사이보그나 〈스페이스 오디세이〉에 등장 하는 인공지능 컴퓨터가 출현할 것이라고 전망되던 시간은 이미 지났지 만, 여전히 그런 인공물을 만들어내려는 기술 개발의 추세는 가파르다. 많은 미래학자가 조만간 SF영화에서나 볼 법한 엄청난 것들이 등장할 것 이라고 전망한다. 그런 의미에서 SF영화는 인간이 발전시킨 과학기술이 인간을 어디로 떠밀어낼지 숙고해볼 계기를 만들어주기도 한다.

영화 속 2019년에 대부분의 지구인들은 황폐해진 지구를 버리고 '오 프-월드'라는 멋진 신세계, 다른 행성으로 이주해버렸고, 지구에는 이주 할 여유가 없는 나머지만 남아 있다. 타이렐이라는 회사는 로봇과 유기체가 결합된 생명공학 산물인 복제인간(리플리컨트)을 공급하게 된다. 오프-월드로 이주한 지구인들은 이런 사이보그를 노예처럼 부리다가 4년이 지나면 폐기한다. 군인, 경찰, 청소, 배달, 성 노리개 등 위험하거나 비천한 온갖 일들은 리플리컨트가 도맡아 하게 된다.

효율성을 높이기 위해 지능과 감정을 인간과 마찬가지 수준으로 맞춰 만들어진 리플리컨트 무리는 자신들의 시한부 삶에 반기를 들게 된다. 블레이드 러너는 인간의 입장에서 봤을 때 아주 불온한 리플리컨트를 제거하는 임무를 맡은 수사조직이다.

블레이드 러너 수사관 데커드(해리슨 포드 분)는 오프-월드에서 반기를 들고 지구로 숨어든 3년 차 리플리컨트들인 로이, 프리스, 리언, 조라를 추격해 제거(해고)하는 일을 맡게 된다. 데커드는 스스로 은퇴를 선언하고 자신의 직업에 완전히 의욕을 잃은 상태인데, 그의 상관이 이 일이 마지막이라면서 반란 리플리컨트를 제거(해고)하는 일을 억지로 맡긴다. 일을 시작하기 위해 타이렐사를 찾은 데커드는 자신이 리플리컨트인지 모르고 타이렐사에서 입력한 기억을 진짜라고 믿는 레이첼(숀 영 분)을 만나 사랑에 빠진다. 지적이고 섬세한 레이첼에게 매력을 느낀 데커드는 리플리컨트들을 처리하는 일에 약간의 갈등을 느끼면서도 하나씩 제거해나간다. 그리고 마지막 하나 남은 대장 격인 로이(룻거 하우어 분)와 격렬한 싸움을 벌이다가 로이 덕분에 목숨을 구하게 된다. 치명적인 상처를 입은 로이는 죽음을 앞두고 영화 역사상 가장 유명하다고 해도 무방할 마지막 유언을 남긴다.

"난 너희 인간들은 믿지도 못할 것들을 보았지. 오리온성운 근방에서 불붙은 전투함들 속으로 뛰어든 적도 있고, 텐하우저 게이트 근처에서 바다 광선들이 춤추는 것도 봤지. 이제 그 모든 순간은 시간 속에 사라지겠지. 빗속의 눈물처럼 말이야. 이제 죽을 시간이 되었군."

이 영화의 감독 리들리 스콧은 35년 후에 만들어진 속편 〈블레이드 러너 2049〉에서 데커드 역시 리플리컨트였음을 밝혔다. 그리고 데커드와 레이첼이 도망을 갔고, 이 두 사이보그 사이에 기적처럼 아이가 태어났다는 이야기를 전개한다. 로봇과 로봇 사이에 아기가 태어난다는 건 설득력이 없지만 기계와 유기체가 결합되어 있는 사이보그 사이에서 아기가 태어난다는 설정은 왠지 그럴듯하다.

왜일까? 우리 시대가 이미 인간이란 '태어날 때부터 사이보그' 아니냐고 생각하기 시작했기 때문이다. 영국 철학자 앤디 클락Andy Clark은 인간이 언제나 인간-기술 공생자symbiont였다는 점에서 '내추럴-본-사이보그 natural-born-cyborg'라는 주장을 펼쳤다. 태어날 때부터 이미 사이보그라는 뜻이다. 인간은 맨몸으로 태어나지만, 생각을 하고 고차원적인 감성을 갖추려면 언어라는 도구를 익히고 사용해야 한다. 인간이 사용하는 도구와 기술은 인간과 별개의 것이 아니며 언제나 인간 마음의 활동은 연필과 종이, 컴퓨터 항목들과 융합할 준비가 되어 있다. 비록 실리콘 칩이나 전선, 인공 망막 같은 것을 갖고 있지 않아도 인간이 사용하는 기술과 도구는 인간 지능이라는 문제 해결 시스템의 핵심적인 부분이고, 인간은 이렇게 인간-기술이 결합되어 있는 존재라는 의미에서 이미 사이보그로 볼 수 있다는 것이다. 물론 연결되어 있는 시스템 전체의 작동만으로 어떻게 인간과 같은 의식적, 감정적 경험을 할 수 있을지의 가능성은 논란거리지만 말이다.

영화를 보면서 우리는 한 치 앞의 운명도 모르면서 인간보다 더 고결한 경험을 한 존재들을 능멸하고 노예처럼 깔보는 타이렐사의 사장을 악인으로 정의하게 된다. 그 대신 4년짜리 시한부 삶 속에서도 온갖 영웅적인 무용담의 기억을 내장하고 죽음 앞에서 그 기억을 회상하는 사이보그 로이가 더욱더 '인간적'이라고, 아니 인간보다 낫다고 느끼게 된다.

차라리 이 세상보다 나은 사이버 세상
:〈아바타〉

재난영화들이 제작되고 소비되는 현상 이면에는 또 다른 진실이 있다. 현대인이 목격하는 암울한 불안감을 증폭시킨다는 것이다. 북극의 빙하가 녹는 바람에 북극곰이 살 곳이 없어지고, 개체 수가 줄어가던 야생동물들은 결국 멸종에 이르고, 선진국이라는 미국 한복판에서 비행기가 고층 빌딩에 부딪혀 무너지는데 그 장면을 전 세계인들이 TV 생중계로 보는 시대에 살고 있다.

양극화는 더욱 심각하다. 지식과 부는 전 세계 인구의 1퍼센트에 편중되어 있는데 후진국 어린이들은 기아와 질병에 시달리고, 쓰레기는 산을 이루는데 바다 생물들의 몸에서는 미세 플라스틱이 발견되고, 바이러스 감염병 유행으로 순식간에 전 세계가 방역에 매달리고 금융위기를 겪게 되는 현실 등등 영혼을 잠식하는 불안은 생각하기 시작하면 끝도 없다. 이런 혼돈이 바로 현대인이 살고 있는 이 세계인 것이다. 결국 〈블레이드 러너〉의 배경인 2019년의 인류가 지구를 버리고 다른 행성으로 이주한다는 설정에는 이런 불안과 공포가 깔려 있는 셈이다.

불안을 무마하고 위로하든, 불안을 뿌리칠 희망을 제시하든, 재난영화는 기본적으로 영웅을 내세워 재난을 극복한다는 스토리 골격을 이룬다. 지구가 망하면 부자들이 노아의 방주 같은 우주선을 타고 탈출해 다른 행성으로 이주한다는 식의 스토리는 보는 내내 찝찝하기만 하다.

영화 〈아바타〉가 공략하는 것은 스토리 골격의 뒷면이다. 대안적인 세계가 사이버 세계이고 주인공이 아바타로서 그 사이버 세계에서 진실한 자신을 회복하고 영생을 선택한다는 내용이다. 게다가 나비족이 산다는 사이버 세계는 18세기 근대 과학의 발전 이래 전 지구를 떠받쳐온 세계 질서가 유지되기 이전, 고색창연한 원초적 자연의 세계라고 설정되어 있다. 〈블레이드 러너〉에서 보여준 인간이 본래 내추럴-본-사이보그라는 기술 낙관적인 전망과 달리, 〈아바타〉는 근대 이래로 300년간 세계를 떠받쳐온 서구의 논리와 세계 질서를 답습하는 대신 그간의 파괴를 중단하고 야생의 삶이 갖고 있던 지혜를 회복하는 것이 하나의 답은 아닐까 하는 질문을 던진다.

그래서 코로나19가 세계적으로 확산하고 있는 지금, 이 문제와 관련해 영화 〈아바타〉에 대한 반응도 크게 둘로 갈리는 것으로 보인다. 전자는 바이러스 감염이 대유행하니 지구 파괴는 이젠 그만 좀 하라고 보내는 신호가 아닐까 여기는 쪽이다. 후자는 생명공학과 첨단 의료기술 같은 과학기술이 발전하고 있으니 전염병도 고칠 수 있지 않겠느냐는 쪽이다.

후자의 관점은 〈아바타〉가 분명하게 표방하는 근대 이전 자연에 대한 향수를 불편하게 바라본다. 좋았던 옛 시절도 따져보면 그리 썩 좋았다고는 할 수 없지 않느냐면서 말이다. 과학기술 신봉자들에게 자연을 거스르지 말라는 충고는 하나 마나 한 잔소리에 불과하다. "수렵채집시대로 돌아가자는 말인가?"라면서 과장된 반응을 보일 게 뻔하다. 이것저것 다 관두고 동물 생체실험이라도 제도적으로 축소했으면 좋겠다. 어쨌거나 '내추럴-본-사이보그' 이전에 '내추럴-본-애니멀'인데 자신이 동물이라는 사실을 망각한 듯하다. 마치 신이 된 것처럼 전능한 사이보그에 가까워지려고 애쓰는 노력의 가속화가 결국 제 발등 찍기로 귀결되지 않으리라는 보장도 없지 않은가 말이다.

한 치 오차 없이 완벽한
예측과 통제라는 정치적 오만

컴퓨터 공학이든, 생명의료 공학이든, 정치공학이든, 결국 공학의 근간에 있는 모든 과학기술은 원인-결과의 인과율이라는 무자비한 원칙에 따라 작동한다. 이 무자비한 원인-결과의 원칙 안에 인간의 어짊이나 자유는 없다.

코로나19 같은 바이러스 감염 대유행의 위협을 맞이한 오늘날 우리가 그간 순리를 거스르며 지나치게 자연을 개발해왔다고 느끼는 것은 결코 과장된 감각이 아니다. 과학기술은 자연을 수학적으로 계량화하는 것에 기초해 있는데, 자연은 결코 수학적 계량만으로는 이해하기 어렵기 때문이다. 인간은 자연 속에서 자신만이 매우 중요한 존재라고 여기고, 인간의 정신을 대입해서 자연을 재단함으로써 성과를 얻어왔다. 이를 과장하며 자화자찬해온 오만한 관행을 되돌아볼 때가 되지 않았나 싶다.

⟨12 몽키즈⟩와 ⟨터미네이터⟩처럼 시간여행이라는 코드와 종말이라는 재난 상황이 결합된 영화들은 다가올 재앙의 예측과 대비라는 주제를 생

각해보기에 좋은 도구다. 또 다른 측면에서, 시간여행이 아니라 미래를 예언하는 예지자가 등장하는 영화 〈마이너리티 리포트〉는 예측과 대비, 문제 해결이라는 주제를 생각하게 만든다.

운명 지어진 미래를
바꿀 수 있을까?
: 〈마이너리티 리포트〉

〈마이너리티 리포트〉의 기본 설정은 평범하다. 인간이 어떤 사안에 대해 어떻게 대응할지를 놓고 자유롭게 선택하고 예상하고 상황을 통제하고 대비한다는 것이다. 그런데 여기에 미래에 무슨 일이 벌어질지 아는 예언자들이 있고, 이 예언자들의 조언에 따라 움직이는 경찰의 존재가 설정됨으로써 평범하지 않은 이야기가 된다. 신경유전자에 이상이 생긴 아이들이 태어나는데, 이 아이들은 살인 사건을 예언하는 능력을 갖고 있다.

유명한 추리작가의 이름이 붙여진 아서, 대실, 아가사라는 예지자 3명은 살인 사건이 일어날 미래를 예견하고, 예지자들의 도움을 받아 살인이 자행되기 전에 막는 일을 하는 범죄예방국이 꾸려진다. 그런데 어느 날, 예지자가 영화의 주인공인 범죄예방국 수사관 존 앤더튼(톰 크루즈 분)이 72시간 내에 살인을 저지르게 될 것임을 예측한다. 주인공이 이를 알게 되면서 이야기는 복잡하게 전개되기 시작한다.

언뜻 들으면 그럴듯하지만 사실상 매우 이상하게 들릴 수밖에 없다.

범죄예방국에서 미리 사건을 조치해 범행을 저지르기 전에 예방된 자는 정작 살인을 저지르지 않았는데도 살인범이라는 딱지가 붙게 된다는 점에서 그렇다. 그리고 그렇게 실제로 범행을 저지르지도 않았는데 살인이 예방되어 잡힌 사람들은 감방이 아니라 인큐베이터처럼 생긴 관 속에 밀봉되어버린다.

갑자기 자신이 얼굴도 모르는 레오 크로라는 자를 살해하게 된다는 예언을 접한 존 앤더튼은 필사적으로 이 예언을 뒤집으려고 노력한다. 예언자가 자신의 살인 행각을 예지한 마당에 과연 주인공은 자신의 운명을 벗어날 수 있을까? 우리는 흥미진진하게 스토리를 따라가게 된다.

그런데 존 앤더튼은 레오 크로가 수년 전 자기 아들을 유괴해간 자라는 단서를 접한 뒤 실제로 진한 살의에 휩싸인다. 그러자 우연찮게 동행한 예언자 아가사는 "당신이 자기 미래를 알고 있다는 것, 이는 당신 스스로 미래를 바꿀 수 있음을 의미하는 것"이라고 절박하게 외친다.

아가사가 100퍼센트 정확한 예언자라는 설정 덕분에 이런 대사가 설득력 있게 들리는 것이 바로 스필버그식 트릭이다. 그리고 스필버그의 많은 영화가 그렇듯 짜임새 있는 줄거리와 스펙터클한 이미지로 흥미를 모으면서도, 이 영화는 악당은 죽고 주인공은 잔인한 운명의 굴레에서 벗어나 평온한 삶을 회복한다는 동화 같은 엔딩으로 마무리된다.

휴스턴, 문제가 생겼다!
: 〈아폴로 13호〉

1969년 미국은 아폴로 11호를 발사하여 달에 착륙하는 아폴로 프로젝트를 성공시켰다. 1년 뒤 1970년 아폴로 13호를 발사하는 계획이 추진되었고, 아폴로 13호의 선장으로 짐 러벨(톰 행크스 분)이 임명되었다. 하지만 발사 후 3일째 되는 날 아폴로 13호 사령선의 산소탱크가 폭발하면서 기계 결함이 발생하고, 우주비행사들은 우주의 미아가 될 처지에 놓인다. 예기치 못한 상황에 항공우주국 NASA의 연구자들은 머리를 싸매고 해결책을 찾아내고, 우주비행사들은 교신을 통해 전해진 이런 미봉책에 맞춰 필사적으로 우주선을 수습한다. 그 뒤 아폴로 13호와 우주비행사들은 간신히 지구로 귀환한다. 실제로 아폴로 13호의 선장이었던 짐 러벨은 기자였던 제프리 클루거와 함께《잃어버린 달: 아폴로 13호의 위험한 항해》라는 체험담을 출간했는데, 영화는 이 체험담에 기초한 것이다.

SF영화는 상상력을 자극하는 우주여행이나 시간여행에 대한 스토리를 전해주지만, 대부분 그저 상상에 그칠 뿐인 모순적인 이야기도 많다. 하지만 이 영화는 달 착륙을 시도하기 직전까지 갔다가 기계 결함으로 중단하고 지구로 되돌아오는 길에 죽을 만큼 고생한 비행사의 실제 체험담에 기초한 것이다. 엄청난 시간과 노력을 들여 그렇게 많은 사람이 수십 수백 번을 꼼꼼하게 따지고 점검했는데도 어딘가에서 고장은 일어나

고, 예측하지 못했던 사고가 벌어진다. 달에 가까이 간만큼 지구로 돌아
오는 길은 또 너무나 멀다. 제대로 지구로 귀환할 수 있는 길을 찾는 것
도 아슬아슬하던 상황, 휴스턴의 과학자들과 우주비행사들의 협력에 대
한 묘사가 매우 훌륭하다.

근대 이후 전 세계는 과학기술 발전에 기대어 혁혁한 발전을 이루었
다. 하지만 다른 한편으로 우리는 과학기술을 지나칠 정도로 맹신하고
의존하는 식의 편향된 사고체계를 갖추게 된 것은 아닐까? 과학이 추구
하는 객관적이고 합리적인 태도와 과학적 문제 해결 방법은 훌륭하지만,
한계가 있는 것도 사실이다.

과학적 객관성은 인간이라는 관찰자에 의해 프레임 지어진 제한적인
객관성이면서, 신도 아닌데 신과 같은 지위를 과학자에게 임의로 부여하
는 그릇된 태도를 키울 수 있다. 과학은 〈아폴로 13호〉의 우주비행사들
이 지구에서 달까지 멀리 떠났다가 되돌아올 길을 알려주는 객관적 진리
를 품고 있다. 하지만 아무리 완벽하게 점검했어도 고장은 발생할 수 있
다. 사고가 날 확률이 0퍼센트라고는 누구도 장담할 수 없는 게 인간적인
사실 아닌가? 인간이 어떤 상황에서도 미래에 벌어질 사건을 정확히 예
측하고 통제할 수 있다고 여기는 것은 마치 밀랍으로 만든 날개를 달고
태양을 향해 날아오르겠다는 소망처럼 오만방자하게 들린다. 조금 더 인
간 자신에 대해 그리고 이 세계에 대해 여유를 두고 되돌아보며 살 수는
없는 것일까?

그들이 꿈꾸는 세상

우리는, 나는 어떤 세상을 꿈꾸고 있나?

침팬지 연구가 제인 구달^{Jane Goodall}은 "우리는 우리가 자연계의 일부고 그것을 파괴해 실제로 아이들에게서 미래를 훔치고 있다는 것을 깨달아야 한다"라고 주장한다. 그저 지구별에 잠시 머물다가 갈 손님일 뿐이면서 그 별의 자연 생태계를 완전히 망쳐버리고 있다는 비난을 피할 수 있는 현대인이 누가 있을까?

코로나19 이전의 세상은 다시 올 수 없다

근대 산업혁명 이후 1차, 2차, 3차를 거쳐 이제 4차 산업혁명을 향해 달리는, 마치 호랑이 등에 올라탄 것 같은 전 지구적인 상황 속에서, 우리는 어쩔 수 없이 이 지구와 지구의 생태계를 망치는 질주에 함께 매달려 있을 수밖에 없는 것처럼 보인다. 게다가 우리는 조선 말의 쇄국 정책이 이후에 엄청난 후과를 빚었다는 점을 역사의 교훈으로 삼고 있는 터라 이 경주에서 뒤처지면 안 된다는 점에 대해 거의 전 국민이 공감하고 있다고 해도 과언이 아니다.

코로나19라는 바이러스 감염의 대유행 사태를 보고 있자니 승승장구하던 인류의 전진에 대자연이 반격하는 듯하다는 생각을 떨쳐버릴 수 없다. 마치 달리던 호랑이 등에 타고 있던 인류가 굴러떨어진 것 같다.

그렇다면 혹시 우리에게 과속으로 달리던 과학기술 산업혁명 열차에서 잠시 하차하여 숨을 고르고 스스로를 돌아보며 제정신을 차릴 기회가 주어졌다고 볼 수는 없을까? 코로나19 출현에 즈음해 지구의 자연이 스스로 자정을 시도하는 건 아닌가 하는 생각마저 들기 때문이다.

제인 구달은 동물학대가 코로나19를 불러왔다고 말하고, 생태학자 최재천 교수는 서유럽 어디에서는 다양한 야생동물의 맛을 보기 위한 식당이 여러 곳에 생기고 번창하던 중이었다는 소식을 전한다. 제비집이나 원숭이 골, 곰 발바닥 같은 특이한 음식을 찾아 먹는 건 물론이요, 이제는 야생동물의 맛을 찾아 헤맨다는 일부 인간들의 야만적인 취미에는 부패의 냄새마저 스멀스멀 올라오는 것만 같다.

> "거듭거듭 말씀드립니다마는 코로나19 발생 이전의 세상은 이제 다시 오지 않습니다. 이제는 완전히 다른 세상입니다. 생활 속에서 감염병 위험을 차단하고 예방하는 방역활동이 우리의 일상입니다."

2020년 4월 11일, 중앙방역대책본부가 전하는 소식에서 인류와 감염병과의 동거가 돌이킬 수 없는 필연이 되어버렸다고 느낀 사람이 많을 것이다. 그러나 코로나19 이전의 세상은 다시 오지 않을 것이라는 방역대책본부의 예측은 실감이 잘 나지 않는다. 코로나19 이후의 세상이 어떤 모습일지 그리기도 어렵다.

어떤 삶을 선택할지는 당신에게 달렸다: 〈매트릭스〉

영화 〈매트릭스〉의 주인공 네오(키아누 리브스 분)는 왠지 뭔가가 잘못되었다는 느낌을 지니고는 있지만 여느 사람과 마찬가지로 일상의 삶을 영위하며 살아가고 있다. 그러던 어느 날 모피어스를 만난다. 모피어스는 "세상이 뭔가 잘못되었다"는 느낌, 설명하긴 어렵지만 왠지 그런 느낌이 들지 않았느냐고 물으면서 빨간 약과 파란 약을 한 알씩 내놓는다. 빨간 약을 먹으면 사물의 진정한 본질이 드러나게 되고, 파란 약을 먹으면 여태까지와 마찬가지의 일상으로 돌아가게 된다면서.

용기 있게 빨간 약을 선택한 후에 네오가 발견하는 것은 '컴퓨터가 만들어낸 꿈의 세계'인 거대한 매트릭스에 빨대 꽂힌 채 에너지를 제공하는 '건전지' 역할을 해온 자신이다. 네오는 누에고치 같은 관 속에서 정신을 도난당한 채 살아왔다는 진실과 마주한다. 자신이 현실이라고 알아왔던 것은 사실 신경작용을 통한 시뮬레이션의 세계일 뿐이었다.

철학에서는 이런 개인의 깨달음을 두고 플라톤의 '동굴의 우화'에 비유해 설명한다. 네오는 누에고치 같은 인큐베이터 속에서 정신을 우롱당한 채 살다가 모피어스 패거리를 만나 각성한다. 이와 비슷하게, 플라톤의 동굴 속에서 사람들은 목과 발에 족쇄가 채워진 채 동굴 벽에 희미하게 움직이는 그림자들이 참인 양 느끼며 살아간다. 소크라테스처럼 '나는 누구인가'를 되물으면서 자기 정체성에 의문을 품은 자만이 족쇄를 깨고 동굴 바깥으로 나갈 용기를 내고, 또 이 용기 있는 자는 또다시 동굴로 돌아와 갇힌 자들을 설득해 같이 빠져나가려 한다. 소크라테스의 유명한 말, "너 자신을 알라"가 바로 이런 맥락에서 나오는 것이다.

영화 상영관과 세팅이 플라톤의 동굴 우화와 흡사하다는 점에서 놀라움을 감출 수 없다. 30년 전만 해도 스마트폰으로 영상통화까지 한다는 것은 먼 미래의 일이겠거니 했다. 누구나 쉽게 손에 든 전화기로 뉴스를 보고 영화를 즐길 수 있는 미래 사회의 그림이 이렇게 빨리 현실화될 줄은 상상도 못 했다. 그만큼 과학기술의 혁명적 발전에 수많은 인재가 매달려서 성과를 내고 있는 것이겠다.

영화의 발명도 그렇고, 비행기, 우주선, 고속열차, 스마트폰의 발명도 그렇고, 고색창연하던 인류의 꿈은 과학기술의 혁명적 발전 덕분에 점차 현실화되고 있다. 인류가 자신이 상상하는 것, 꿈꾸어왔던 것을 구현해내는 능력을 갖고 있음은 분명해 보인다. 그런데 이 상상, 이 꿈이 진짜 우리가 바라는 꿈이며 상상인 것은 맞을까? 자신의 인지적, 신체적 역량을 강화한답시고 열심히 달려왔는데 그것이 영화 〈매트릭스〉에서처럼 고도의 인공지능 컴퓨터에 자신과 후손의 삶을 저당잡히게 얽어매는 길로의 질주는 아닐까?

내가, 우리가 꿈꾸는 세상은 어떤 세상인가 : 〈스피어〉〈사랑의 블랙홀〉

이야기를 마무리하면서 생각나는 두 편의 영화가 있다. 〈스피어〉와 〈사랑의 블랙홀〉이다. 〈스피어〉는 바다 깊숙이에 정체불명의 구체가 있음을 발견하고 이 구체에 들어간 과학자들이 겪는 일을 담은 SF영화다. 과학자들은 구체에 들어가면 자신이 상상하는 모든 것이 그대로 실현되는 상황을 접하게 된다. 바라고 상상한 대로 모든 것이 이루어져 황홀해하던 것도 잠시, 과학자들은 미처 몰랐던 당혹스러운 자기 상상의 실체들과 마주하게 된다. 그 결과는 감당할 수 없을 정도로 파괴적이었다. 결국 과학자들은 상상이 그대로 현실이 되는 신적인 만능 상태를 포기하기로 합의하고 함께 구체를 떠난다.

〈사랑의 블랙홀〉은 두더지가 겨울잠에서 깨어나는 어떤 이른 봄날, 갑자기 계속해서 똑같은 날이 반복되는 무한루프에 갇혀버린 남자 리포터 필 코너스(빌 머레이 분)의 이야기다. 마치 니체의 영원회귀처럼 매일 같은 사람을 같은 순간에 같은 자리에서 만나고 같은 사건이 벌어진다.

처음에는 당황스럽고 화가 나서 엉뚱한 행동을 하고, 심지어는 내일이

오지 않음을 절망하면서 자살을 시도하지만 눈을 뜨면 역시 바로 그날이다. 죽지도 못하고 이렇게 하루하루를 보내던 코너스는 "오냐. 이렇게 살 바에는 정말 내가 하고 싶은 것, 바라는 것, 진짜 나 자신의 것을 해보자"라고 작정한다. 여전히 그날의 고정된 사건 패턴은 변치 않지만 코너스는 빈 깡통처럼 털털거리던 3류 리포터에서 진중한 취미를 갖고 사람들에게 친절을 베푸는 멋진 사람으로 변해간다. 그리고 첫눈에 반했으면서 딴청만 부렸던 프로듀서 리타(앤디 맥도웰 분)의 사랑을 얻으면서 변함없던 오늘이 내일로 넘어가는 기적의 아침을 맞이한다.

〈사랑의 블랙홀〉은 자신이 누구이고 진정 원하는 것이 무엇이며, 자신이 무엇에서 진정한 행복을 느끼는지 깨닫는 게 얼마나 어려운지를 말해준다. 아마도 이 답은 나는 나일 뿐 다른 누가 아니라는 깨달음에서 시작될 것이다. 이 생이 다음 생에 똑같이 반복되어도 여전히 나는 내 운명을 사랑한다는 당당한 자기 선언 말이다.

또한 〈스피어〉는 우리가 상상하는 것이 구현된다고 해서 모두 해피엔딩은 아니라고 말해준다. 저마다의 상상이었을 뿐인데도 서로 상상한 대로 이루어지는 세상은 누구도 감당할 수 없는 상황으로 이야기를 몰고 간다. 우리가 뭔가를 상상한 대로 실현하려면 보다 분명하게 그것이 정말 우리가 바라고 원하는 상상인지, 함께 감당할 수 있는지를 되물어야만 한다. 각자 상상한 대로 모든 게 이루어지는 세상에서 개인주의적 자유가 빚는 결말은 참혹하다. 결국 과학자들은 상상한 대로 이루어지는 전능한 능력을 함께 포기하기로 결정한다. 우리가 어떤 능력을 갖고 있다고 할지라도 그 능력을 감당할 수 없는 그릇임을 깨달았다면 포기하는 편이 오히려 현명한 선택임을 웅변적으로 보여주는 결말이다.

　두 영화는 모두 무반성적이고 타성적으로 고집해온 그간의 삶을 돌아보고 어느 정도 포기할 건 포기하고 덜어내는 데 행복의 가능성이 있음을 말해준다. 살아온 관성대로 살기를 고집해서는 그 가능성을 짐작해볼 수도 없다. 게다가 우리가 사는 이 시대는 선조들처럼 과거에 살아왔던 관성대로 살아도 무방하도록 예상한 대로 돌아가는 세상이 아니라 점점 빠르게 예측 불가능한 세상으로 변해가고 있다. 포스트모더니즘은 근대의 한계와 병폐를 극복하고자 했다. 근대로부터 물려받은 병폐의 핵심에 근대적 사유 주체가 있었다.

　데카르트적 코기토의 병폐는 시야가 협소하고 자폐적이라는 점이었다. 시야는 좁은 데다 자기 폐쇄적이어서 나 이외의 타자를 인정하는 여유가 없었다. 이 독단적 폐쇄성으로부터 자신들과 같은 인간임에도 다른 피부색, 다른 인종, 다른 나라의 사람들을 착취하고 핍박하는 식민시대의 역사가 만들어졌다. 거기에 비인간으로 규정된 동물들을 생체실험 대상으로 이용하는 관행은 아직도 계속되고 있다.

　영화는 미래에 펼쳐질 최첨단 기술사회에 대해 숙고해볼 다양한 문제를 조명하고 폭로한다. 이런 지점들은 자못 시사적이다. 우리는 곧 다가올 최첨단 기술사회에서 어떤 문제와 씨름할지 사유해볼 기회를 얻을 수 있다.

　포스트모더니즘이건 포스트휴머니즘이건, 어떤 '포스트' 슬로건을 내

걸어도 우리는 여전히 생각하는 주체, 코기토의 문제로 되돌아온다. 아마도 인류가 감당할 수 있을 만큼 발전 가능한 지점, 모두가 건강하고 행복한 삶을 위한 새로운 출발점은 자신과 주변 그리고 자연이 공동 운명체임을 받아들이고, 서로 인정하고 보살피며 보조를 맞춰나갈 마음의 여유를 갖추는 데 있을 것이다.

PART 2

우리의 삶

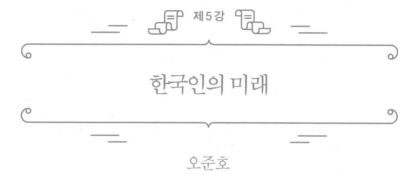

제5강

한국인의 미래

오준호

민주주의와 혁명에 관심이 많은 논픽션 작가. 서울대 국문과, 경상대 정치경제학과 석사를 수료
하고 〈오마이뉴스〉 시민 기자로 활동했다. 인권, 민주주의 등을 주제로 한 저술활동과 대중 강연
을 하고 있다. 저서로 《2050 대한민국·미래 보고서》《부의 미래, 누가 주도할 것인가》《기본소득
이 세상을 바꾼다》《세월호를 기록하다》《노동자의 변호사들》《소크라테스처럼 읽어라》《반란의
세계사》 외 다수가 있고, 역서로 《나는 황제 클라우디우스다》《착한 인류: 도덕은 진화의 산물인
가》 외 다수가 있다.

인간의 미래

2017년 방영된 드라마 〈터널〉에서 1980년대 열혈 형사가 불가사의한 터널에 들어갔다가 30년 뒤로 시간 이동을 한다. 그는 자신이 쫓던 연쇄살인범이 아직까지 잡히지 않았음을 알게 되고, 미래의 형사들과 힘을 합쳐 범인을 맹렬히 추적한다. 이 흥미로운 이야기에서 설정한 미래는 범인이 붙잡히지 않은 미래다. 그런데 왜 하필 그 미래일까?

연쇄살인범이 이미 붙잡혀 법의 심판을 받은 미래가 있을 수도 있고, 거대 범죄 제국을 세워 아예 건드릴 수 없는 존재가 된 미래도 있을 수 있는데 말이다.

영화나 드라마는 극적 재미를 위해 특정한 미래 모습을 필연적인 미래인 양 제시한다. 하지만 학문의 접근방식은 좀 다르다. 다양한 미래 모습이 펼쳐질 가능성에 주목한다. 그런 학문을 '미래학'이라고 한다.

미래학은 미래의 예측을 연구하는 학문이다. 미래를 예측하려면 우선 미래에 영향을 주는 '동인'들을 찾아야 한다. 그리고 그 동인들이 변화하고 결합하면서 만들어내는 '미래 시나리오'를 서술한다. 미래 시나리오는 얼마든지 늘어날 수 있다. '가능 미래'는 다양하기 때문이다. 가능 미래에는 '위험 미래'도 있고 '선호 미래'도 있다. 미래학의 과제는 위험 미래를 피하고 선호 미래, 곧 우리가 바라는 미래로 가기 위해 무엇을 해야 할지 알아내는 것이다.

이 강의에서는 중요한 몇몇 분야의 미래 시나리오와 돌발 변수에 대해 간략히 이야기해볼 것이다. 우리가 다루는 미래는 너무 멀지도 않고 너무 가깝지도 않은 2050년이다. 여러분의 경각심을 일깨워주고 싶은 의미에서 위험 미래 위주로 설명하고, 위험 미래를 피하기 위해 할 일을 제시했다. 분야는 인간, 개인과 사회, 일, 한반도 등 4개다. 그럼 미래로의 여행을 떠나보자.

인간 분야의 주요 동인

[인간 노화] 노화를 막을 수 있을까? 인간이 몇 살까지 살 수 있을지에 대해 과학자들 사이에서도 의견이 분분하다. 아무리 길어도 120살 정도가 한계라는 주장이 있는가 하면, 기술이 발전해 150살 이상도 너끈하다는 주장까지 있다. 수명을 150살 이상으로, 사실상 얼마든지 늘릴 수 있다는 입장에서는 노화를 자연스러운 현상이 아니라 치료해야 할 '질병'으로 본다. 노화의 원인인 염색체 말단 텔로미어

telomere 감소를 차단하거나 감소 속도를 늦추면 노화를 극복할 수 있다는 논리다. 이 기술이 성공해 수명이 혁명적으로 길어진 사회가 오면 인간의 시간 감각은 물론 국가의 정책 목표가 크게 달라질 것이다.

[사이보그] 인간은 사이보그가 될 것인가? 2013년, 발레리나 였던 애드리안 해슬릿 데이비스는 보스턴 마라톤대회에 출전했다가 폭탄 테러로 왼쪽 무릎 아래를 잃었다. 하지만 데이비스는 2014년 테드TED 강연장에 기계 다리를 부착하고 나타나 아름다운 춤을 선보였다. 데이비스의 다리는 사고 전과 다를 바 없이 유연하게 움직였다. 데이비스처럼 신체를 기계로 대체하는 사람들이 많아졌다. 영국의 예술가 닐 하비슨은 세계를 검은색과 흰색으로밖에 볼 수 없는 특수 색맹이다. 하비슨은 빛의 파장을 소리로 바꿔 뇌에 전해주는 안테나 모양 센서를 머리에 달았다. 센서를 이용하면 색깔을 보는 게 아니라 '들을' 수 있다. 이런 신체의 기계화 사례가 늘어날 것이다. 결핍된 신체기능을 보완하기 위해서가 아니라 자기 능력을 강화하려고 자발적으로 '사이보그화'를 택하는 이들이 생겨난다.

[유전자 교정] 인간 유전자 교정이 허용될까? '유전자 가위'로 불리는 크리스퍼 단백질KRISPR-cas9 활용 기술이 발전하면서 인간 배아 유전자를 교정하는 일이 현실로 다가오고 있다. 이미 유전자 교정 기술로 슈퍼 돼지나 뿔 없는 소를 만드는 데 성공했다. 2018년 11월, 중국 과학자들은 유전

자 교정을 통해 에이즈에 걸리지 않는 쌍둥이 아기를 출산시켰다고 발표했다. 이 사건은 생명윤리 논란을 불러일으켰다. 유전자 교정에 반대하는 쪽은 부모가 원하는 대로 외모, 지능, 건강 조건을 교정한 '맞춤 아기'를 만들 것이라고 우려한다. 반면, 기술의 긍정적 측면을 강조하는 쪽은 이 기술로 유전 질환을 배아 단계에서 교정할 수 있다고 주장한다. 그런데 유전자 교정을 일단 허용하면 유전 질환 치료에서 맞춤 아기 생산으로 넘어가는 건 시간문제일지도 모른다.

인간 분야의
위험한 미래

이런 동인들에 근거하여 미래학자들은 포스트휴먼, 즉 신인류가 등장할 것이라고 예측한다. 포스트휴먼은 노화, 질병, 장애 등 인간의 결함을 벗어던지고 한 단계 높은 수준에 오른 존재다. 이것이 우리가 바라는 미래일까? 전적으로 '예/아니요'로 단정 짓기는 어렵다. 하지만 그것이 위험한 미래일 가능성은 있다.

우선 걱정되는 문제는 인류가 질적 차원에서 양극화하는 것이다. 노화 방지, 사이보그화, 유전자 교정 등은 매우 비싼 기술이라서 소수 부유층만 혜택을 볼 가능성이 크다. 지금도 부모의 재산이 자녀의 인생에 영향을 주고 있지만, '개천에서 용이 나는' 성공담도 여전히 전해진다. 하지만 기술이 인체 조건을 바꿔버리면, 그것도 출생 전에 이미 많은 부분이 결정된다면 불평등은 완전히 고착된다. 부유한 사람들은 150살 넘는 수명을 누리고 가난한 이들은 그 절반밖에 못 산다면 같은 인간이라고 규정하기도 뭔가 이상하다.

포스트휴먼들의 세계는 우리 기대와 달리 개인의 자유가 더 위축된 사회일지도 모른다. 《정의란 무엇인가》의 저자 마이클 샌델Michael Sandel 교수는 바이오 기술의 발달이 우리의 자유를 빼앗고 책임은 더 늘릴 거라고 예측한다. 만약 직장 동료가 암에 걸렸다는 소식을 접하면 대개는 동료의 불운에 마음 아파하며 위로를 전할 것이다. 그런데 과학기술이 발달한 사회에서 암 관련 질환이란 미리 유전자 검사를 하지 않았거나 예방 차원에서 나노 진단로봇을 몸에 삽입하지 않아 일어난 일이다. 즉 당사자가 게을러서 벌어진 결과로 취급된다. 환자에겐 왜 제대로 몸을 관리하지 않아 주변에 피해를 주느냐는 비난이 쏟아진다. 기술이 발달할수록 사람들은 모든 문제를 스스로 해결해야 하는 책임에 짓눌리게 된다.

한편 《사피엔스》의 저자 유발 하라리는 '인간 강화'가 일반화한 세상이 오면 인간은 훨씬 더 소심해질 것이라고 말한다. 인간은 누구나 목숨을 중시하지만 "어차피 죽을 목숨, 값지게 살자"라고 생각하기도 한다. 그런 가치관에 따라 누군가는 인간 능력의 한계를 시험하는 위험한 도전에 나서고, 누군가는 타인의 행복을 위해 기꺼이 제 목숨을 희생하기도 한다. 그런데 기술이 발달해 자기 몸을 잘 관리하면 '거의 영원히' 죽지 않을 수도 있다고 가정해보자. 용감한 도전이나 타인을 위한 행동을 하기에는 위험 부담이 너무 커진다. 세상은 도전도 희생도 없이 오래 살기만 바라는 사람들로 가득 찬다. 이런 세상이 행복할까?

이렇게 바꿔보자

우리가 바라는 미래는 기술을 수용하되 그 기술을 인간성과 맞바꾸지 않고 인간성을 고양하는 데 쓰는 세상이다. 특히 생명과학 기술은 인간 존엄성에 관한 복잡한 윤리적 딜레마를 다루고 있기 때문에 사회적으로 현명하게 통제되어야 한다. 그런 기술을 개별 과학자의 판단 또는 사기업의 이윤 논리에만 맡기는 건 매우 위험하다. 물론 정부가 기술을 규제하기만 하면 기술 개발이 정체되어 장차 많은 이들이 혜택을 볼 기회가 줄어들 수 있다. 그러므로 생명과학 기술의 개발 및 사용에 관해 논의하는 제도적 합의기구가 필요하다. 제도적 합의기구는 학계, 산업계, 종교계, 시민사회의 대표자들이 모여 사안을 숙의하고 기술에 관한 윤리적 기준을 마련하며 기술의 혜택을 소수가 아닌 사회 전체가 누리는 방안을 찾는 사회적 장치다. 이를 통해 인간 삶이 미래에 마주칠 위험을 줄일 수 있을 것이다.

개인과 사회의 미래

1990년대 초중학생이 되면서부터 혼자 영화를 보러 가곤 했다. 요즘도 '영화는 원래 혼자 보는 게 더 재밌다'고 생각한다. '혼밥' '혼술' 같은 유행어 사이에 '혼영'이 끼는 걸 보니 트렌드를 앞서간 것 같아 뿌듯하다. 그렇지만 혼자 노래방에 가는 '혼곡'이나 혼자 횟집에 가는 '혼회'의 경지까진 감히 넘보지 못하고 있다. 그런데 이처럼 혼자 하는 행위를 특이하게 봐서 생긴 유행어들이 미래에도 남아 있을까? 혼밥이 '정상'이 되고, 가족이나 동료와 밥 먹는 일이 더 특이하게 여겨지진 않을까?

개인과 사회 분야의
주요 동인

[1인 가구] 1인 가구 비중은 계속 늘어날 것인가? 추세는 그럴 것이라고 말해준다. 현재 우리나라에서 세 가구당 한 가구가 1인

가구인데, 전문가들은 2050년이 되면 전체 가구의 절반 이상이 1인 가구일 거라고 예상한다. 평균수명이 길어지고 자녀 교육에 드는 비용이 늘어나니 부모와 자녀에 대한 부양 책임이 점점 부담스러워지고 있다. 하지만 비혼과 비출산이 비단 경제적 이유 때문만은 아니다. 개인적 가치를 추구하고 '나 중심의 삶'을 살기 위한 적극적 선택이다. 1인 가구가 중심이 된 사회는 개인이 사회를 바라보는 시각과 서로 관계 맺는 방식이 이전과 다를 수밖에 없다. 각자 독립적인 가치 기준을 가지고 살며 간섭받기를 싫어하기 때문이다.

[가족 형태] 가족 형태가 다양해질 것인가? 우리 사회에서 전형적 가족의 형태는 여전히 '결혼한 남녀 부부와 그들의 자녀로 구성된 가족'이다. 이러한 가족 형태를 이른바 '정상가족'이라고 한다. 가족 정책의 기본 틀도 정상가족 개념을 전제한다. 그러나 정상가족 개념은 사회적으로나 생물학적으로나 거센 변화의 요구에 직면하고 있다.

사회적으로 보면 비혼 동거가 이미 하나의 라이프스타일이 됐고 동성결혼을 허용하는 나라도 늘고 있다. 2020년 현재 28개 나라가 동성결혼을 허용하며 아시아에서는 2019년에 타이완이 최초로 허용했다. 혼인에 준하는 제도를 인정한 나라까지 포함하면 그 수는 더 많다. 생물학적으로 보면 역분화줄기세포 기술iPCS(체세포를 줄기세포로 되돌린 후 줄기세포를 생식세포 등 여러 인체기관으로 발달시키는 기술)로 장차 동성 커플도 자신들의 유전자를 반반씩 가진 아기를 얻을 수 있다. 아버지 쪽 '핏줄'을 따지는 가족 개념의 의미는 퇴색할 것이다.

[인구 감소] 인구가 감소할 것인가? 출산율이 지금처럼 감소한다면 2040년에 우리나라 인구는 5천만 명 미만으로 내려가고 2050년에는 4천7백만 명으로, 2060년에는 4천만 명으로 줄어든다. 단순히 사람 숫자만 줄어드는 것이 아니라 생산인구가 줄고 고령화가 심해지는 것이라서 경제와 사회 전반에 큰 영향을 미친다. 그런데 인구 감소 경향은 외국인의 유입이 얼마나 늘어나느냐에 따라 달라질 수 있다. 2018년에 우리나라 거주 외국인 수는 약 2백만 명으로, 전체 인구의 4퍼센트였다. 2030년에 외국인 숫자는 약 5백만 명, 즉 전체 인구의 10퍼센트 정도로 증가할 것으로 예상된다.

개인과 사회 분야의
위험한 미래

1인 가구 증가나 '나 중심 문화'는 그 자체로는 개인의 자유로운 선택으로 이해될 수 있다. 문제는 서로 고립된 개인으로 해체되어 상호 연대나 협력에 무관심한 채 살아가는 것이다. 면대면 관계를 회피하는 문화 속에서 사람들은 관계를 형성하고 이해를 조정하는 일에 대단히 서툴러질 수밖에 없다. 그 결과는 신뢰 약화와 경쟁 격화, 그에 따른 스트레스 증대로 나타난다. 또한 공동의 이해가 걸린 공적 문제조차 개인의 비협조와 무관심 속에 뒷전으로 밀려, 해결이 지체되거나 소수 엘리트들이 마음대로 결정하게 된다. 자기 삶에 영향을 주는 중요한 이슈들이 자기도 모르는 사이 결정되는데도 개인들은 인공지능이 개인 맞춤형으로 제공하는 엔터테인먼트 콘텐츠에만 탐닉한다. 이것은 민주주의의 퇴보다.

한편, 다양한 형태의 가족을 인정하라는 권리 운동이 확대되면서 그 반작용으로 보수적인 가족제도가 강화될 수도 있다. 2003년에 미국 매사추세츠주에서 최초로 동성결혼을 합법화하자 그 반작용으로 11개 주가 동성결혼을 금지하는 주헌법 개정안을 통과시켰다. 암묵적이던 차별이 공식적이고 제도적인 차별이 되어버린 것이다. 이처럼 가족 형태는 다양화할 수도 있고 보수적 가족관이 강화되는 방향으로 변할 수도 있다. 후자의 경우엔 원하는 가족을 갖지 못하는 사람들의 행복감이 하락한다. 동성결혼이 금지된 11개 주에 사는 성소수자들은 동성결혼이 금지되지 않은 주보다 알코올에 의존하는 정도가 높다는 연구 결과도 있다.

인구 감소와 고령화가 동시에 일어나면 생산과 소비는 위축되고 국민소득은 정체된다. 우리나라는 2018년에 1인당 GDP 3만 달러에 도달했다. 그런데 우리보다 앞서 3만 달러를 넘어선 G7 선진국들 가운데 미국과 캐나다는 꾸준히 성장했지만 일본, 영국, 독일, 프랑스, 이탈리아는 성장이 정체되었다. 미국과 캐나다는 고령자 비율이 상대적으로 낮지만 나머지 국가는 고령화 국가이고, 일본과 이탈리아는 초고령화 국가다.

현재 우리나라 지방 농촌에서는 부동산 가격이 하락하고 학교가 문을 닫고 있다. 이것이 한국 전체의 미래가 될지 모른다. 적극적인 외국인 유입 정책을 쓴다면 생산인구를 유지할 수 있겠지만, 이 경우에는 외국인과 내국인 사이에 문화 갈등이 커질 수 있다. 문화 갈등이 증대할수록 이것을 정치적으로 이용하는 극우 정당도 쉽게 출현한다. 극우 정당은 외국인에 대한 혐오를 부추김으로써 불황에 지친 사람들을 끌어모으려 할 것이다. 이러한 정치적 갈등을 잘 관리하지 못하면 사회는 매우 혼란스러워진다.

이렇게 바꿔보자

개인화 추세는 이제 대세가 되었다. 자유를 추구하는 개인을 전통적 공동체 복원이라는 이념으로 통제할 수도 없거니와, 그런 시도는 바람직하지도 않다. 하지만 개인이 자기만의 고립된 공간에 은둔한 채 어떠한 사회적 소통도 협력도 거부하는 것은 바람직한 미래상이 아니다. 우리가 바라는 이상은 개인의 자유 증대가 공동체의 발전으로 이어질 수 있는 사회다.

한 가지 방안은 다양한 가족 구성의 권리를 인정하고 제도화하는 것이다. 혼인의 허용 범위를 확대할 수도 있고, 혼인이라는 전통적 계약 외에 '시민 결합'을 폭넓게 인정할 수도 있다. 현행법에서는 혼인하지 않은 동거인은 수술 동의서에 서명할 수 없고 재산을 상속할 수도 없다. 출산휴

가와 육아휴가를 신청할 수도 없다. 전세자금 대출이나 주택청약 제도
는 신혼부부에게 유리한 반면 비혼 동거 커플에겐 혜택을 주지 않는다.
20대 국회에서 발의가 시도된 '생활동반자법'은 가족 구성의 권리를 확
대하는 내용을 담고 있다. 이성커플이든 동성커플이든 친구든 지인이든,
같이 살고자 하는 사람들에게 혼인 부부와 동등한 정책 지원을 보장하자
는 취지다. 생활동반자법은 혼인이 아닌 방식으로 개인 간 연대를 꿈꾸
는 사람들을 포용하는 제도가 될 수 있다. 부수적으로 출산율 증대에도
도움이 될 것이다.

한편 우리나라가 세계 속 개방국가를 지향하는 한 다문화 사회로 가는
일은 피할 수도 없고 피해서도 안 된다. 우리의 과제는 다문화 사회에서
일어날 수 있는 문화 갈등을 줄이고 적절히 관리하는 것이다. 문화 갈등
이 차별과 혐오로부터 상당수 비롯된다는 점을 고려하면, 차별과 혐오를
규제하려는 제도적 노력이 필요하다. 이에 관해서는 '차별금지법' 제정
으로 효과를 기대할 수 있을 것이다. 차별금지법은 국가, 인종, 종교, 젠
더 등의 잣대로 차별하고 혐오하는 행위를 막기 위한 법이다. 하지만 이
법안은 늘 진보와 보수의 대립 속에 제대로 논의되지도 못하고 폐기되곤
했다. 건강한 다문화 사회를 건설하기 위한 디딤돌인 만큼 조속히 제정
할 필요가 있다.

일의 미래

기술의 발달이 인간의 일자리를 위협하고 있다는 이야기가 여기저기서 들려온다. 과연 우리의 일을 둘러싼 미래는 어떻게 펼쳐질까. 누군가의 우려처럼 인공지능이 일자리를 파괴할까, 아니면 새로운 일자리를 만드는 촉매제가 될까.

일의 미래에 관련한 주요 동인

[기술실업] 인공지능, 3D 프린팅, 자율주행 기술이 일자리를 없앨 것인가? 일의 미래와 관련해 특히 관심을 모으는 기술은 아무래도 인공지능이다. 전문가들은 인공지능이 언젠가는 '일반인공지능Artificial General Intelligence'에 도달하리라고 본다. 지금의 인공지능은 바둑이면 바둑, 운전이면 운전 등 특정 과제를 해결하는 데는 인간보다 뛰어난 능력

을 보여주지만 인간처럼 여러 분야를 넘나들며 두루두루 관장하는 능력은 갖고 있지 않다. 그런 수준에 이른 인공지능이 일반인공지능이다. 인공지능이 이 수준에 이르면 인간의 노동은 대부분 자동화가 가능하다. 지금은 딸기를 수확하고, 포장하고, 포장된 딸기를 운송하고, 운송된 딸기를 진열하는 일 각각은 로봇이 할 수 있으나 일과 일 사이에 반드시 인간이 개입한다. 즉 인간이 로봇에게 딸기를 따오라고 시킨 다음 다른 로봇에겐 딸기를 포장하라고 지시해야 한다. 일반인공지능은 이 전체 과정을 대신할 수 있어서 인간이 개입할 필요가 없다.

3D 프린팅 기술의 발전 역시 일자리, 특히 제조업 일자리에 큰 영향을 주고 있다. 앞으로는 소비자가 거의 모든 공산품을 자기 집 3D 프린터로 출력하거나 가까운 프린팅숍에서 직접 만들어 사용할 수 있을 것이다. 이를테면 새 옷을 사러 백화점에 가지 않고 디자인을 내려받아 집에서 직접 '출력'해서 입는다. 단, 이렇게 되면 의류 제조업 종사자들의 일자리가 위태로워진다. 또 자율주행 기술도 일자리에 충격을 준다. 자율주행 기술 레벨을 크게 5단계로 분류할 때 현재의 기술 수준은 아직 2~3단계 사이에 있다. 특정 도로 구간에서 자율주행 모드로 주행하며 인간 운전자를 보조하는 수준이다. 그러나 이 정도라도 운송업 종사자들의 일자리를 위협하기엔 충분하다.

[노동의 성격] 노동이 유연하고 쾌적해질 것인가? 자동화 확대는 일자리를 없애기보다는 노동의 성격을 바람직한 방향으로 바꾸는 계기가 될 수도

있다. 반복적이고 지루하며 위험한 작업은 기계에게 맡기고, 인간은 더 안전하고 쾌적하며 자기주도적인 노동 환경에서 일할 수 있게 되는 것이다. 예를 들어 택시가 자율주행차로 바뀌면 운전만 전담하는 기사 일자리는 사라지지만, 택시를 탄 고객에게 심리상담 서비스를 제공하면서 혹시 발생할 수 있는 돌발 상황에서 안전도 관리하는 '택시 안전관리 · 심리상담사' 같은 직업이 생길 수 있지 않을까? 또 가상현실 기술의 발전도 일의 성격을 지금과는 많이 바꿀 것이다. 가상현실이 오감을 재현하는 수준에 이르러 완벽한 원격근무가 가능해지면, 물리적 공간에 모여 일할 필요성이 줄어들면서 출퇴근이란 개념 자체가 사라질 것이다. 독립적으로 일하고 글로벌하게 협업하는 것이 새로운 작업 문화가 될 것이다. 이 같은 사회에서는 청년기에 집중 교육을 받고 취업하여 평생 한 분야에 종사하는 방식은 더 이상 어울리지 않는다. 사람들은 한 분야에서 일하다가 휴식하고, 쉬면서 교육을 받고, 다시 새로운 분야에서 일하는 과정을 자연스럽게 반복할 것이다.

일 분야의 위험한 미래

다수의 전문가들은 2050년까지 일반인공지능이 출현하는 것은 어렵다고 예측한다. 인공지능이 인간의 인지능력을 뛰어넘거나 나아가 인간을 지배하는 미래는 아직은 SF영화에만 등장하는 소재일 뿐이다. 실은, 인간을 지배한다는 생각 자체가 매우 인간적인 발상이어서 인공지능이 높은 수준에 이르더라도 그런 의식을 가질지는 의문이다. 하지만 인공지능에 의한 일자리 대체는 현실이 될 것이다. 자동화는 산업 전반으로 확대되고 인간 노동력의 수요는 줄어들게 된다.

이때 유의할 점은 일자리 소멸이 인공지능 출현에 따른 필연적 결과가 아니라는 것이다. 인간 노동력을 몰아내는 건 인공지능을 소유한 개인이나 기업의 결정이다. 키오스크(무인결제기)가 아르바이트 노동자의 일자리를 없앤 게 아니라, 경영자가 키오스크를 도입하면서 아르바이트 인력을 줄인 것이다. 스마트공장이건 자율주행 택시건 마찬가지다. 기업이 아무 제약 없이 그런 결정을 쉽게 내리도록 허용하면 많은 노동자들이 실업자가 되고 만다.

인공지능 도입이 확산됨에 따라, 단순 반복 작업이 요구되는 일자리부터 줄어들게 될 것이다. 2015년 다국적 컨설팅 회사 맥킨지가 내놓은 보고서에 따르면 정원 조경 업무는 40퍼센트 정도 자동화가 가능한 데 비해, 문서 관리 업무는 80퍼센트까지 자동화할 수 있다고 한다. 기업 CEO의 업무도 20~30퍼센트는 기계에 맡길 수 있다.

또한 3D 프린팅 일상화와 함께 제조업이 속속 문을 닫으면서 실업자는 더 증가한다. 제조업으로 많은 고용을 유지하는 한국의 경우 3D 프린팅 기술 발전이 경제에 부정적 영향을 줄 수 있다. 그리고 자율주행 기술은 최근 폭발적으로 늘어난 배달업에 영향을 준다. 자율주행 배달로봇 도입은 배달 종사자들의 일자리를 위축시킬 가능성이 크다. 또 가상현실

기술이 발전하면, 사람들이 가상세계의 활동을 실세계의 활동보다 선호하면서 실세계 산업들이 위축된다. 가령 제주도 여행을 직접 가지 않고도 즐길 수 있게 돼 관광업과 항공업이 타격을 받게 된다.

기술 발전으로 새로운 일자리도 생겨날 것이고, 이전에 노동시장에 들어오기 힘든 이들에겐 기회가 늘어날 수도 있다. 예를 들어 장애인이 로봇 원격 조종술을 익혀 자신보다 더 심한 장애를 앓고 있는 사람들에게 케어 서비스를 제공할 수 있다. 그러나 이런 일자리가 생겨나더라도 낮은 임금을 받는 불안정한 일자리가 될 가능성이 훨씬 크다. 게다가 기술이 금세 더 발전해 새 일자리마저 자동화되어버리는 사태가 반복될 수 있다.

그러한 미래 사회 한편에는 첨단 기술을 활용하면서 고소득과 많은 여가를 누리는 소수가, 한편에는 기술의 감시와 통제를 받으며 실업과 저임금 불안정 노동을 오가는 다수가 존재하게 된다. 어떤 이에겐 일이 자아실현의 수단이지만 대다수에겐 보람도 안정도 없는 생계수단으로 남는다. 이 집단들 사이에 불평등이 커지면서 사회적 갈등 역시 늘어날 것이다.

이렇게 바꿔보자

자동화와 기술혁신은 저주일까 축복일까. 답변

은 미리 정해지지 않았다. 사람들이 소득을 얻는 원천이 오직 일자리뿐인 상황이라면 자동화는 일의 미래를 불안하게 만든다. 그러나 소득의 원천이 일자리 외에도 존재한다면? 일자리와 무관한 사회적 소득이 충분히 주어진다면?

사람들은 반복적이고 위험한 노동은 기계에 맡기고 더 창의적이고 협동적인 일을 찾아 이동할 것이다. 취업하여 일하는 것과 무관하게 모든 사람에게 일정한 생활비를 보장하는 제도가 '기본소득'이다. 기본소득은 가구가 아닌 개인에게 지급하고, 자산이나 소득 심사 없이 모두에게 주며, 소득을 받는 대신 취업을 해야 한다는 조건을 붙이지도 않는다. 기본소득제도 도입을 주장하는 사람들은 모든 시민이 그 사회가 공유한 부의 배당권자임을 강조한다. 토지, 지하자원, 태양광, 지식문화, 데이터 등은 사회 공동 자산이므로 그 자산을 이용해 창출한 이익도 사회가 공유해야 하며, 다시 말해 '모두의 몫을 모두에게' 돌려주자는 것이다. 미국 알래스카주는 석유 자원 채굴 수익으로 기금을 만들고 기금의 투자 이익을 1년에 한 번씩 주민들에게 똑같은 액수로 나눠준다. 이것은 기본소득제도의 한 모델이다.

묻지도 따지지도 말고 국민에게 동일한 액수를 나눠주자는 아이디어는 예전에는 허황하다는 비판을 받았으나 점점 지지를 얻어가는 중이다. 기술 발전에 따른 일자리 감소, 불평등 확대, 기존 선별적 복지 시스템의 문제점이 드러나면서 사람들은 기본소득제도의 단순명쾌함에 이끌리고 있다. 여론조사기관에서 시민들에게 기본소득 도입에 대한 의견을 물었는데, 처음에는 단순히 찬반을 묻고 그다음엔 정보를 주어 토론을 거치게 한 뒤 다시 물었더니 흥미롭게도 질문을 거듭할수록 찬성률이 증가했다.(1차 46%, 2차 61%, 3차 75%. 한국리서치, 2019년)

최근 코로나19 사태가 장기화하면서 '재난기본소득'을 전 국민에게 지급하자는 제안이 나왔다. 우여곡절을 거쳐 정부재난지원금이 모든 가구에게 지급되었다. 모두에게 긴급히 생계비가 필요한 상황이니 피해 상태를 선별하느라 시간을 쓰지 말고 모두에게 지급하자는 데 국민적 공감대가 이루어졌다. 재난지원금이 지급되자 가정과 지역 경제에 활기가 돌았고, 이는 사회적으로 기본소득에 대한 관심이 더 커지는 계기가 됐다.

일의 미래는 분배의 방식을 어떻게 바꾸는가에 따라 다르게 펼쳐질 것이다. 일자리나 사적 자산만이 소득의 원천인 사회에선 일자리 경쟁과 자산 보유 경쟁이 심화된다. 하지만 기본소득으로 기초 생계를 보장하는 사회에선 각자 원하는 일과 가치를 능동적으로 선택할 수 있다. 기본소득이 있는 사회는 일과 삶이 균형을 이루고 기술 혁신의 수용성도 높아질 것이다.

한반도의 미래

강대국 간 분쟁은 그 사이에 낀 작은 나라의 운명에 큰 영향을 미친다. 우리나라는 19세기 말부터 일본, 중국, 미국, 러시아의 패권 다툼 속에 큰 고통을 겪었다. 국가 위상이 비교할 수 없이 높아진 지금도 우리에게 주어진 선택지는 매우 제한적이다. 강대국이 국제정치 흐름을 주도하기 때문이다. 한편 우리에겐 북한도 국제정치와 함께 본질적으로 외부 변수다. 일어날 수 있는 위험을 아예 없애기란 어렵고 현명하게 대응하는 것이 최선이다. 그 대응 정책을 제대로 수립하기 위해서는 국제정치와 북한 분야의 동인들부터 살펴봐야 한다.

국제정치와 북한 분야
주요 동인

[미중 관계] 중국과 미국의 갈등이 심화할 것인가? 미

국과 중국 두 강대국의 갈등은 한반도의 미래를 크게 규정한다. 중국은 구매력 기준 GDP에서 이미 미국을 추월했고 경제, 군사, 과학기술, 국제 영향력 등에서 미국을 매섭게 추격하고 있다. 중국이 미국의 세계 질서 주도권을 위협함에 따라 미국도 중국에 대한 공세 수위를 높이는 중이다. 트럼프 정부가 중국과 벌이는 무역전쟁과 환율전쟁에는 중국의 성장을 누르려는 의도가 깔려 있다. 하지만 국제정치학자들은 여러 측면을 함께 고려할 때 아직 미국의 우위는 확고하다고 생각한다. 미국의 군사비 지출은 세계 1위이며 2위부터 10위까지 국가들의 지출을 합친 것보다 많다. 외교적으로도 동맹국과 우방국의 국력을 합친 미국 연합 세력은 중국과 그 영향권의 연합 세력을 능가한다.

그러나 현재의 우위가 앞으로도 계속된다는 보장은 없다. 장차 중국이 미국의 국력을 추월하거나 비등하게 따라잡는다면 양국 간 긴장은 더 격화되고, 최악의 경우 미중 전쟁이 터질 수도 있다. 그때 한반도가 분쟁 무대가 될 가능성이 높다.

[일본] 일본이 군사대국이 될 것인가? 일본의 군사력 위협은 꾸준히 증가하고 있다. 2018년 군사력 평가 전문기관 글로벌파이어파워는 한국의 군사력을 세계 7위로, 일본을 8위로 평가했다. 2019년 같은 기관의 조사에서는 일본이 6위, 한국이 7위로 순위가 바뀌었다. 일본은 중국의 세력 확대와 북한의 핵 개발을 이유로 군비 강화에 박차를 가하고 있다. 하지만 대외 요인은 구실일 뿐, 일본 우익 정치세력은 오래전부터 평화헌법을

개정해 '전쟁 가능 국가'로 돌아가려고 줄기차게 시도하고 있다.

그동안 일본의 군사대국화 움직임은 미국의 견제와 일본 내 평화시민 운동의 반대로 어느 정도 제동이 걸렸다. 하지만 중국이 부상하면서 이를 압박하고 싶은 미국이 일본의 군사력 증강을 묵인하고 있다. 한국을 비롯해 과거 일본의 침략 피해를 입은 나라에서 보면 일본의 군사대국화는 결코 원하지 않는 미래다.

[북한] 북한 정치체제는 변화될 수 있을까? 한반도 내부로 눈을 돌려보자. 예전처럼은 아니지만 북한은 여전히 한국 사회에 많은 영향을 준다. 2018년 세 차례 남북정상회담과 역사적인 북미회담에 사람들이 큰 기대를 걸었던 것도 북한이라는 동인이 우리의 미래에 대해 발휘하는 영향력을 잘 보여준다. 북한 정치체제의 핵심인 김정은 정권은 현재 상당히 공고한 권력을 유지하고 있다. 당과 군대의 엘리트 집단을 확실히 장악하고 주민들은 철저한 감시제로 통제하고 있다.

그러나 북한 내부에도 변화의 흐름이 감지된다. 1990년대 후반에 등장해 지금은 북한 경제의 핵심이 된 장마당은 북한 경제의 성격을 배급경제에서 사실상의 시장경제로 바꿔놓았다. 국경 무역을 통해 북한에 유입된 한국 제품과 한국 드라마 등은 주민들 내부에 한국과 자유사회에 대한 동경을 키웠다. 북한 사회가 조금씩 다원화되면서 김정은 정권이 과거와 똑같은 통치방식을 유지하기는 점점 쉽지 않을 것이다. 또 북한은 경제 활로를 찾기 위해 국제사회의 제재를 해결해야만 한다. 이것이 핵무기를 카드 삼아 미국과 협상을 시도하는 이유인데, 그 결과에 따라 한반도의 미래는 많이 달라질 것이다.

한반도 분야의
위험한 미래

1950년 한반도는 냉전 시작 이후 첫 국제전의 무대가 되어 막대한 피해를 입었다. 그렇다면 100년이 지난 2050년에 한반도는 과연 평화로울까? 우리의 간절한 바람이다. 하지만 위험한 미래가 펼쳐질 가능성도 상당하다.

중국이 부상하고 미국이 쇠퇴하면서 두 강대국의 세력이 비등해질 때 '투키디데스의 함정'이 일어날 수 있다. 투키디데스의 함정이란 그가 쓴 《펠로폰네소스 전쟁사》에서 기존 패권 국가의 국력이 약해지고 신흥 강국이 떠오를 때 두 세력 간에 전쟁이 날 위험이 높다고 한 내용을 말한다. 지금으로서는 미중 전쟁이 정말 일어날 가능성은 낮지만, 전쟁은 한순간에 갑자기 일어나는 게 아니며, 지역 내 안보 딜레마 심화 과정을 거친다. 안보 딜레마란 상대 국가의 위협에 대응하기 위해 국방을 강화하면 그것이 다시 상대 국가를 자극해 군비를 확장하게 만드는 일이 반복되는 현상이다.

전쟁까지 가든 안 가든 미중의 군사적 긴장이 높아지면 역내 무역과 교류가 위축될 수밖에 없다. 무역에 의지하는 한국 경제는 타격을 받고,

한국 사회에서는 미국과 중국 중 어느 편에 서야 하는지를 두고 이념적 대립이 격화될 것이다.

이 틈을 타서 일본이 떠오른다. 일본은 2019년 방위백서에 북한이 아닌 중국을 최대의 안보 위협으로 규정했고, 중국 견제라는 명분으로 막대한 예산을 군사력 증강에 투입하고 있다. 헌법을 고쳐 전쟁 가능 국가가 되려는 우익들의 욕망이 얼마나 강한지는 코로나19로 나라가 마비되다시피 한 상황에서도 헌법 개정을 시도한 모습을 보면 잘 드러난다.

일본이 군사대국의 길로 순조롭게 간다면 장차 중국 및 북한의 위협을 이유로 군사활동을 크게 늘릴 것이다. 동해에서 독도 영유권을 제기하며 무력 분쟁을 일으키거나, 남중국해 센카쿠 열도 가까이 군사력을 배치해 중국을 도발할 가능성도 크다. 다만 일본의 초고령화가 군비 확대의 발목을 잡을 수 있고, 일본의 시민평화운동도 우익의 의도를 쉽게 용납하지는 않을 것이다. 그러나 동아시아 정세 변화에 따라 일본의 군사대국화가 급물살을 탄다면 우리나라도 자극을 받을 테고 복지와 교육에 쓸 예산은 자연스레 군비 증강에 쓰이게 된다.

한편 북한의 앞날은, 남북관계의 미래는 어떻게 될까? 김정은 정권이 물러나고 북한이 민주화되는 것이 최선이라 생각할 수 있지만, 그 과정에는 커다란 불안 요인이 존재한다. 전문가들은 김정은이 건강상 문제나 북한 주민의 민주화 봉기에 의해 물러나 권력 공백이 발생할 경우, 핵무기를 확보하기 위한 엘리트 파벌들 간 충돌이 일어날 수 있다고 예상한다. 그러면 북한 위기를 관리하기 위해 미국, 중국, 러시아, 일본 등이 한반도에 군사 개입을 시도할 것이고, 그러다 자칫 국제전쟁으로 번질 위험도 있다. 최선의 미래라고 생각한 것이 가장 위험한 미래가 될지도 모를 일이다. 이와 달리 김정은 정권이 권력을 유지하되 미국과 협상을 통해 비핵화를 택하고 경제를 개방하는 미래도 가능하다. 북한 체제의 본질적 성격은 변하지 않더라도 한국 및 세계시장과 교류를 확대하면서 한반도의 긴장이 크게 완화될 수 있다. 차선의 미래이긴 하지만 현실적 최선일 것이다.

이렇게 바꿔보자

강대국 간 갈등이 고조될 때 국제기구가 조정의 리더십을 발휘해야 한다. 그러나 현실의 국제기구는 강대국의 이해관계에서 자유롭지 않다. 사실상 지금의 국제기구는 미국과 중국이 영향력을 두고 경쟁하는 무대다. 그렇지만 한국이 길을 만들어낼 수도 있다. 한국은 동아시아 국제 질서의 주요 이해 당사자고, 경제력이나 민주주의 수준에서 국제사회의 인정을 받는 나라다. 중국은 패권적이고 권위주의적 면모로 인해, 일본은 과거 침략 행위의 당사자란 점에서 아시아 국가들의 신뢰를 받기 어려운 측면이 있다.

한국이 앞장서서 동아시아 국가들을 설득해 다자간 안보협력체제와 경제협력체제를 구축한다면, 강대국의 패권 추구를 견제하면서 아시아 국가들의 공동 이익을 끌어올릴 수 있다. 물론 이러한 전망이 낙관적이라는 말은 아니다. 하지만 코로나19 감염병 대응에서 한국의 국제 위상이 크게 올라간 만큼, 국제사회에서 우리의 역할을 적극 강화해야 한다.

미래의 돌발 변수

마지막으로, 미래에 어떤 돌발 변수들이 나타날 수 있을지 이야기해보자. 어떤 돌발 변수는 더 나은 미래를 위한 정책적 노력을 일시에 무너뜨릴 파괴력을 가지고 있다. 아무런 대비도 없이 다른 문제에 대응하느라 바쁜 상황에서 돌발 변수가 발생하면 사태는 걷잡을 수 없어진다. 가령 장기적인 경제 불황 중에 갑자기 대형 자연재해가 발생하면 재해에 대처할 자원을 빨리 동원하지 못해 피해가 훨씬 커진다. 정부와 국민 사이의 신뢰마저 부족하다면 문제는 더 심각해진다.

이러한 위험을 줄이려면 일어날 수 있는 돌발 변수들을 검토하고 대응책을 마련해야 한다. 우리에게 큰 영향을 미칠 미래 돌발 변수는 여럿이겠지만, 이 장에서는 동아시아 원전사고, 갑작스러운 남북통일, 디지털 복합재난 이렇게 세 가지를 예로 들어보자.

동아시아 원전사고

일부 원자력 전문가들은 원전사고가 날 확률이 10만 년에 한 번꼴이라고 주장한다. 그런데 2011년 후쿠시마 원전사고 이후 일본원자력에너지위원회JAEC는 일본에 있는 원전 50기 가운데 어느 하나에서 대형사고가 날 확률이 10년에 한 번꼴이라고 발표했다. 10만 년이 아니라 10년이다! 이것이 사실이라면 2050년까지 한 번 이상 큰 원전사고가 다시 일어난다는 뜻이다. 한반도에도 위험이 있을까? 전문가들은 중국 동해안에 주목한다.

현재 전 세계에서 건설되는 원전 3기 중 1기는 중국에서 건설되고 있다. 중국은 2030년까지 원전 110기를 보유해 미국을 앞지른다는 계획이다. 중국에는 기존 시설과 새로 건설하는 시설을 포함해 모두 원전 56기가 해안에 배치되어 있는데, 특히 우리와 가까운 중국 동해안에 집중되어 있다. 중국 산둥반도 끝 스다오완에 위치한 원전은 인천에서 고작 330킬로미터 떨어져 있다. 이 원전이 폭발하면 서울로 방사능 물질이 날아오는 데 하루면 충분하다.

한반도 기온이 지금처럼 상승하면 특히 여름철엔 고기압으로 대기 정체가 발생하는데, 이때 방사능 물질이 한국에 유입될 경우 유독물질이 빠져나가지 않고 긴 시간 한반도 상공을 메우게 된다. 암, 백혈병, 기타 방사능이 원인인 질환으로 많게는 수만 명이 목숨을 잃을 것이고 한반도

서해안의 넓은 지역에는 장기간 사람이 살 수조차 없게 될 것이다. 물과 농산물이 오염되니 생수와 식량 가격이 급등하고, 경제활동 중단으로 개인과 국가가 모두 타격을 입는다. 해외로 도피할 여력이 없는 서민들은 국가가 정해준 임시 주거지에서 기약 없이 살아야 할 것이다. 국가가 사태를 수습하지 못할 경우, 사람들이 자기 생존만을 위해 행동하면서 사회는 법도 도덕도 없는 아수라장이 되고 만다.

갑작스러운 남북통일

어떤 이유로든 남북통일이 갑작스럽게 일어난다면? 갑작스러운 통일은 분명 북한 체제의 위기와 관련이 있을 것이므로 통일 후 그 수습과 복구에 많은 비용이 들고, 그 부담을 한국이 지게 될 것이다. 한국은 북한 주민에게 식량과 에너지를 공급하는 동시에 치안과 행정 서비스도 유지해야 하는데, 이 역할을 하지 않으면 북한 지역에 불안이 고조되기 때문에 다른 방법이 없다. 이때 한국 경제가 불황이거나 정부에 대한 국민의 신뢰가 약하다면 북한의 위기가 한국의 위기로 전이될 수도 있다.

반대로 통일 초기의 혼란을 잘 수습하고 북한 경제를 안정화한다면 통일한국은 큰 기회를 얻게 된다. 은둔의 나라였던 북한에 대해 세계의 관심이 높을 것이므로, 상대적으로 잘 보존된 북한의 자연자원을 활용해 세계적 휴양지를 개발한다면 많은 해외 관광객을 끌어들일 수 있다.

'동북아 에너지 그리드' 구축을 추진하는 것도 가능하다. 몽골의 태양광, 중국의 천연가스를 활용하여 에너지를 생산하고 북한을 경유해 한국과 일본으로 송전하는 프로젝트다. 이것이 실현되면 에너지 가격을 크게 낮출 수 있다. 북한이 그동안 심혈을 기울여 발전시킨 발사체 기술을 활용해 통일한국의 우주개발 기술을 진일보시키는 것도 상상해볼 수 있다. 우주관광산업 등 우주 관련 시장이 점점 확대되는 미래에는 독자 우주발사체 기술을 확보한 나라가 유리한 위치에 서게 된다.

한편 이질적인 남북한 사회가 만났을 때 발생할 수 있는 혼란도 예상해야 한다. 남북한 주민들은 오랜 시간 떨어져 있었고 자본주의와 사회주의라는 다른 체제 아래 살아왔다. 통일 이후 남한 주민과 북한 주민이 서로 만나고 교류하면 크고 작은 문화적 갈등이 일어날 게 분명하다. 그리고 이러한 갈등은 남북한 주민 사이에만 일어나는 게 아니라 기존의 남한 사회와 북한 사회에도 영향을 주어 양상이 매우 복잡해진다. 즉 서로에게 동족으로서 연대감을 느끼는 남북한 주민이 있는 반면에 상대를 혐오하고 적대시하는 주민도 있어서 남남 갈등이나 북북 갈등까지 일어난다. 이런 갈등은 사회를 분열시킬 위험 요인이지만, 위험을 잘 관리한다면 남북한 문화의 교류와 융합을 통해 새로운 문화 발전의 계기를 찾을 수 있다.

디지털 복합재난

디지털 사회에서는 시스템 일부에 사고가 발생하면 그 피해가 순식간에 광범위한 영역에 미친다. 앞으로 디지털 연결은 더 늘어나고 확대될 것이다. 이 상황에서 어떤 이유로든 네트워크 접속과 통신이 중단되면 사고가 동시다발적으로 발생해 대형 복합재난으로 발전할 수 있다.

예를 들어 인공지능이 가스, 전기, 수도, 교통, 통신 등을 관장하는 미래의 스마트도시에서 누군가 시스템을 해킹하여 마비시키면 어떻게 될까? 공중을 오가며 승객을 나르는 자율주행 플라잉택시가 하늘에서 추락하고, 100층 이상의 고층빌딩에서 엘리베이터가 운행 중 멈춰버린다. 자율주행 구급차나 소방차도 시스템이 마비되면 명령을 받지 못해 출동할 수 없다. 생필품이 무인 공장에서 생산되고 무인 마트에서 판매되는데 그 시스템이 멈추니 생필품이 부족해져서 사재기가 일어난다. 도시의 공기정화장치와 에어컨이 작동되지 않으면서 호흡기질환 또는 온열질환을 호소하는 환자가 급증한다. 주민 편의를 위해 연결을 강화한 시스템은 위기에 극히 취약할 수 있고, 그 피해는 특히 사회적 약자에게 집중될 것이다.

미래를 읽는 시민의
눈이 필요하다

　　　　　　돌발 변수에 대처한다는 것은 그 일이 실제 일
어날지 안 일어날지 모르지만 대비할 자원을 따로 마련해놓아야 한다는
의미다. 이때 자원은 물적 자원일 수도 있고 인적 자원일 수도 있다. 예
산을 들여야 하는 급한 일이 넘치는 현대사회에서 별도의 자원을 비축해
두기란 쉽지 않다. 그러나 만에 하나 돌발 변수가 발생할 때 생길 피해를
고려하면 대책을 세우지 않을 수도 없다. 따라서 우리는 어떤 돌발 변수
를 우선 대비할지, 대비할 자원을 어느 정도나 준비할지 등 어려운 결정
을 내려야 하고 사회적 합의를 이뤄야 한다. 결국 이 모든 것이 민주주의
와 관련된 문제다.

　지금까지 다섯 번에 걸쳐 우리 삶의 미래 모습을 예측해보았다. 어떤
독자는 이렇게 생각할지 모르겠다.
　'그래, 흥미로운 상상이네. 그런데 나보고 어쩌라는 거지?' '미래를 연
구하고 예측하는 일은 국회나 정부의 일이지 개인하고는 상관없는 게
아닐까?'
　한마디로 말하자면, 개인과 상관없는 미래는 없다. 일단 미래의 흐름
을 알아야 국회와 정부가 무슨 결정을 하는지 그리고 제대로 대처하고
있는지 파악하고 감시할 수 있다. 또 국회와 정부가 내놓은 정책을 제대

로 이해하고 적절하다고 여겨지면 수용할 수도 있다. 미래를 이해하는 시민의 눈이 국회나 정부의 역량만큼이나 중요한 이유다. 그런 의미에서 미래는 결국 시민의 손에 달려 있다고 할 수 있다.

제6강

'지구'라는 터전

장형진

수학과 물리학은 숫자로 풀어내는 인문학이라 믿는 물리학자. 서울대에서 입자물리학 전공으로 박사과정을 수료한 후 서울대 등에 출강했다. 과학은 어렵다는 선입견을 깨기 위해 대중의 눈높이에 맞춰 설명하려고 노력한다. 과학의 대중화를 위해 중고등학생, 시민들과 만나 '과학의 기원과 인간의 이해'라는 주제로 강의를 하고 있다.

지구의 기원과 진화

아마도 우리의 조상들은 훨씬 더 멋지고 경이로운 밤하늘을 보았을 것이다. 빛의 공해光害에서 벗어나 올려다보는 밤하늘에는 찬란한 별천지가 펼쳐져 있었을 듯하다. 조화롭고 신비로운 천상의 세계와 달리 지상의 세계에서 펼쳐지는 자연현상은 복잡하게만 보인다. 세상은 독특하고 신비로운 생명체들로 둘러싸여 있고, 헤아릴 수 없이 다양한 온갖 것들로 가득하다.

"내가 발 디딘 이 세상과 무수한 생명체는 언제 생겼을까? 또 앞으로 어떻게 그리고 얼마나 변하게 될까?"

희로애락이 반복되는 일상에서 잠시 벗어나 우리가 살아가는 지상의 세계를 살펴보자. 비록 한정된 시간과 공간에 얽매여 살아가고 있지만 한 발짝 떨어져 나를 조망해본다면 삶이 좀 다르게 느껴지지 않을까. 어쩌면 각자에게 주어진 시간과 사회문화에 얽매여 살아가는 삶을 좀 더 거시적인 관점에서 바라보게 될지도 모르니 말이다. 그럼 이제부터 우리가 살아가고 있는 지구라는 세계와 우리의 관계를 살펴보자.

이 세상은 언제 시작되어
지금과 같이 되었을까?

슬픈 사랑의 이야기를 담고 있는 겨울철 대표 별자리 오리온. 신화적 상상력의 상징으로 널리 알려져 있지만 오리온자리의 허리띠 아래에서 희미하게 빛나는 오리온성운에서는 새로운 별들이 태어나고 있다. 태양계가 어떻게 만들어졌는지 직접 확인할 수는 없지만 놀라운 현대 과학기술 덕분에 우리는 유사 현상을 관찰할 수 있다. 오리온성운에서는 현재 150개가 넘는 원시 항성계를 관측할 수 있다.

스스로 빛을 내는 별과 별 주위를 공전하는 행성, 행성 주위를 공전하는 위성들이 생겨나고 있는 장엄한 광경을 세세하게 볼 수는 없지만, 가스와 먼지가 모여 중심부가 밝게 빛을 내고 있는 아기별과 행성이 될 가스구름이 응축된 모습은 관찰할 수 있다. 낮을 지배하는 지구 에너지의 원천인 태양, 월급날과 비슷한 주기로 지구 주위를 돌고 있는 달, 새벽 무렵 동쪽에서 반짝인다고 해서 샛별이라고 불렀던 금성, 태양계에서 가장 큰 행성인 목성 그리고 우리 삶의 터전인 지구도 이렇게 만들어졌으리라.

현대 과학 중에서 가장 잘 검증된 이론과 놀라울 정도로 정밀하게 관측한 결과에 따르면, 우주는 약 138억 년 전에 생겼고, 우리은하에 속한 태양계의 나이는 우주 나이의 3분의 1인 46억 살 정도다. 오랫동안 흩어져 있던 우주의 가스와 먼지가 중력에 의해 오랜 시간에 걸쳐 서서히 모였다. 대부분의 물질이 중심으로 뭉쳐지고 중심부의 중앙은 다시 중력으로 뭉치면서 온도가 올라갔던 시기가 지금으로부터 약 46억 년 전이다. 중심부 주변에서는 여기저기에서 물체들의 소소한 뭉침 현상이 빈번하게 있었고, 작은 덩어리들이 서로 부딪히고 주변의 먼지들을 끌어당기면서 덩치를 키워갔다. 이러한 좌충우돌을 겪으면서 큰 덩어리는 중력 때문에 주변의 물질들을 모으기에 유리했고, 아주 커다란 충격이 아니라면 자기 형태를 유지하고 오히려 더 커질 수 있게 된다.

처음에 있던 가스와 먼지의 약 4분의 3은 수소이고 나머지 대부분은 헬륨 원자였으나, 탄소와 산소, 철과 같은 원소들도 약간 섞여 있었다. 이것은 우리 태양계를 형성하던 물질이 초신성超新星: supernova에서 유래했음을 의미한다. 가스와 먼지는 과거 언젠가 지금의 지구에서 그렇게 멀지 않은 곳에서 엄청난 별이 장렬하게 폭발하며 남긴 잔해다. 별의 잔해가 모여 다시 다음 세대의 별과 행성을 만드는 것이다. 우리에게 친숙한 태양은, 아마도 우주가 생기고 나서 처음 우주를 밝혔던 1세대 별의 손자뻘에 해당하는 3세대 별로 추정되고 있다.

여느 우주처럼 태양계를 이루는 재료 대부분의 원소도 수소와 헬륨이었다. 대부분의 물질은 중심부에서 중력에 의해 수축하면서 수소가 헬륨으로 융합했고 캄캄했던 이곳에도 드디어 우주의 등대인 별이 나타났다.

　과학적 이론과 시뮬레이션, 그리고 지구에 떨어진 초창기의 태양계 관련 기록, 달에서 가지고 온 광물 등을 분석한 결과에 따르면 태양의 형성과 비슷한 시기에 태양계를 구성하는 행성과 위성, 소행성과 혜성 등이 생겨났다. 따라서 수십억 년 동안 급격한 변화를 겪은 지구와 달리, 우주 공간에서 오랫동안 잘 보존되다가 지구로 쏟아진 운석들은 태양계 초창기 모습을 담고 있다.

　밤하늘에 신비롭게 빛을 발하며 떨어지는 유성들은 대부분 대기 중에서 타버리지만, 일부는 운석이라는 이름으로 지상에 흔적을 남긴다. 건조한 사하라사막 등은 운석이 잘 보존되기 때문에 운석 사냥꾼이 좋아하는 장소다. 과학적으로 가치가 높은 운석들은 직거래나 운석 전문 온라인 장터에서 높은 가격에 팔리기도 하지만, 우리는 몇만 원 정도로도 대표적인 e마켓 아마존에서 초기 태양계의 모습을 간직한 운석 반지나 운석 목걸이를 구매할 수 있다. 아직 외계 생명체가 발견되지 않았으니, 우주 바이러스를 걱정할 필요는 없을 것 같다.

　어쨌든 태양계는 여러 행성과 수많은 소행성으로 구성되었지만, 태양은 태양계의 나머지 물체를 모두 합한 것의 1천 배 정도 되는 물질을 독식하고 있는 절대 강자다. 지구뿐만 아니라 태양계의 어느 것도 태양의 절대 권력에서 자유롭지 못하다. 태양의 영향권을 의미하는 태양계의 직선거리는 빛의 속도로 약 1년, 그러니까 지구와 태양 사이의 거리보다도 10만 배 정도 길다. 즉 태양계는 지구가 살아가는 세계보다도 약 1천 조 배 큰 방대한 세계다.

지구의 가족, 달

우리가 사는 지구는 도대체 어떤 변화를 거쳐 지금의 모습이 된 것일까? 어떻게 해서 태양계의 세 번째 행성에 수많은 생명이 가득하고, 여러 생명체 중에서 하나의 종種: species이 지구를 벗어나 달 위를 걷고 태양계 끝자락까지 무인 탐사선을 쏘아 올릴 수 있게 되었을까?

지구가 겪었던 수많은 사건 중에서 첫 번째로 마주한 것은 지구의 가족인 달과 관련된다. 지금도 지구와 달은 서로 뗄 수 없는 사이로 달이 지구에 미치는 중력의 영향은 태양계의 절대 강자인 태양보다도 2배 정도 크다고 할 수 있다. 지구에 가장 큰 영향을 미치는 것은 당연히 빛나는 태양이지만, 달은 지구 표면에서 바닷물에 더 큰 영향력을 행사하고 있으며 지구의 내부로도 중력을 작용하여 맨틀과 핵의 흐름에 영향을 준다. 물론 달은 지표면에 붙어 사는 모든 생명체에게도 영향을 미치고 있으며, 인간의 생활주기인 한 달月과도 밀접하다. 그런데 과거에 달은 지구와 더 가까이 있었고 지구 내부와 조수의 흐름을 더 강력히 지배하고 있었으며, 심지어 지금의 지구와 달이 되기 전에 엄청난 충돌을 한 주인공이었다.

달에서 가져온 암석과 표토, 지구에 대해 알고 있는 많은 정보와 자연을 지배하는 자연원리에 따른 계산과 시뮬레이션 등의 다각적인 분석과 검증에 따르면, 초기 지구는 45억 년 전에 거대한 충돌을 겪었다. 지구 역사상 가장 큰 충돌이었던 이 사건이 일어난 개요는 다음과 같다.

현재의 수성(지구 반지름의 반 정도) 크기나 되는 천체가 초기 지구를 빗겨 충돌하면서, 지축이 지금처럼 23.4도 정도 기울어졌고 충돌의 파편들을 끌어당기면서 지구는 충돌 전보다 조금 더 커졌다. 그리고 지구와 충돌한 천체는 지구 가까이에서 다시 부스러기들을 뭉쳤지만 크기가 줄어들어 지금의 달(수성 반지름의 반 정도)이 되었다.

초기 지구와 충돌하여 달을 낳았던 천체는, 그리스신화에 등장하는 달의 여신 셀레네Selene의 어머니 이름을 따서 테이아Theia 라고 부른다. 이렇게 지구는 거대한 충돌을 거쳐 성장했고, 태양계의 다른 행성들과 달리

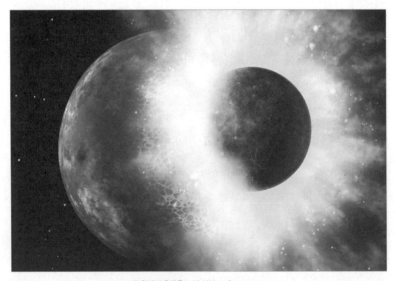

두 천체의 충돌을 그린 상상도. @NASA_JPL

자신에 비하여 엄청나게 큰 위성을 갖게 되었다. 오래전에 달은 지금보다 훨씬 가까운 곳에서 형성되었으므로, 아주 커다란 달이 밤을 환하게 비춰서 보통 때는 별을 보기 어려웠을 듯하다. 그러나 지구 그림자에 달이 완전히 가려져 깜깜해지는 월식에는 무수한 별이 갑자기 나타났을 것이다. 찬란히 솟아난 수많은 별을 배경으로, 충돌의 흥분이 채 가라앉지 못한 달의 맨얼굴에는 지각이 격렬하게 활동하는 모습이 생생하게 드러났을 것이다.

달은 충돌의 아픔을 멀리한 채 지구로부터 조금씩 멀어져서 지금과 같은 위치, 빛의 속도로도 약 1.3초 걸려야 도달하는 곳에서 지구와 관계를 맺고 있다. 손톱이 자라는 속도와 비슷한 속도로 멀어지고 있는 달은 현재 약 38만 킬로미터 떨어진 곳에서 1년에 3.8센티미터 정도씩 멀어지고 있다.

지구의 속사정

이제 지구에서 벌어진 사건을 살펴볼 차례다. 뜨거웠던 원시 지구는 처음에 내부의 어느 곳이든 비슷한 성분으로 균질했고, 표면과 내부 온도는 현재 태양의 표면 온도와 비슷한 정도로 뜨거웠다. 벌겋게 달아오른 지구의 열이 우주로 방출되는 동안, 철이나 니켈처럼 무거운 금속원소들은 지구 중심을 향하며 중심핵이 되었다. 규소나 산소와 같이 가벼운 원소들은 바깥으로 떠오르면서 미량의 여러 성분과 섞여서 다양한 광물을 이루고, 광물들은 암석을 형성하며 굳어져서 지각이 형성되었다. 지각과 중심핵 사이에는 지구 부피의 80퍼센트를 차지하는 맨틀이 생겼고, 지각 활동을 결정하며 지구의 진화와 지표면의 모습에 큰 영향을 끼쳐왔다.

지구 내부에서 생명체들의 터전인 지각으로 나오기 전에 언급해야 할 것은, 맨틀 아래에서 유동적으로 움직이고 있는 외핵에 대한 이야기다. 인간이 지각을 뚫고 직접 맨틀에 다다른 적도 없는 바에, 지각의 100배나 더 깊은 곳에서 시작하는 외핵이 생명체와 무슨 연관이 있는지 의아할 수도 있을 것이다.

외핵은 비록 맨틀 안쪽에 있지만, 지구의 얇은 대기권을 넘어 지구 반지름의 10배 정도나 되는 곳까지 뻗어나가 우주에서 오는 강력한 입자들을 쳐내고 있다. 만약 외핵이 회전하며 발생시키는 지구 자기장이 없었더라면 생명체가 번성할 수도 없었다. 현재와 미래에도 생명을 보호하기 위하여 지구 자기장은 절대적으로 필요하다.

지구의 외핵이 만드는 자기장은 극지방에서 들어가거나 나오기 때문에, 우리는 자기장이 미처 다 쳐내지 못한 우주 입자들이 지구 대기와 충돌하며 빛나는 오로라를 고위도 지방에서 볼 수 있다. 오로라는 외핵이 지구 생명체들을 지켜주고 있다는 사실을 시각적으로 보여주는 표현이다. 지각에 발을 붙이고 사는 생명체 입장에서는 직접 마주하고 있는 대기가 더 중요하게 느껴지겠지만, 철을 듬뿍 함유한 외핵의 회전에 의해 발생한 자기장이 지구 멀리서 지구를 보호하지 않았다면, 지구의 대기조차 먼 옛날에 강력한 태양풍을 견디지 못하고 우주로 흩어져서 지구는 불모지가 되었을 것이다.

이제 지구는 비로소 생명이 살아갈 수 있는 최소한의 조건을 갖추게 되었다. 지구의 역사를 구분하는 지질시대의 우리식 이름에는 생명의 생生이란 글자가 모두 들어가 있다. 명왕누대 이후에 생명이 시작한 시생始生누대와 이후의 원생原生누대 그리고 현재를 포함하는 현생現生누대가 그렇다.

지구의 변화는 크게 보아서, 지각활동과 생명활동이라는 두 가지 활동 때문이다. 생명체가 지구에 의존하듯이, 지구도 생명체에 크게 의존하여 상호작용하면서 변해온 것이다.

당연하지만 지질시대의 첫 시기는 생명이 살 수 있는 환경이 아니었다. 아마 상상 속의 지옥보다도 훨씬 가혹했을 것이다. 지옥보다 더 가혹했던 지질시대의 첫 시기를 과학자들은 '명왕누대Hadean'라고 부른다. 지옥의 지배자인 하데스가 다스리는 시대라는 뜻인데, 하늘에서는 여전히 커다란 운석들이 쏟아지고 연약한 지각은 맨틀의 움직임으로 격렬하게 요동치며, 수많은 화산에서 뿜어져 나온 메탄과 이산화탄소, 황과 수증기로 뒤덮인 대기는 지구의 열을 차단하는 온실효과로 인해 여전히 불지옥과 비슷했을 것이다. 그러나 차가운 우주에서 스스로 핵연료를 태우는 별이 아닌 다음에야, 행성이 계속하여 뜨거운 상태를 유지할 수는 없다. 물론 여전히 태양으로부터 오는 빛과 태양풍 그리고 맨틀이 공급하는 열

에너지와 방사성 물질이 붕괴하며 만드는 에너지가 있다고 하더라도 말이다.

시간이 지나며 지각이 식고 두꺼워지면서 맨틀의 영향이 줄어들고, 하늘에서 쏟아지던 운석들도 줄어들었다. 38억 년 전에도 이미 지구에 바다가 형성되었다는 지질학적 증거가 발굴되었기 때문에 그 정도면 생명이 어디선가 시작할 수 있는 환경이었다고 할 수 있다. 다수의 학자들은 약 38억 년 전에는 깊은 바다에서도 해양지각이 만들어지는 해령 근처의 심해열수구에서 생명이 출현했을 것으로 추정하고 있다. 이것은 직접 확인할 수 없는 머나먼 과거의 일이다. 원시 지구와 거의 유사한 환경을 실험실에 구현하고 오랫동안 실험하면서 확인할 수는 없는 노릇이다.

생명의 기원에 대한 심해열수구 가설이 나온 건 유기체가 탄생하기에 적합하다는 환경적 특징 때문만이 아니다. 심해열수구는 다른 심해보다 훨씬 많은 생명체가 살고 있는 특별한 곳이다. 또한 여러 생명체들의 DNA가 가진 공통 형질을 분석하여 추정하는 최초의 생명체 LUCA[the Last Universal Common Ancestor] 의 특성과도 어울리는 환경이다. 물론 지구 너머의 외계 어디선가 왔을 수도 있겠지만, 그랬다면 그 생명체가 지구환경에 잘 적응할 수 있었을지 혹은 혹독한 우주에서 과연 탄생할 수 있었을지 의문스럽다. 지구 생명체의 기원은, 보다 온순해진 지구의 어느 곳에서 시작했다고 보는 편이 더 합리적일 것 같다.

내일은 생명의 진화가 인간으로, 원시인에서 문명사회로 발달해온 수십억 년의 시간을 짧게 이야기하게 될 것인데, 미리 양해를 구하며 오늘 하루도 수고하셨다는 말을 전하고 싶다.

인간의 출현과 발달

첫째 날, 지구가 형성되고 불덩이 지구가 식으며 지구 내부는 여러 층으로 분화되고, 바다에서는 생명체가 생기며 지구는 보다 복잡한 시스템이 되었다. 복잡해진 지구는 이후에 스스로 변화를 거칠 수밖에 없었으며, 이제는 우리가 알고 있는 우주 어느 곳보다도 다양한 것들이 넘치고 있다. 미약하게 출현한 생명체는 가장 단순한 형태였을 것이다.

생명의 첫 시대를 살아간 작은 생명체의 흔적을 찾는 일은 아주 오래된 암석을 찾아 얇게 잘라서 현미경으로 분석하는 어려운 작업이다. 지각은 태어나서부터 지금까지도 계속해서 사라지고 생기며 변화했기 때문에, 생명은 고사하고 생명의 선조가 살았던 시대의 암석을 발견하는 것조차 지금의 지구에서는 어렵다. 46억 년 가까이 되는 지구의 역사에서 커다란 사건이 적지 않았고 이것들을 다 얘기할 수는 없다. 이 책에서 우리가 살펴보려는 주제와 너무 동떨어질 것이다. 그럼에도 불구하고 지구의 평균온도를 15℃ 정도로 유지할 수 있게 만들고, 미생물이 보다 효율적인 대사를 하면서 고등생물로 변했으며, 식물이 번창함으로써 다양한 동물들이 나타나게 한 사건, 약 25억 년 전에 일어났던 산소대폭발 사건을 짧게 애기할 필요를 느낀다. 산소가 거의 없던 원시대기를 산소가 풍부한 대기로 바꾼 주역은 남세균藍細菌: Cyanobacteria이었을 것으로 추정된다.

산소 증가와
생명체의 진화

무궁무진한 태양에너지를 받고 원시대기에 풍부한 이산화탄소를 흡수하여 산소로 바꾸는 테라포밍Terraforming(행성 개조)이 일어났다. 반응성 높은 산소에 적응하지 못한 생명체들은 사라지고, 산소를 바탕으로 보다 효율적으로 대사할 수 있는 생명체들이 나타났다. 또한 대사에 필요한 영양을 섭취하기 위해 환경에 종속되던 생명체가 풍부한 빛과 물 그리고 이산화탄소를 재료 삼아 스스로 양분을 생산할 수 있는 독립성을 획득하게 된 것도 생명의 진화 분기에서 중요한 요인으로 작용한다.

대기 중에 메탄과 이산화탄소가 줄어들면서 지구는 최초로 빙하기를 겪을 만큼 냉각되기도 했다. 이는 지구환경에서 생명체가 얼마나 큰 영향을 미치는지를 보여준다. 지질시대 이름에 생명의 '生' 자를 넣는 것이 역시나 어색한 일은 아니었다. 또한 산소 농도가 증가하면서 대기 중에 오존층이 형성되어 태양에서 비추는 강력한 에너지 영역인 자외선을 막아 땅 위에 생명체가 진출할 수 있는 환경이 만들어졌다. 이제 지구에는 생명체가 더 빠르고 다양하게 더 넓은 지역으로 퍼져나갈 수 있는 환경이 마련되었다.

산소를 활용하여 효율적으로 대사할 수 있게 된 생명체들은 더욱 복잡한 생명체로 진화했고, 드디어 눈으로 볼 수 있을 정도로 큰 생명체 화석들이 나타났다. 눈으로 볼 수 있는 오래된 생명체가 시작되는 시기를 고생대古生代라 부른다. 이후 지구 역사상 가장 큰 생명체인 공룡들이 지구에 군림하던 중생대가 지나고, 공룡 대신에 먹이사슬의 상층부를 차지하게 된 포유류가 득세하는 신생대에 들어서 인류의 조상이 나타났다.

진화 과정에서 수많은 종이 분화한 것처럼, 인류의 조상도 6백만 년 전에 침팬지의 조상과 결별하여 독자적인 진화의 길을 걸었다. 2백만 년 전에는 *Homo* 속을 이루다가 30만 년 전 현대인과 같은 종인 현생인류*Homo sapiens*가 나타났다. 현재는 *Homo* 속에 속하는 생물종이 하나만 남았지만, 30만 년 전에 출현한 호모 사피엔스가 약 10만 년 전에 고향을 떠나 세계 각지로 이동하면서 다른 호모 속 인류들을 만나고 교류했던 것으로 보인다. 현대의 유전학적 분석에 의하면, 우리 조상이 만났던 네안데르탈인*Homo neanderthalensis*, 데니소바인*Homo denisova*의 흔적 일부가 현대인의 유전자에 남아 있다.

여기서 잠깐 생물종의 이름을 나타내는 규칙을 짚어보면, 사람의 이름과 비슷한 구조로 되어 있음을 알 수 있다. 어느 집단에 속하였는지를 나타내는 성에 해당하는 속명이 먼저 오고, 개인의 정체성을 가리키는 이름에 해당되는 생물 고유의 종 명칭이 뒤따른다. 우리 한국어 이름과 어순이 같고, 이름에 요구되는 기능도 같다. 그러니까 여러 동물들 앞에서 나를 소개한다면, 아마도 '호모 사피엔스 장형진'이라고 말해야 할 것 같다. 생물종을 두 단어로 표기하는 이명법二名法이 사람 이름과 다른 규칙은 앞에 오는 속명은 대문자로, 뒤에 오는 종명은 소문자로 표기하며 다른 단어와 구별하기 위하여 이탤릭체를 쓴다는 것이다. 그러니까 다시 지구의 동물모임에 나가서 방명록에 이름을 써야 한다면, '호모 *사피엔스 장형진*'으로 표기하는 것이 정확하다.

아직도 인류의 고향과 생일은 확실하지 않다. 유전적 연구와 화석 연구를 바탕으로 연구하지만 더 많은 자료가 발견되면 변동될 여지가 있는

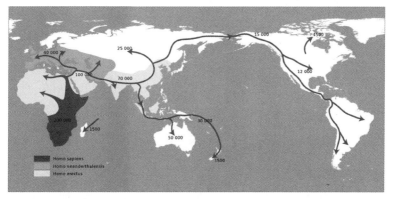

초기 인류의 이동 경로. 약 7만 년 전 아프리카를 벗어난 인류는 지구 전역으로 퍼져나가기 시작했다.

것이다. 아마도 인류는 20만 년 전 혹은 30만 년 전에 출현했다고 여겨지며, 동쪽인지 남쪽인지는 좀 더 봐야 할 거 같지만 어쨌든 아프리카에서 기원했다고 한다. 지금은 건조하지만 당시에는 숲과 초원으로 뒤덮였을 따뜻한 곳에서, 인류의 첫 세대는 두려움을 극복하고 땅 위의 삶을 성공적으로 치러내며 후손에게 좀 더 나은 세상을 물려주었다. 세대가 흘러가며 인류의 개체 수는 늘어나고 변화하는 기후에 대응하기 위하여 집단적인 이주를 시작하기도 했다.

대부분 실패로 끝나 새 보금자리를 만들지 못했지만 10만 년 전 중동과 아프리카 대륙 다른 지역으로 이주하는 데는 성공했던 것으로 보인다. 7만 년 전에는 인도를 거쳐 동남아시아로 진출했고, 5만 년 전에는 인도네시아를 거쳐서 호주까지 그리고 4만 년 전에는 유럽으로 삶의 영역을 넓힌 것으로 파악된다. 이러한 인류의 이주 역사는 생물학적 화석과 DNA 외에도 이미 예술적 감각을 갖춘 인류가 남긴 동굴벽화나 조각상 그리고 생활에 쓰였던 석기 등으로도 확인할 수 있다.

그 외에 인류의 이주가 새로운 지역에 뚜렷이 남긴 간접적 증거는, 그 지역에 번성했던 대형동물들이 인간의 이주와 맞물려 갑자기 멸종되어 버리는 사건이었다. 비단 한두 개 지역에서 나타난 사건이 아니라, 지구 전 대륙에서 광범위하게 벌어졌다. 1만 5천 년 전의 빙하기에 연결되어 있던 지금의 베링해협을 건너서 북아메리카에 진출했고, 이전에 그 지역을 지배하던 대형동물들 47속屬: genus에서 34속이 사라졌다. 북아메리카를 거쳐서 1만 년 전 남아메리카에 인류가 이주한 시기에는, 대형동물 60

속 가운데 50속이 빠르게 멸종했다. 이보다 이른 시기인 5만 년 전에는 호주에서 50킬로그램 넘는 대형동물 24종 가운데 23종이나 멸종되었다. 인간은 어느 동물보다 더 많은 지역으로 퍼져나갔고, 생존을 위해 치열하게 경쟁할 수밖에 없었을 테니 이것을 인간의 파괴적 본성이라고까지 생각할 필요는 없다. 자연의 일부였던 인간은 다른 동물과 크게 다르지 않았다. 오히려 자연을 벗어나 인간들끼리 모여 만든 사회라는 생태계에 속해 살면서 생겨난 사회적 속성이 더 위험스러워 보인다.

인간이 다른 동물보다 사냥을 더 잘하고 불을 다루며 예술을 표현하고 도구를 만들 정도로 똑똑했다고 하더라도 그때의 인간은 다른 동물과 마찬가지로 자연에서 먹이를 구하며 전적으로 자연에 의지해 살았다.

문명과 도시의 탄생

약 1만 2천 년 전에 흔히 초승달 지역이라고 일컬어지는 중동의 어느 곳에서 이전과 다른 변화가 시작되었다. 아마도 먹고 남아서 집 근처에 버린 씨앗에서 식물이 자라며 손쉽게 열매를 구하는 경험을 우연히 겪었을 것이다.

처음에는 호기심과 약간의 기대를 갖고서 일부러 씨앗을 여기저기 뿌려보고, 사냥을 하거나 채집을 하러 다니면서 지나쳐보았고, 한편으로는 싹이 나기를 기다렸을 것이다. 어느 곳에 뿌린 열매는 기대보다 더 큰 결실을 주었고, 또 어떤 씨앗은 싹을 틔우지 못했을 것이다. 전에 없었던 신기한 이 일을 이웃과 얘기하고, 누군가는 가설 검증을 위해 더 많은 씨앗을 뿌리고 물을 주거나 돌봐주었을지도 모르겠다.

이런 경험은 결국 새로운 지식이 되어, 열매를 구하러 멀리 헤매지 않아도 어떤 씨앗을 어디에 심고 어떻게 돌봐주어야 큰 결실을 맺는지를 차차 알게 되었을 것이다. 이렇게 해서 지구에는 인위적으로 재배한 먹거리가 처음 생산되기 시작했고, 어느 지역에서 성공한 농업은 주변으로 전파되기 쉬웠으리라 짐작된다.

의도를 갖고 식물을 재배하여 먹을 것을 생산하는 농업의 결과는 엄청났다. 단지 좀 더 쉽게 열매를 먹을 수 있다는 차원을 넘어, 한 지역에서 얻을 수 있는 식량이 기하급수적으로 늘어날 수도 있다는 사실을 깨닫게 되었다. 농업을 성공적으로 수행하는 경우 같은 면적에서 50배나 넘는 생산량을 달성할 수도 있었다.

비슷한 시기에 인간들은 사냥감을 찾아 들로 산으로 쫓아다녔지만, 어느 날 사냥한 짐승을 바로 죽이지 않고 묶어두니 새끼를 얻을 수 있다는 사실도 알게 되었을 것이다. 물론 사육하기에 적합한 동물도 있었겠지만, 빠듯한 살림살이에 사육이라는 긴 시간 동안 동물을 먹여 살리기가 힘들었으며, 또 건강하게 키우지도 못했을 것이다.

식량으로는 너무 작은 늑대를 집으로 데리고 와서 키웠을 수도 있다. 야생 늑대 새끼는 아이들과 잘 놀고 함께 자라면서 어느덧 새끼를 낳기도 하여 자신의 가치를 인간들에게 보여주었을 수도 있다. 개와 양, 염소, 돼지, 소, 닭 같은 야생의 동물들은 이렇게 인간의 영역에서 공존하게 되었다. 농업과 비슷한 시기에 일어났던 목축 역시, 인간에게 위험을 무릅쓰고 먹을 것을 찾아 헤매지 않게 하는 블루오션이었다.

인간은 농업과 목축에서 더 많은 수확을 얻기 위한 지혜와 경험을 쌓아나갔으며, 그럴수록 삶은 더 여유로워졌고 인구는 급격하게 늘어났다. 과거에 다른 동물과 마찬가지로 채집하거나 사냥했던 자연 의존적 삶에서, 농업과 목축이라는 방식으로 자연을 재배하는 존재로 변했다. 인간만이 지구에서 유일하게 자연과 관계를 맺고 자연의 위상을 바꾼 생물종이 된 시기가 1만 년 전이다.

목축하는 동물에 맞추어 계절에 따라 이동해야만 하는 유목민의 삶도 있지만, 농업에 의존하는 농민은 정착해서 살아야 했다. 이 때문에 인류의 라이프스타일에도 변화가 불가피했다. 공동으로 분배하여 늘 먹을 것을 쫓아 살아가던 야생의 존재에서, 저장 기술 발달과 잉여생산물의 소유가 야기한 불평등한 사회적 존재로 자연스럽게 변해갔다. 물이 풍부하고 기후가 온화해 더 많은 식량을 생산할 수 있는 지역에서는 집단의 규모가 커져서 도시를 형성하기도 했다.

사회 인프라와 제도가 갖춰진 도시는 약 6천 년 전 지금의 이라크 지역에서 처음 나타났다. 다른 지역에서도 도시가 생겨나면서 도시라는 사회적 형태는 인간 사회의 변화를 이끄는 선봉이 되었고, 원활한 도시 운영을 위해 분업화와 전문화가 이루어지게 되었다. 인구가 늘면서 사람 사이에 교류도 많아지고 새롭게 필요한 것들이 나타나기 시작했다. 거래를 위한 셈법과 일상과 농업에 필요한 달력 그리고 문자 발명은 수메르인이 기원전 3400년경에 시작한 것으로 보인다. 문자가 발명되면서, 사람들의 기억과 구전은 기록이 되었고, 거래와 의사소통에 객관적인 기준이 생겨났다.

우리는 조상들이 남긴 문자를 해독하면서 인류의 진화 과정을 더 잘 알 수 있게 되었으며, 지식은 대를 거듭해 보완과 발전을 거치면서 인간 사회 발전에 중요한 역할을 했다. 문자는 인간의 지적 자산을 그 지역의 소수에게만 한정시키지 않았고, 공간적으로 더 넓게 전파하게 도왔다. 문자로 기록된 지식은 세월을 넘어서 전달될 수도 있었으므로 인간의 지성이 발달할 수 있는 기회가 더 늘어났다. 인간이라는 존재는 이제 다른 동물들과 완연히 구별되었고, 사회라는 새로운 생태계는 자연이라는 이전의 생태계보다도 훨씬 중요해졌다.

현재에도 인류의 절반 이상은 도시에서 살고 있다. 2018년 발표한 유엔 해비태트의 보고서*에 따르면 2030년이 되면 전체 인구의 60퍼센트가 도시에 거주하게 된다. 먹을 것과 주거지를 넘어, 인간이 가진 다양한 욕구와 필요를 해결할 수 있는 거대한 도시에 머무는 우리는 얼마나 만족스러운 삶을 살고 있는 것일까?

문명화된 세상은 인간의 생리적 한계를 극복하는 데 도움을 주었다. 그런데 정신적인 면에서 우리는 과연 얼마나 나아진 것일까? 어찌 보면,

---

* UN-DESA, World Urbanization Prospects The 2018 Revision, United Nations New York.

현대인은 정신적인 면에서 오래전의 원시인과 크게 다르지 않은 것처럼 느껴지기도 한다. 단지 삶의 공간이 자연이 아닌 사회로 옮아왔을 뿐, 생존방식에 있어서 현대인은 원시인과 비교하여 그리 나아 보이지 않는다. 문명이 발달해온 것처럼, 우리의 정신영역도 진화해야 하지 않을까. 개인적 발달이 아니라, 집단지성을 통하여 더 나은 사회로 발달해가는 게 중요하다는 생각이 든다.

인간과 지구의 미래

현재 지구에는 약 1천만 종의 다양한 생명체가 살고 있지만, 그중에서 인류라는 한 생물종이 지구에 끼치는 영향은 점점 커지고 있다. 심지어 지질시대의 이름까지도 새로 등장할 정도다. 마지막 빙하기가 끝난 지금의 시기는 신생대 제4기 홀로세에 속해 있었는데, 최근 200년이라는 매우 짧은 시기를 별도로 '인류세'로 불러야 한다는 주장까지 나오고 있다.

지구온난화의 경고

인간의 활동으로 지구에 가장 큰 영향을 주는 부분은 기후변화이고, 그중에서도 지구온난화다. 지구온난화로 인한 지구의 변화는 단지 미미한 온도 상승으로 끝날 일이 아니다. 지구 생태계가 더 이상 평형을 이루지 못하고 한 방향으로 급격하게 변할 수 있다는

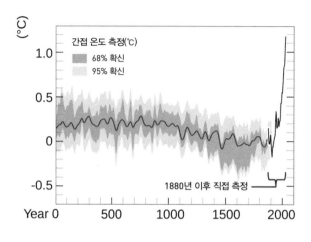

공통시대에 걸친 지구의 평균 기온

점에서 더욱 위험하다.

산업혁명기 이후부터 현재까지의 온도는 1도 이상 올라 섭씨 15도 정도다. 그런데 지구 평균기온이 상승하는 속도가 점점 빨라지고 있다는 점을 주목해야 한다. 약 30만 년 전 아프리카에서 출현한 현생 인류가 빙하기와 간빙기를 거치며 기후변화를 겪었지만, 섭씨 15.7도는 인류가 한 번도 경험해보지 못한 온도다. 1년에 몇십 도의 온도변화를 겪으며 살아가는 우리에게는, 지금보다 지구의 평균온도가 1℃ 더 올라간다는 게 심각하게 느껴지지 않을 수 있다. 그런데 과학자들은 지구의 온도 15.7℃를 한계선으로 제시하고 있다.

기후학자 대부분은 지구온난화의 주요 원인이 산업화, 도시화 등 인

간의 활동에 의한 것이라고 입을 모은다. 과학자들이 주축이 되어 1988
년에 만들어진 기후변화에 관한 정부간협의체 IPCC^{Intergovernmental Panel}
^{Climate Change}는 2007년에 노벨평화상을 받을 정도로 활발하게 활동하고
있다. 이처럼 IPCC가 연구 보고서를 발표하며 국제적인 환경보호와 기
후협약을 이끌어내고 있지만, 국제적 공조와 각국의 노력 그리고 개인
일상에서의 개선은 미흡한 실정이다.

지금보다 약 0.7℃ 정도 온도가 상승하는 15.7℃는, 돌이킬 수 없는 자
연의 변화가 나타나는 한계점으로 예상된다. 어느 순간에 균형을 깨고
서 예기치 못한 일이 폭발적으로 일어나는 변화의 순간, 즉 티핑 포인트
^{tipping point}에 이르면 기온이 상승해 해수가 팽창하며 빙하가 녹으면서 해
수면이 높아지고 육지 면적은 줄어든다. NASA가 위성 데이터를 바탕으
로 분석한 결과에 따르면, 21세기가 끝나기 전에 해수면이 1미터 더 높
아질 것으로 추정된다. 대한민국 부산, 스페인 바르셀로나, 남아공 케이
프타운, 하와이 호놀룰루, 프랑스 니스, 플로리다 마이애미, 브라질 리우
데자네이루, 캘리포니아 산타모니카, 오스트레일리아 시드니, 이스라엘
텔아비브 등 아름다운 해안 도시가 수면 아래로 잠길 수도 있다.

바닷물의 온도가 올라가면 해류가 변하면서 해일 등 예기치 않은 자연
재해가 발생한다. 또한 상상을 초월한 토네이도와 태풍 등의 재해가 도
처에서 발생할 가능성이 크다. 한편으로 지구온난화로 기온이 상승해 빙
하가 녹는다는 것은, 해수보다 햇빛을 더 많이 반사하는 빙하가 사라진
다는 사실을 의미한다. 지구가 이전보다 더 많이 열을 흡수하게 되는 양

의 되먹임 과정으로, 지구온난화가 더욱 가속될 수 있다.

지구온난화는 바다에서의 변화만이 아니라 대기의 순환에도 영향을 미쳐서 오히려 강력한 한파와 폭설 등 재해가 잦아질 수도 있다. 2016년 1월에 북극의 온도가 관측사상 가장 높았을 때, 우리나라에서는 오히려 심한 한파와 폭설이 몰아닥쳤다. 그래서 비행기 이착륙이 중단되기도 했다. 이것은 우리나라 영토 위 10킬로미터 상공에서 초속 80미터로 흐르는 강력한 제트기류가 지구온난화로 사라진 탓에, 북극의 찬 공기가 우리나라로 밀려왔기 때문이다. 이처럼 지구온난화로 어느 지역은 더위에 몸살을 앓고 다른 지역에서는 한파가 몰아치는 등 예기치 못하는 자연재해가 더 빈번히 그리고 더 큰 규모로 일어날 가능성이 커진다.

지구온난화에 결정적으로 영향을 끼치는 원인은 인구 증가와 이산화탄소 농도 증가로 밝혀졌다. 목축산업의 영향도 무시할 수 없다. 2006년 국제연합식량농업기구UNFAO가 총 온실가스 배출량 중 18퍼센트가 축산업에서 나온다고 발표했을 정도다. 또한 산불이나 아마존의 열대우림이 불타면서 발생하는 이산화탄소 증가와 산소 감소, 화학비료 사용으로 인한 온실가스 증가 등 인간의 활동에 의한 직간접적 원인들도 지구온난화를 가속화하는 중이다.

환경 파괴가 초래할
우울한 미래

　　　　온실효과는 우리 생활에서도 쉽게 경험할 수 있다. 이산화탄소가 증가하면 온실효과로 지구의 온도가 올라간다. 겨울철에 비닐하우스에서 식물을 키울 수 있는 것, 창문이 닫힌 자동차의 내부 온도가 올라가는 것도 온실효과에 의해서다. 가령 자동차 창문으로 햇빛이 들어오면 내부 온도가 올라가는데, 내부의 열이 바깥으로 나가지 못하고 유리창에서 내부로 반사되어 다시 내부를 덥히는 것이 온실효과다. 들어오는 열에 비하여 나가는 열이 적으면 자동차 내부의 온도는 순식간에 20℃씩 올라가기도 한다. 이를테면 32℃의 한여름에 햇볕을 받은 자동차 내부의 온도는 10분 만에 43℃, 30분 만에 51℃까지 올라간다. 1시간이 넘으면 57℃까지 올라가 배출하는 열과 들어오는 열이 평형을 이루지만, 이미 인간이 견딜 수 있는 상황은 아니다.

　지구의 온실효과는 이러한 일이 전 지구적으로 일어난다는 것을 말한다. 대기 중에 이산화탄소, 메탄, 암모니아 등 온실가스 농도가 짙어지면서 외계로 빠져나가야 할 열이 대기에서 지구로 반사되며 지구 온도를 계속 상승시키는 것이다. 기후변화와 관련하여 미국의 전 부통령이자 노벨평화상 수상자인 앨 고어Al Gore 등은 지구를 지키기 위한 기후 프로젝트를 추진하고 있다.

　그러나 이런 활동에도 불구하고 해결책을 마련하기는 쉽지 않다. 삼림

황폐화, 사막화 현상 같은 자연적 요인과 인위적 요인이 복합적으로 발생하고 재난을 초래하면서 인간에게 부메랑이 되어 돌아오고 있다. 육지의 40퍼센트를 차지하는 건조 지역에서 매년 약 600만 헥타르의 광대한 토지가 사막화되고 있다. 600만 헥타르는 서울시 면적의 100배에 이르는 크기다. 사막화로 지역의 숲이 파괴되면 생태계가 변해 식량난민이 증가하고 대기 중 산소농도가 감소하게 된다.

물질의 혁명으로 불리는 플라스틱도 문제 발생에 일조한다. 플라스틱 쓰레기 등이 자연으로 배출되면서 해양 생태계가 심각하게 파괴되고 있다. 인간이 만들어내는 각종 화학가스들로 인하여 지구의 오존층에 뚫린 구멍도 커지고 있다.

인간의 활동이 인간과 다른 생명체에게 재앙으로 되돌아오고 있다. 클린에너지를 표방하는 원자력발전소의 방사능 오염이 얼마나 위험하고 후유증이 심각한지는 1986년 체르노빌과 2011년 일본 후쿠시마 원전 사고 등을 보면 누구나 느낄 수 있다. 지구온난화로 인한 지각변동 그리고 기후변화로 인한 해수면 상승이 가시화되면 원자로 냉각을 위해 해변가에 건설된 원자력발전소에 치명적인 영향을 줄 수밖에 없다.*

비단 사고만이 문제가 아니다. 방사성 폐기물의 반감기는 원소에 따라 다르지만 수백 년이 걸리는 것이 적지 않다. 그러니까 원자력발전은 결국 현재의 편의를 위해 후대에 부담을 넘기고 그들을 희생시키는 행위다.

---

* 김형근, 지구온난화, 원자력에 등돌리다, 과학기술핫뉴스, 과학기술인재 진로지원센터, 2015.11.19.

지금 여기서 우울한 미래를 이야기하는 것은, 우리의 행동이 늦어질수록 더 많은 부담과 피해가 발생하기 때문이다. 지금의 우리가 경각심을 갖고 조금 더 빨리 변하자는 취지다. 문명이 탄생한 이후 인류는 서로 연결되어 소통하면서 집단지성을 키워왔다. 광활한 우주에 수없이 많은 은하가 있다지만, 칼 세이건Carl Sagan이 지적했듯이 먼 훗날 미래에도 인간 삶의 터전은 지구일 수밖에 없다. 지구는 이 시대 우리만의 소유가 아니다. 서로 의지하며 살아가고 있는 모든 지구 생명체의 것이며, 우리의 후손이 살아갈 터전이다.

2020년 코로나19 바이러스가 전 지구를 강타하면서 불안과 공포가 엄습했다. 봉쇄와 격리 그리고 사회적 거리 두기라는 해법으로 전 지구인이 외부 활동을 자제하자 석유 소비가 줄어들면서 이산화탄소 배출이 감소됐다. 인간 사회가 움츠리는 시간이 길어질수록, 자연은 오히려 정화되고 있었다. 인간에게 치명적인 바이러스는 다른 생물종에게 별다른 피해를 주지 않았고, 인간의 사회 생태계가 주춤한 만큼 다른 종의 자연 생태계가 활발해졌다는 소식이 들린다. 어느 집단에서든 어느 생물종에서든 유독 하나가 독보적으로 강한 경우가 오래 지속되는 사례는 드물었던 것 같다.

인간의 활동에 의한 변화가 너무 커서 지질시대까지 바꿔야 할 정도로, 인간은 너무 자기만 생각하며 살고 있는 것은 아닐까? 사회라는 생태계를 꾸려가기 위해 부모인 자연 생태계를 희생시켜왔던 인간이 자성

해야 할 순간이 아닌가 싶기도 하다. 인류를 위협하는 바이러스나 세균을 인간 사회에서 관리할 수 있어야 한다는 점은 분명하다. 인류를 위협하는 다른 재해와 마찬가지로, 우리는 생물 본연의 본능에 따라 후대를 남겨야 하는 운명이다. 그러나 이러한 인간의 관점만이 전부가 아니라는 사실을 깊이 생각하고 집단지성을 성장시켰으면 싶다.

지구인이 알아야 할 지구

대부분의 현대인이 살아가는 생태계는 자연이 아닌 현대화된 사회다. 현대인에게는 자연보다 사회에 관한 지식이 유용하다고 느낄 때가 더 많다. 그런데 특정 지역 내에서 특정한 시기에 살다가 가는, 한시적이고 지엽적인 존재로만 인간을 국한할 것인가? 작은 사회 너머의 더 큰 세상인 지구를 아는 것이 내 삶에 과연 얼마나 유익할 수 있을까? 현대인이 알면 좋을 것 같은 지구 상식은 무엇일까? 지구인으로서 우리는 지구라는 우리 세상을 어느 정도는 알아야 할 필요가 있다. 지구는 커다란 세계이기 때문에 수많은 지식을 내어줄 수 있지만, 가급적 우리 삶과 관계된 부분부터 살펴보자.

지구를 소개합니다

　　　　　물리적인 관점에서 지구를 소개하자면, 지구는 약 45억 6천7백만 살 정도 되었다. 모양은 알다시피 동그란 구형이지만 지구의 자전에 의한 원심력 때문에, 적도 방향의 반지름이 극 방향보다 20킬로미터 정도 더 길다. 이것은 지구 반지름의 약 300분의 1 정도밖에 되지 않으므로, 우주에서 지구를 본다면 거의 완벽한 구형으로 보일 것이다. 지구의 표면은 내부에 비하여 가벼운 물질들로 구성되어 있으며, 맨틀 바다 위에 가벼운 지각이 떠 있는 형태다. 지구 전체적으로 볼 때 지구의 밀도는 물보다 약 5.5배 정도 크다. 다음 그림은 대략적으로 지구

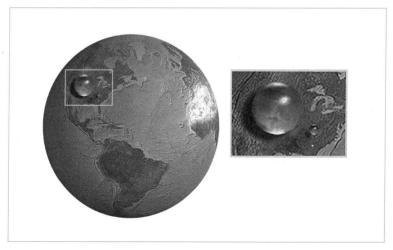

@USGS

의 크기에 비하여 물이 어느 정도 있는지를 표현한 것이다. 오른쪽은 이미지 일부를 확대한 것인데, 지표면의 대부분을 차지하는 바다는 가장 큰 물방울 정도의 부피를 갖고 있다. 다음 크기의 물방울은 남극대륙과 그린란드 등의 빙하에 포함된 물의 부피를, 가장 작은 물방울은 강이나 호수 등 육지에 있는 물의 부피 전체를 지구의 크기와 비교한 것이다. 그런데 지구의 크기는 실제로 얼마나 되며, 어떻게 생겼을까?

태양-지구-달의 순서로 배치가 될 때, 즉 지구의 그림자가 달을 가리는 월식lunar eclipse을 보면서 옛날 사람들은 지구가 둥글 것이라고 어렴풋이나마 생각했다. 우주에 나가서 직접 찍은 지구의 사진을 보면서 공과 같은 형태라는 사실을 확인할 수 있는 현대에도 지구가 평평하다고 생각하는 사람들이 있을 정도로 지구는 크다. 알다시피 공의 크기가 클수록 표면은 더 평평하게 느껴지니까.

그렇다면 지구는 얼마나 큰 것일까? 동그란 모양을 하고 우주에 떠 있는 것일까? 수많은 질문이 있었지만 신은 아무런 답을 주지 않았다. 인간 스스로 답을 찾아야 했다.

2천200년 전에 살았던 에라토스테네스는 간단한 기하학과 그럴듯한 몇 가지 가정(가령 '지구는 둥글다' '태양은 멀리 떨어져 있어서 태양빛은 평행하다' 등)을 바탕으로 지구의 크기를 처음 측량해낼 수 있었다. 이 방법은 누구나 사용할 수 있고, 더 빨리 더 먼 거리를 이동할 수 있는 현대에는 그렇게 힘든 일도 아니다. 구태여 두 지역에 직접 갈 필요도 없다. 휴대폰으로 연결된 누군가와 동시에 작업을 진행한다면, 훨씬 빠르고 쉽게 지구의 크기를 측정해낼 수 있다. 아무튼 측량이 지금보다 정확하지 않았던 시대였음에도 불구하고 에라토스테네스가 얻은 값은 현재의 정밀한 측정값과 별로 큰 차이를 보이지 않았다.

우리가 알고자 하는 지구의 반지름은 대략 6천400킬로미터이고, 적도의 둘레는 약 4만 킬로미터 정도 된다. 이 정도 길이는 현실에서 잘 느껴지지 않을 수 있으니, 이렇게 생각해보자. 서울의 인구를 1천만 명이라고 하고, 서울에 사는 남녀노소의 평균 키를 1.3미터라고 가정하자. 그러면 서울의 모든 인구가 머리-발-머리-발과 같이 한 줄로 누워 있을 때 그 길이는 얼마나 될까? 물론 1.3m×10,000,000을 계산해보면 된다. 서울시 인구를 한 줄로 세울 경우, 길이가 1.3만 킬로미터 정도 나온다는 얘기다. 지구 둘레의 약 3분의 1 정도나 되는 길이이며, 지구의 지름과 비슷하다. 지구의 중심을 관통한다면 반대편까지 도달할 수 있는 길이이다. 이제 지구의 크기에 대해 감이 좀 오는지 모르겠다.

시스템으로 보는 지구

지구는 땅덩어리만 있는 행성이 아니다. 제법 크기가 있어서 대기를 중력에 잡아놓을 수 있었고, 적당한 온도라서 액체 상태의 물이 풍부할 수 있었다. 물과 대기가 어우러진 지구에는 어느 날 자연스럽게 생명체가 탄생하여 지구환경을 구성하고 지구의 진화에 결정적인 역할을 했다.

우리가 지구를 과학적으로 이해하고자 할 때, 통상적으로 하나의 계(시스템)로 취급하곤 한다. 지구는 태양과 달 그리고 우주로부터 오는 운석과 다양한 입자 등의 영향을 받지만, 어떨 때는 지구를 하나의 독립적인 시스템으로 보는 관점이 유용하다. 하나의 시스템으로 보는 관점에서 지구를 이해하기 위해서는, 4개의 하위 시스템으로 나눠서 보는 방법이 보편적이다. 즉 지구를 둘러싼 공기층인 대기권, 지각을 구성하고 움직이는 암권, 지구 표면의 70퍼센트를 차지하는 바다와 빙하 등으로 구성된 수권 그리고 이러한 환경 덕에 어디서나 살아가고 있는 다양한 생명체들로 이루어진 생물권으로 나뉜다. 따라서 4개의 하위 시스템 사이의 상호작용을 이해하면, 상위 시스템인 지구를 좀 더 쉽게 알 수 있다.

암권은 지구의 껍질에 해당하는 지각과 맨틀의 상부를 포함하는 영역이다. 맨틀 대류가 움직여 지각이 생성되어 이동하다가 해구에서 지각이 소멸되는 암석의 순환이 일어난다. 지구의 지각은 몇 개의 판들로 나뉘어 있어서, 판의 경계에서는 지진이나 화산 같은 지각활동이 활발하다. 판은 오랜 시간에 걸쳐서 움직인다. 대륙들은 서로 가까워지거나 분리되면서 현재의 육지 형태가 되었고 미래에는 또 다른 형태가 될 것이다. 지구에서 가장 높은 히말라야산맥도 판의 움직임과 충돌로 생겨난 것이다. 약 5천만 년 전에 인도판이 이동하며 유라시아판과 충돌한 뒤 오랜 시간에 걸쳐서 높은 산들이 만들어졌다. 해발 8천 미터의 높은 고도에서는 판들 사이에 있는 바다에서 살았던 조개와 산호 등 해양생물 화석이 발견되고 있다. 일본에 지진이 많은 것도 유라시아판과 태평양판 그리고 필리핀판의 경계에서 판들이 충돌하기 때문이다.

이렇게 지각이 여러 개의 판으로 나뉘어 대륙의 모양과 지각활동에 영향을 미친다는 판구조론은 지구과학의 혁명이라고 할 수 있다. 판구조론은 여러 과학적 근거를 거쳐서 충분히 검증되었으며, 지구를 이해하는 데 상당히 중요한 개념이다.

또한 암권은 지구가 가진 대부분의 산소를 함유하고 있다. 암석을 이루는 기본 단위인 광물은 수백 종류가 있지만 90퍼센트 이상의 광물은 산소 몇 개와 규소가 결합된 규산염 광물 계열이다. 지구 표면의 바다를 이루는 물과 대기 중에 있는 산소 및 수증기보다도 훨씬 많은 산소가 암권에 있다.

좀 의외일 수 있겠지만 이는 사실이다. 산소는 지구에서 가장 풍부한 원소이고 반응성이 높은 원소로도 유명하다. 따라서 산소는 생명체의 대사나 지구온난화, 연소 등 지구에서 일어나는 변화 대부분에 깊이 관여한다. 지구를 대표하는 특징으로 '물이 풍부한 행성'이라고 흔히 말하지만, 좀 더 기초적으로 말하자면 '산소가 풍부한 행성'이라고 말할 수도 있을 것이다.

바다와 빙하, 강과 호수 등으로 구성되는 지구의 수권은 생명체에게 물을 공급하는 원천이며, 해류와 물의 순환을 통하여 지역의 기후를 결정하기도 한다. 암권과 달리 액체와 기체로 구성되는 수권은 자유롭게 움직일 수 있어서, 에너지와 물질을 이동시키는 중요한 역할을 한다.

기권은 기상현상이 일어나는 대류권에서부터 오존이 있는 성층권, 중간권, 열권으로 구성되며 지구와 우주 사이의 경계를 이룬다. 기권은 우주로부터 지구를 보호하고 유지하는 역할을 하며, 생명체의 생존과 진화에 영향을 끼쳐왔다. 지구온난화를 비롯해 공룡이 멸종하고 포유류가 번성하게 된 이유를 기권에서 찾을 수 있다. 먼 훗날 지구 외의 행성에서 인류가 살아가려면 먼저 그 행성의 대기를 바꿔야 한다.

생물권을 구성하는 지구의 생물종은 대략 1천만 종으로 추산된다. 그동안 지구에 살았던 생물종이 약 5억 종 정도였다고 하니, 다른 권역 못지않게 생물권에서도 큰 변화가 있었던 셈이다. 과거에 그랬듯이 생물권의 변화는 지구의 변화를 이끌어갈 것이다. 인간이라는 단일 생물종이 아니라, 생명체들이 상호작용하면서 건강한 변화가 일어나기를 바란다.

이제 지구를 좀 더 큰 관점에서 바라보기 위하여 지구 관련 지식을 정리하자. 지구라는 천체가 자전과 공전을 해왔다는 것은 현대인의 상식이다. 자전하는 주기가 하루이고 공전하는 주기는 1년이다. 우리는 하루와 1년 사이에서 달의 공전주기인 한 달마다 달력을 넘기며 살아가고 있다. 지구의 운동으로 나타나는 것이 단지 시간의 단위만은 아니다. 지구가 자전하는 회전축이 23.4도 기울어져서 태양을 공전하고 있기 때문에 4계절을 경험할 수 있으며, 지구가 자전하기 때문에 발생하는 전향력이 대기의 순환을 복잡하게 만든다. 따라서 기후의 특성도 위도별로 단순하지 않다. 자전하지 않았다면 적도에서 상승한 대기가 고위도에서 하강했겠지만, 전향력으로 인하여 위도별 대기의 순환이 분리되고 무역풍, 편서풍, 극동풍이 생기는 것이다.

360도를 한 바퀴로 표기하는 것 역시 자전주기와 공전주기의 비율이 365 정도 되기 때문이며, 외계 고등 생명체의 달력과 원을 표기하는 각도는 지구와 다를 것이다. 지구에 가장 큰 영향력을 행사하는 두 천체인 달과 태양은 지구에서 보면 크기가 거의 비슷하다. 이것은 지구에서 달에 이르는 거리보다 태양까지의 거리가 약 400배 정도 멀면서도, 달의 반지름이 태양의 반지름보다 약 400배 정도 작기 때문이다. 알다시피 보이는 크기는 면적에 비례하고, 거리의 제곱에 반비례한다.

지축이 기울어진 탓에 여름으로 가는 시기에는 태양이 1분 정도 일찍 뜨고 더 늦게 지면서 해가 길어진다. 유일한 위성인 달은 다른 천체와 달리 지구를 공전하며 움직이기 때문에 매일 50분 정도 늦게 뜨고, 태양과의 상대적 위치가 달라져서 모양은 날마다 변하게 된다. 이렇게 하늘에서 일어나는 변화는 인간의 문명 발달에 중요한 역할을 했다. 다양한 삼라만상이 가득하고 복잡한 자연현상이 벌어지는 자연을 인간이 이해하기는 어려웠다. 자연을 이해하기 위해서는 조화롭고 일정하게 움직이는 하늘의 변화를 관찰해야 했고, 그렇게 인간은 조금씩 자연의 이치를 깨닫게 되었다.

보는 관점에 따라 현상은 다르게 보이는 법이다. 움직이는 지구에 올라타 있는 우리에게 관측된 천체의 운동을 통해 실제의 세상을 이해하려는 탐구가 과학의 시작과 발달을 자극했다. 조화롭고 규칙적인 천체의

변화를 기준으로 삶을 살아가면서 문명도 발달했다. 이제 관점을 좀 더
확장해보자. 지구와 인간 그리고 우주를 총망라해볼 시간이다.

우주, 지구, 인간

지구와 인간 너머로 시야를 넓혀보자. 아주 오랜 기간 인류는 대부분의 시간을 우주의 중심에서 살고 있다고 믿어왔다. 태양만이 아니라 밤하늘의 달과 별, 하늘에 있는 천체 모두가 지구를 중심으로 움직이는 것처럼 보이니 그럴 법도 하다. 세상은 인간이 활동하는 지상의 세계를 중심으로 커다란 천구의 표면에서 움직이고 있다는 우주관은, 인간이 우주에서 가장 특별한 존재라는 믿음을 강력하게 시사하고 있다. 우주에 하나밖에 없는 중심을 독차지하고 있으니 말이다.

지구를 넘어 우주로

과학이 발달하면서 400년 전에는 지구가 태양 주위를 공전하는 한 행성에 불과하다는 사실을 알게 되었고, 100년 전에는 태양이 우리은하를 회전하는 수많은 별 중 하나라는 것을 알게 되었다. 이후 얼마 지나지 않아서, 우주가 수많은 은하로 가득 차 있으며 지구 위의 모든 사막과 해변의 모래알을 합친 수보다도 더 많은 별이 우주에 있다는 것도 알게 되었다. 과학이 발달하면서 우주의 중심은 우리에게서 점점 더 멀어져갔고, 우리는 우주의 주인공이 아니라는 사실을 깨닫게 된 것이다. 우주에 대한 지식이 발달하면서 세계관이 변하고, 변화된 세계관에서 인간의 의미를 찾는 인문학적 성찰도 깊어졌다. 어렸을 때 자기중심적으로 생각하다가 성장하면서 타인도 나와 같이 소중한 존재이며, 그런 존재가 수없이 많다는 자각을 하게 되는 것과 비슷하다.

자기중심적 세계관을 벗어나면서 오히려 인간은 더 보편적 존재로 성장해가는 것이 아닐까 싶다. 은하의 변방에 있는 한 행성의 거주자를 넘어 우주적 존재로 인간에 대한 관점을 확장하는 것이 우리 삶에 어떤 의미를 줄까?

현대과학을 바탕으로 지구와 인간을 우주적인 관점에서 살펴보자. 우리는 인간의 키와 비슷한 길이인 미터 단위로 크기나 거리를 파악하지만, 태양계에 적용하기에는 너무 불편하다. 태양계에서 길이를 재는 단위는, 지구와 태양 사이의 거리인 1 천문단위AU; astronomical Unit를 기준으로 한다. 일상의 잣대로 하면 약 1억 5천만 킬로미터이고, 우주에서 가장 빠른 빛의 속력을 기준으로 하면 8분 20초 정도 달려야 하는 거리다. 태양계의 행성들이 태양으로부터 얼마나 멀리 떨어져 있는지를 안다고 해서 사는 데 별 도움은 안 되겠지만, 재미는 있을 것 같다.

AU를 단위로 태양에서 행성들 사이의 거리를 나타내는 식이 있다. 태양에서 n번째에 있는 행성의 평균 반지름이 $r=0.4+0.3\times2n$ 정도 된다는 티티우스-보데 법칙의 계산값은 관측값과 5퍼센트 이내에서 잘 맞아떨어진다. 가령, 수성(n=-∞)은 0.4AU, 금성(n=0)은 0.7AU, 지구(n=1)는 1AU, 화성(n=2)은 1.6AU, 목성(n=4)은 5.2AU, 토성(n=5)은 10AU, 천왕성(n=6)은 19.6AU로 실제 값과 거의 들어맞는다.

법칙이 발표되던 18세기 후반에는 아직 천왕성이 발견되지 않았으나, 이 법칙으로 예측된 거리에서 실제로 천왕성이 발견되었다. 이에 고무된 사람들은 n=3 되는 2.8AU 거리의 천체를 찾으려는 탐색에 열을 올렸으며, 화성과 목성 사이의 소행성대와 소행성 세레스를 발견하는 성과를 냈다. 그런데 다음 행성인 해왕성과의 계산값은 관측값과 22퍼센트 정도 오차가 난다. 이 법칙은 행성의 운동을 설명하는 뉴턴의 역학체계에서 유도되는 법칙이 아니라 태양계의 진화 과정에서 우연히 성립한 규칙이 아닐까 생각되고 있다. 이 법칙을 외우는 것은 어렵지 않다. 등식에 4, 3, 2의 숫자가 순차적으로 나타나며, n에 1을 대입하면 우리가 사는 지구의 1AU가 나온다.

지구로부터 더 멀어져보자. 1977년에 발사한 보이저 1호와 2호는 각자의 방향으로 2019년 기준으로 약 200억 킬로미터 떨어진 태양계 외곽으로 날아가고 있다. 인간이 만든 우주선이 그렇게까지 멀리 간다는 것도 놀랍지만, 그렇게 멀리 떨어진 곳의 작은 우주선에서 보내는 미약한 신호를 잡아서 해석할 수 있는 현대의 과학기술도 놀랍다. 알다시피 신호는 거리의 제곱에 반비례하여 작아지니 말이다. 태양계의 크기는 반경 1광년(약6.3만AU) 정도이며, 반경이 5만 광년 크기인 우리은하는 태양계와 같은 별을 수천억 개 거느리고 있다.

태양은 우리은하의 중심에서 2.6만 광년 떨어진 변방에서 2.4억 년을 주기로 공전하고 있다. 46억 살의 지구는 벌써 우리은하를 20회 정도 공전한 셈이다. 1920년대 중반까지만 하더라도 우리은하가 우주 전체라고 여겨졌다. 수천억 개의 별들로 둘러싸인 우리은하를 넘어서 희미하게 빛나는 다른 천체들을 찾는 것이 쉽지 않았으리라.

그로부터 100년이 지난 지금의 과학자들은 130억 년의 시공간을 날아온 은하까지도 관측할 수 있다. 확장된 관측능력과 이론에 따르면, 우주에는 우리은하와 같은 은하가 수천억 개 있을 정도다. 그만큼 인간의 우주 관념도 엄청나게 확장되었다.

앞에서 말했듯이 우주에는 태양처럼 빛나는 별들이 지구에 있는 모든 모래알의 개수와 비슷하거나 더 많다. 그렇게 많은 별 중 하나, 그 빛나는 별의 세 번째 행성에 우리가 살고 있다. 방대한 우주에는 특별히 어디가 중심이라고 할 것 없이 어느 곳이나 다른 곳과 비슷하다. 즉, 우주에는 중심이라고 특정할 만한 위치가 아예 없다. 거시적 규모에서 볼 때 어느 방향으로나 어느 위치이거나 동등하다고 여겨진다. 이것을 '우주원리'라고 부르는데, 인간은 우주의 중심이라는 특별한 곳에 있지는 않으나 우주의 어느 곳과 동등한 곳에 있는 편재되지 않은 존재로 생각할 수도 있을 것이다.

우주의 탄생과 미래

공간적으로 이렇게 방대한 곳에 있지만, 인간은 아주 작은 영역에서 아웅다웅 살아가고 있다. 그렇다면 시간의 척도에서는 어떨까? 우주의 탄생과 진화를 다루는 학문을 우주론cosmology이라고 하는데, 현대과학의 이론과 현대기술의 관측은 빅뱅bigbang 우주론을 표준으로 인정하고 있다.

대부분의 전문가가 동의하고 있는 우주의 탄생에 대한 시점은 138억 년 전이다. 138억 년 전에 헤아릴 수 없이 뜨겁게 밀집한 작은 영역이 팽창을 거듭하며 세상의 모든 것을 만들어냈다는 것이다. 태초의 순간을 잘 알 수는 없지만, 그 순간 이후부터 지금까지 우주에 어떤 일들이 벌어졌는지는 빅뱅 우주론으로 꽤 정확하게 설명할 수 있다. (이를 다루는 책이 여럿 있고, 이 책과 같은 시리즈인 3권 '전진' 편에 필자가 쓴 글이 있으니 참고하기 바란다.)

지구는 우주 나이의 3분의 1 정도나 되는, 적지 않은 나이의 천체다. 개인은 공간적으로 우주에 비해 비교할 수 없을 만큼 작지만, 시간적으로 볼 때 개인의 인생은 우주 나이의 1억 배 정도밖에 차이 나지 않는다.

왜소한 존재이면서도 인생은 짧지 않다. 우주의 나이를 하루 24시간으로 볼 때, 인간이 출현한 시각은 밤 11시 59분 25초라고 표현하기도 한다. 필자는 그런 관점보다도 우리 인생이 모든 것을 포함하는 우주의 나이에 비해서도 그렇게 무시할 만하지 않다는 관점을 더 좋아한다. 한 개인이 아니라 인류의 나이로 보면, 10만 배 정도밖에 차이 나지 않는다고 생각해도 나쁘지 않다. 인간이 미래에 얼마나 더 오래 생존할 수 있을지 모르지만, 우주와 더불어서 살아가는 동안에 이러한 비율의 격차는 더욱 작아질 것이고 공간적으로도 더 넓은 곳으로 확장하며 격차를 줄여갈 것이다.

자연스럽게 인간의 미래를 넘어, 지구의 미래를 넘어, 우주의 미래를 이야기해도 어색하지 않을 분위기가 된 것 같다. 지구가 언제 외계 천체의 공격을 받아 없어질지 알 수 없으나, 그런 정도의 충돌은 거의 일어나지 않을 것 같다. 오히려 지구의 나이만큼 시간이 지나면, 태양이 연료를 소진하고 희미한 백색왜성으로 바뀌면서 최후를 맞이할 가능성이 더 크다.

일생의 절반을 살고 있는 현재의 태양은 말년에 지구를 삼킬 정도로 몇백 배 팽창하다가 결국 지구 크기로 줄어들며 빛이 꺼질 것이다. 90억 년 동안 진행된 태양계는 주인공의 퇴장과 함께 막을 내리게 된다. 연극이 끝나갈 쯤 우리은하와 안드로메다은하가 만나는 충돌 과정을 겪게 되는데, 태양계에 무슨 일이 터질지는 아무도 모른다. 어떤 시나리오가 나온다고 해도 인간이 태양계에 남아 있다면 파국을 면할 수는 없을 것 같다. 너무도 먼 훗날에 벌어질 일이라 인간이 얼마나 진화하고 과학기술이 얼마나 발전하여 그러한 우주적 변화에 대처할 수 있을지 속단할 수는 없지만 말이다. 앞으로의 발전을 지금 예측하기는 어렵다. 먼 후대 인류는 현재의 지구적 영향력을 넘어, 태양계적 영향력 그리고 은하적인 영향력을 끼치게 될지도 모를 일이니까. 하지만 역시 현실감이 느껴지지 않고, 과연 그럴 수 있을까 싶기는 하다.

이러한 의견은 상상일 뿐이며, 과학적 근거가 있는 건 아니다. 내친김에 은하적인 미래를 넘어 더 큰 규모, 즉 '우주적 미래를 현대과학에서는 어떻게 예언하고 있을까'도 알아보자. 우주의 운명까지 점치기에는 인간의 과학기술이 아직 부족하다. 가장 신빙성 있는 가설은 현재 팽창하고 있는 우주가 더 빨리 팽창하며 모든 물질이 산산이 분해되어 우주 어느 곳이라도 진공과 비슷한, 거의 완벽한 공*의 상태로 돌아간다는 것이다. 그런데 우주의 운명을 결정하는 데 결정적인 우주의 임계밀도에 대해 현재까지의 관측적 증거로는 아직 결론을 내릴 수 없다.

우주의 임계밀도 값이 얼마나 되느냐에 따라 우주가 팽창을 멈추고 다시 수축하여 빅뱅의 순간처럼 모든 것이 밀집되어 진공과 반대되는 상태로 갈 수도 있다. 또는 빅뱅과 팽창이 반복되고 있는 우주의 어느 한 순간에 우리가 있다고 누군가 주장해도 누구도 반증하기 어렵다. 아예 우리가 사는 우주와 다른 우주들이 평행하게 수없이 많이 존재한다고 이야기해도 역시 반박하기 어렵다. 현재 인간의 과학으로는 우주의 운명까지 논하기 힘들고, 태양계와 우리은하의 운명 정도는 꽤 신빙성 있게 예언할 수 있다.

세상을 바라보는
과학적 태도

갈 수 있는 만큼, 우주의 끝과 우주의 미래까지 가보았으니 다시 지구로 돌아와서 하늘을 바라보자. 하늘의 모든 천체, 태양, 달, 별, 행성은 지구의 자전으로 일어나는 일주운동으로 24시간에 360도 회전한다. 그러니까 자전축 근처의 북극성을 중심으로 1시간에 15도씩 회전한다. 혹은 북극성에서 멀리 떨어진 별들은 회전반경이 커서 동쪽에서 나타났다가 서쪽으로 사라질 것이다.

오랫동안 밤하늘을 쳐다보면 별들이 움직이는 것을 볼 수 있다. 과거 언젠가 상상력이 풍부한 사람들에 의하여 낱낱의 별들 중에서 밝은 것을 이어서 형태를 만들기도 했다. 주변의 밝은 별들을 이으면 여러 형태의 기하학적 모양이 나타나는데 인간은 자연스럽게 그것을 친숙한 형상으로 연상하게 되었다. 그렇게 탄생한 별자리들은 밤하늘에서 새로운 이야깃거리가 되었고 신화가 되었으며 개인과 국가의 미래를 예측하는 점성술이 되기도 했다.

그런데 점성술을 과학의 관점에서 보면 참 어색하다. 별은 눈으로 볼 때는 가까이 있는 듯 보이지만, 우리의 시선 방향으로는 앞뒤의 거리를 판별할 수 없다. 그렇기 때문에 대부분의 경우 별자리를 구성하는 별들은 보이는 것처럼 실제 거리가 가깝지 않고 멀다. 그러니까 별자리는 실제 거리가 멀리 떨어져 물리적으로 전혀 연관성이 없는 별개의 천체를

하나로 묶어놓은 것일 뿐이다. 별자리에 어떤 심오한 뜻이 있다고 생각
할 필요는 없다는 의미다. 우리의 감성적 혹은 문화적 관념에는 과학적
실제와 다른 것들이 적지 않게 있다고 생각한다.

태양은 뜨겁고 양陽의 기운을 나타내며 달은 차갑고 음陰의 기운을 나
타내기 때문에, 음의 기운이 최고에 이르는 보름날 밤에는 온갖 악령이
나 귀신, 도깨비, 흡혈귀가 출몰하니 조심해야 한다는 이야기도 세계 여
러 곳에서 전해진다. 그런데 달은 스스로 빛을 내는 천체가 아니고 단지
태양빛을 반사할 뿐이라, 달빛과 태양빛은 본질적으로 다르지 않다. 아
래의 그림은 이러한 과학적 사실을 통해 흡혈귀를 퇴치하는 이야기다.

SCIENCE CAN SAVE LIVES @PERICHEID

재미로 보면 그만인 이 그림은 과학이 어떻게 미신과 부조리를 넘어서 세상을 변화시켰는지를 우화적으로 표현하고 있다.

  과학은 보다 객관적이고 합리적인 태도일 뿐이다. 과학의 분야는 굳이 자연에 국한되지 않는다. 실체에 더 가까이 가고 오류를 덜어내는 방법 이자 태도로서, 과학은 사회과학과 인문과학 등의 영역으로 확장되고 있 다. 올바른 지식은 이러한 과학적 과정을 거쳤으며, 알아두면 유용한 것 들도 많다. 그런데 살면서 지식보다 더 중요한 것은 과학적 태도로 사람 이나 상황을 살펴보는 자세다.

  우리는 각자의 성장 과정과 경험으로 형성된 개인적 편견에서 자유롭 지 못하다. 또한 우리는 사회라는 생태계에서 살아가기 때문에, 사회 생 태계가 요구하는 상상의 질서와 믿음, 가치에 순응하기 쉽다. 시간이나 지역을 벗어나면 달라질 특정 사회의 특정 가치를 객관적으로 평가할 여 유조차 잊어버리고, 상대적인 가치체계에 순응하는 인간이 되어버리곤 한다.

  과학은 편재된 관념과 삶에 대하여, 보다 보편적이고 객관적인 태도가 성장을 가져다줄 것이라고 말하는 듯하다. 이 순간 내가 갖고 있는 갈등 과 누군가에 대한 감정을 다른 관점에서 볼 때는 어떨까? 자기 정체성을 무시하자는 말이 아니라, 요동적인 관점과 잠시 거리를 두어보자는 뜻이 기도 하다. 사고가 아니라 관찰만 객관적으로 잘해도 인식이 달라지고 작은 변화가 일어날지 모른다. 개인의 수준에서도 어쩔 수 없는 과거의 흔적이 자신의 미래를 잘못 인도하지 않도록 주관적인 믿음에서 조금은 자유로워지자.

그리고 다음 세대가 더 나은 세상에서 살기를 원한다면, 과학적 태도로 집단지성을 키워나가야 한다. 단지 지구를 지키기 위한 생태계적 노력 외에도 사회적 편견과 부조리를 바로잡을 수 있도록 말이다.

제7강

비난과 이해 사이

이효정

현재 서울경제신문 부설 백상경제연구원에서 연구원으로 근무하고 있다. 에너지경제연구원, 한국은행 금융경제연구원, 국토환경연구소를 거쳐 이탈리아어 번역가로 활동했다. 고려대학교 경제학 석사를 마쳤다. 이탈리아 밀라노에 있는 유럽디자인종합학교Istituti Europeo di Design, Milano에서 패션마케팅 과정을 공부했다.

분수에 맞지 않은 소비

기회비용

'다르다'와 '틀리다'의 사전적 의미는 같지 않다. '다르다'는 '비교가 되는 두 대상이 서로 같지 아니하다'이며, '틀리다'는 '셈이나 사실 따위가 그릇되거나 어긋나다'는 뜻이다. 틀리다가 옳고 그름의 여부라면, 다르다는 같거나 같지 않음의 문제다.

우리는 종종 나와 생각이 다르면 일단 틀리다면서 상대를 비난하게 된다. 하지만 경제학적 관점으로 접근하면 '아, 그럴 수도 있겠구나'라고 다르게 보이기도 한다. 주변에서 흔히 일어나는 '다름'의 문제를 경제학적 측면으로 바라보면 '이해의 여지'를 발견하게 될 것이다.

> 수현: 얼마 전에 산 샤O 가방, 엄마한테 걸려서 엄청 혼났어. 월급 얼마나 된다고 명품 가방을 사냐며, 엄마 친구 딸은 월급의 반을 저축한다잖니……. 너도 저축 많이 해?
>
> 서진: 저축은 무슨……. 나도 여행 갔다 오면 카드 할부금 갚느라 매

달 빠듯하지. 할부 끝날 때쯤 되면 다른 여행을 준비하니 빠듯
함의 연속이지.

'엄친딸', 그리고 수현과 서진 중에 누가 더 합리적인 소비를 하고 있을
까?

매 순간의 선택
사이에서

우리는 매일 거듭되는 선택의 상황에 직면한다.
'늦잠을 잤는데 버스를 타고 출근할지 택시를 탈지' '구내식당에서 저렴
하게 점심식사를 해결할지, 새로 생긴 파스타 가게에 가볼지, 며칠 전부
터 먹고 싶던 짜장면을 먹을지'와 같이 비교적 간단한 선택부터 '회사를
계속 다닐지 옮길지' '집을 전세로 구할지 대출을 받아 매입할지' 등 공들
여 고민해야 하는 선택의 상황까지. 인생은 그야말로 선택의 연속이다.
그러나 무엇을 타고 갈지 선택을 못 해 출근하지 않는다거나 뭘 먹을지
결정을 못 해 점심을 굶는 경우는 찾기 어렵다. 잠시 고민한 끝에 하나의
선택을 하고 그 결정을 따라 나아간다. 몇 시간, 몇 달, 혹은 수십 년 후,
그때 내린 결정을 후회하는 순간이 오기도 하지만 매 순간 최선의 선택
을 하기 위해 노력한다.

경제학에서는 이런 선택의 상황을 '기회비용'으로 설명한다. 기회비용

은 어떤 선택을 했을 때 포기해야 하는 가치를 말한다. 한 가지를 선택하느라 다른 것을 할 기회를 잃어서 발생한 비용의 개념이다. 하나를 선택하려고 여러 개를 포기해야 한다면 포기해야 할 것들 중에서 가치가 가장 큰 것이 기회비용이 된다.

예를 들어보자. 서진에게 자유롭게 쓸 수 있는 한 시간이 생겼다. 서진은 그 시간 동안 컴퓨터게임을 할지 친구를 만날지 낮잠을 잘지 고민한다. 서진이가 컴퓨터게임을 할 때의 만족감(가치)은 15이고, 친구를 만날 때의 만족감은 10, 낮잠을 잘 때의 만족감은 7이다. 그렇다면 컴퓨터게임을 선택할 때의 기회비용은 친구를 만나거나 낮잠을 자는 것 중 가치가 큰 것인 10(친구를 만나는 것)이 된다.

같은 방법으로 친구를 만날 때의 기회비용은 낮잠과 컴퓨터게임 중 가치가 큰 15(컴퓨터게임을 하는 것), 낮잠 잘 때의 기회비용도 친구와 컴퓨터게임 중 가치가 큰 15(컴퓨터게임을 하는 것)가 된다. 낮잠을 자거나 친구를 만나면 15라는 기회비용이 발생하지만, 컴퓨터게임을 하면 10의 기회비용이 발생하므로 서진이의 최종 선택은 컴퓨터게임이 된다. 이처럼 비용(기회비용)을 최소화하고 편익을 최대화할 때 경제학에서는 합리적인 선택을 했다고 한다.

다른 예를 들어보자. 대학을 갈지 말지 결정할 때의 기회비용은 어떨까. 대학교 진학을 선택할 때의 기회비용은 '대학등록금과 책값 + 재학 기간에, 취업을 해서 버는 수입'이다. 여기서 대학등록금과 책값을 '명시적 비용'이라 하고, 재학 기간에 취업을 해 버는 수입을 '암묵적 비용'이라고 한다.

고등학교 졸업 후 프로선수로 전향해 연봉 1억을 보장받은 운동선수가 있다고 가정하자. 이 운동선수가 4년제 대학교 진학을 선택할 때의 기회비용은 명시적 비용 약 4천만 원(4년간의 등록금과 책값)과 암묵적 비용 4억 원(4년간의 프로팀 연봉)을 더한 4억 4천만 원이다. 기회비용이 꽤 높다. 이런 탓에 운동선수들 중에는 대학 진학을 포기하고 프로팀을 선택하는 경우가 많다. 하지만 대부분의 사람은 대학교 진학을 선택할 때 발생하는 기회비용보다 대학교 졸업 후의 기대수익을 더 높게 평가한다. 대학 입시 경쟁이 치열할 수밖에 없는 이유다. 대학교 진학이라는 같은 선택 조건이라도 개인이 처한 환경, 취향, 사고방식 등에 따라 기회비용은 다르며 합리적 선택의 결과도 다르다.

생활방식의 변화와 달라진 소비형태

저축 대신 명품 가방과 여행을 선택한 수현과 서진의 사례로 돌아가자. 집값은 요동치고 저축의 미래가치는 현저히 감소했다. 아무리 열심히 저축해도 집값은 그보다 더 빠르게 멀리 도망간다. 또 운 좋게 마음에 드는 아파트 한 채를 분양받으면 월급쟁이가 평생 저축해도 모으기 어려운 돈을 2~3년 만에 쉽게 벌기도 한다. 2030세대가 저축 대신 명품 가방이나 여행처럼 현재의 나에게 만족감을 주는 소비를 선택하는 게 이해가 되는 대목이다. 저축을 대신해 다른 소비를 택할 때의 기회비용이 그들의 윗세대만큼 크지 않은 것이다.

'쓸쓸비용' '홧김비용'과 같은 신조어도 이처럼 달라진 2030세대의 소비패턴을 나타낸다. '쓸쓸비용'은 말 그대로 외로움과 쓸쓸함을 달래기 위해 쓰는 비용을 말하고, '홧김비용'은 화나고 짜증났을 때 스트레스를 풀기 위해 쓰는 비용을 뜻한다. 예를 들어 외로움을 달래기 위해 반려동물을 키운다든지 공연을 보거나 여행을 가는 데 쓴 비용, 스트레스를 풀기 위해 쇼핑을 한다든지 비싼 음식을 먹는 데 지출한 비용 등이 여기에 속한다. 이 소비패턴에는 현실에 대한 팍팍함을 보상받기 어려운 미래를 위한 투자로 억누르기보다 현재의 소비로 보상받겠다는 2030세대의 심리가 담겨 있다.

21세기를 '노마드의 시대'라고 한다. 노마드nomad는 유목민을 뜻한다. 맑은 물과 싱싱한 풀을 따라 옮겨 다니는 유목민처럼 21세기 노마드족도 한정된 공간과 제한된 방식에 얽매이지 않고 자신과 자신을 둘러싼 환경의 변화를 추구하며 창조적인 삶을 산다. 디지털 노마드족은 디지털 기기를 들고 다니며 시공간의 제약을 받지 않고 자유롭게 사는 사람을 말하고, 잡 노마드족은 직종과 지역에 제한 없이 일거리를 찾아 직장을 옮겨 다니는 사람을 칭한다. 그 외에도 좋은 공기를 찾아다니는 에어 노마드족, 높은 금리의 금융 상품을 쫓는 금리 노마드족, 맛집을 찾아다니는 미각 노마드족 등 다양하다. 현대인의 개성 넘치는 자유분방함이 노마드족과 연결돼 하나의 통일된 생활패턴을 표현한다. 한자리에 앉아서 특정한 가치와 삶의 방식에 매달리지 않는 현대의 유목민 '노마드족'. 그들에게 저축이 주는 안정성의 가치는 크지 않다.

사회와 환경의 변화로 사람들의 생활방식은 예전과 많이 달라졌다. 개인이 처한 상황의 다양성도 더 커졌다. 이와 같은 변화를 이해한다면 저축보다 현재의 소비에 집중하는 2030세대 소비패턴을 쉽게 나무랄 수 없다.

온라인 중고시장에서의 거래
정보의 비대칭성

쫑이 엄마: 자기야, 곧 장마철인데 제습기 하나 살까?

쫑이 아빠: 기다려봐. 내가 중고마을에서 괜찮은 게 있나 찾아볼게.

쫑이 엄마: 거기 사기당하는 사람 많던데……. 그냥 대리점 가서 할
인하는 거 있나 보자.

쫑이 아빠: 무슨 소리야~ 잘 찾으면 거의 새 제품을 절반 가격에 살
수도 있는데. 잘 알아보고 사면 사기 안 당해. 걱정 마!

　

온라인 중고마을은 사기를 당할 확률이 높다는 쫑이 엄마와 괜찮은 제
품을 저렴한 가격에 살 수 있다는 쫑이 아빠 중 누구의 말이 옳을까?

레몬마켓과
피치마켓

　　　　　　　　이를 설명할 수 있는 '레몬마켓lemon market'과 '피치마켓peach market'이라는 경제학 용어가 있다. 미국 경제학자 조지 애컬로프George A. Akerlof가 1970년에 발표한 논문 〈레몬마켓The Market for Lemons〉에 나온 이론이다. 애컬로프는 정보의 비대칭성이 시장에서의 실패로 이어질 수 있다는 사실을 중고차시장의 수요와 공급으로 설명해 정보경제학의 기틀을 마련했다. 애컬로프는 마이클 스펜스Michael Spence, 조지프 스티글리츠Joseph Stiglitz와 함께 이 이론을 발전시켜 2001년 노벨경제학상까지 수상했다.

　미국에서 레몬은 불량품을 상징하는 속어로도 쓰인다. 과일은 자고로 껍질을 까거나 쓱쓱 닦아 한입 베어 물면 새콤달콤 맛있어야 하는데, 레몬은 이런 기대를 저버리기 때문이다. 미국에서 소비자보호법이 레몬법*으로 불리는 것도 이런 이유에서다. 반면 복숭아peach, 즉 피치는 품질 좋은 상품을 상징한다. 복숭아는 제철에만 시장에서 볼 수 있어 굳이 애써 고르지 않아도 맛이 보장되기 때문이다. 따라서 레몬마켓은 불량품만 거래되는 시장을, 피치마켓은 가격 대비 고품질 상품이 가득한 시장을 말한다.

---

* 1975년 제정한 미국의 소비자보호법은 차량 및 전자제품에 결함이 있을 경우 제조사의 교환·환불·보상 등에 대한 책임을 규정해두었다. 정식 명칭은 매그너슨-모스 보증법Magnuson-Moss Warranty Act이다.

레몬마켓이 생기는 이유는 무엇일까? '정보의 비대칭성' 때문이다. 정보의 비대칭성은 경제 주체 사이에 정보 격차가 생기는 현상을 말한다. 중고차시장이 대표적인 사례다. 중고차시장에서 판매자는 팔려고 내놓은 중고차에 대해 속속들이 알고 있다. 차의 치명적인 결함도 모를 리 없다. 폭우로 엔진이 물에 잠긴 후 고속으로 달릴 때마다 핸들이 심하게 떨리는 상태도 잘 알고 있다. 그러나 중고차를 보다 높은 가격에 팔고 싶은 판매자는 이 같은 결함을 숨기려 한다. 차에 대한 정보가 부족한 구매자는 겉은 멀쩡해 보이지만 문제가 많은 중고차를 구입할 가능성이 높다. 중고차시장에서 불량차를 구매해 큰 손해를 본 사람이라면 더 이상 중고차를 비싼 가격에 구매하지 않을 것이다. 가격이 낮은 중고차를 찾는 구매자들이 많아질수록 중고차시장에는 질이 낮은 불량차만 모이게 된다. 이런 이유로 중고차시장을 대표적인 '레몬마켓'이라고 한다.

물건이나 서비스를 제공하는 쪽이 오히려 정보가 부족한 반대의 경우도 있다. 자동차보험과 건강보험 같은 보험 시장이 대표적인 사례다. 가입자는 보다 싼 가격으로 보험을 들기 위해 자신의 단점을 감추려는 경향이 있다. 예를 들어 과속하는 운전 습관, 허리와 목의 디스크 증상 등 보험 가격에 영향을 미치는 부분은 가입 시 굳이 밝히지 않는다. 가입자의 이런 부분을 낱낱이 확인할 수 없어 보험사는 결국 보험 전체의 가격을 높이는 방법을 택하게 된다.

정보의 비대칭성 문제가 존재하는 시장이 레몬마켓이라면, 이 문제가 해결된 시장이 피치마켓이다. 피치마켓에서는 어느 한쪽에만 정보가 쏠려 있지 않다. 정보는 모두에게 공개돼 있고 누구나 쉽게 얻을 수 있다. 따라서 주어진 정보를 바탕으로 소비자는 좋은 물건을 고를 수 있고, 판매자는 소비자의 선택을 받기 위해 보다 질 좋은 상품을 적정한 가격에 제공하려고 애쓴다.

레몬마켓과 같이 질 나쁜 상품만 거래되는 시장은 결국 소비자의 신뢰를 잃어 실패로 이어지기 때문에 피치마켓으로 진화하기 위한 노력이 불가피하다. 이를테면 중고차시장의 판매자는 '구입 후 3개월간 보증해주겠다'는 조건을 내걸어 구매자에게 신뢰를 얻으려고 한다. 이와 같이 갖고 있는 정보를 알리는 행위를 '신호발송signaling'이라고 한다. 반면 중고차시장의 구매자는 상대방의 감춰진 정보를 캐내기 위해 '자동차 가격의 5퍼센트를 더 지불할 테니 1년 동안 보증해줄 수 있는가?'와 같은 거래조건을 제시한다. 품질에 자신 있는 판매자라면 이 거래에 기꺼이 응할것이고 그렇지 않으면 거부할 것이다. 이와 같이 상대방의 감춰진 정보에 접근해가는 행위를 '선별screening'이라고 한다.

보험 시장에서도 가입자의 숨겨진 정보를 캐내기 위해 건강검진 내역을 요구하거나 자동차 사고 이력을 조회하는 등의 노력을 한다. 보험사는 선별 작업을 거쳐 얻은 정보로 개인마다 차별화된 금액을 제시할 수있게 된다. 시장의 효율성도 높아진다.

'어떤 물건을 살까'에서
'어디서 살까'로

다시 쫑이 엄마 아빠의 이야기로 돌아가자. 사기당할 확률이 높다는 쫑이 엄마는 온라인 중고마을을 '레몬마켓'으로 보고 있고, 괜찮은 제품을 오히려 저렴한 가격에 살 수 있다는 쫑이 아빠는 '피치마켓'에 가깝게 보고 있다. 쫑이 엄마 말대로 온라인 중고시장에서 파는 제습기는 구매자 입장에서 제품의 정보를 꼼꼼하게 확인하기 어렵다. 파손된 부분이 있거나 제대로 작동하지 않을 수 있다. 가격이 싸다고 구입했다가 몇 번 써보지도 못하고 돈만 버릴 가능성도 있다. 그러나 쫑이 아빠 말대로 오히려 질 좋은 제품을 저렴하게 구입할 수도 있다. 직접 만나서 물건을 확인한다든지, 판매자의 판매 이력을 살펴보는 등 정보를 캐내는 '선별' 작업을 거쳐 좋은 물건을 가려낼 수 있다.

또 대부분의 온라인 중고시장은 개인 간의 거래에서도 에스크로escrow 서비스(구매자가 물건값을 은행 등 공신력 있는 제3자에게 보관했다가 배송이 정상적으로 완료되면 은행에서 판매자 계좌로 입금하는 결제대금 예치 서비스)를 활용할 수 있도록 해 사기당할 위험을 덜어주고 있다.

이제 '어떤 물건을 살까'보다 '어디서 살까'에 대한 고민이 더 많아졌다. 높은 스마트폰 보급률과 SNS 활동 인구의 증가는 온라인 시장의 다양성과 편의성을 높였다. 최근 급부상한 '세포마켓'도 이런 환경을 반영한다. 세포마켓은 블로그, 인스타그램, 유튜브와 같은 온라인 플랫폼을 통해 열리는 '1인 마켓'이다. 유통시장이 세포 단위로 분할한 모습을 비유한 것이다. 인기 유튜버 크리에이터나 인플루언서(온라인에서 영향력 있는 개인)들이 운영하는 경우가 많다.

수많은 온·오프라인 시장 중 어디에서 살지 결정하게 만드는 요인은 역시 '정보'다. 여기에서 정보는 제품의 성능, 품질은 물론이고 서비스, 가격까지 포함한다. 정보가 무한 생성되기 때문에 좋은 정보를 선별하는 일은 즐거움을 넘어 때론 고통을 주고 있다. 눈으로 직접 확인할 수 있는 오프라인 시장이나 대기업이 운영하는 온라인 쇼핑몰을 선호하는 사람은 투명하고 검증된 정보에 가치를 둔다. 정보의 선별을 본인이 믿고 따르는 사람에게 맡기고 싶은 소비자는 세포마켓에 매력을 느낀다. 스스로 정보를 검증하는 것을 즐기는 사람은 중고시장부터 해외 직구시장까지 비교하며 최종 선택을 한다. 선택에는 옳고 그름이 없다. 다만 선택에 따라 크고 작은 위험risk이 따를 수 있음을 기억해야 한다.

학부모 모임에서 소외당하는 직장맘

시장

웅이 엄마: 여보, 나 속상해. 웅이 학교 엄마들이 나만 쏙 빼고 자기
들끼리만 어울리는 것 같아 소외감 느껴져.

웅이 아빠: 자기가 회사 다니느라 엄마들이랑 자주 못 만나서 그렇
지. 저녁식사 초대도 하고 더 노력해봐~

웅이 엄마: 밥 산다고 모이자고 해도 다들 시큰둥이야. 깨톡방도 나
빼고 새로 만든 것 같더라고.

웅이 아빠: 회사 다닌다고 깨톡까지 못하는 건 아닌데……. 사람들
이 너무하네.

직장맘을 소외시키는 학교 모임 엄마들은 나쁜 사람들일까?

수요와 공급이
만나는 지점

'시장' 하면 무엇이 떠오르는가. 명물 호떡부터 옷, 문구, 주방용품까지 없는 거 빼고 다 있는 서울의 남대문시장, 오징어와 홍게 등 수산물이 신선하지만 닭강정으로 더 유명한 속초의 중앙시장 같은 전통시장이 먼저 떠오를 수 있다. 전통시장보다 자주 찾게 되는 대형마트도 시장이라는 영어 단어 마트mart가 붙어 있다. 그러고 보니 증권시장, 외환시장, 노동시장, 소셜마켓 등 주변에 '시장'이 붙어 있는 단어가 많다.

장소도 사고파는 물건도 다른데 모두 시장이라고 부르는 공통점은 무엇일까. 경제학에서 '시장market'은 수요와 공급이 만나는 곳을 의미한다. 한정된 곳이든 광범위한 곳이든 온라인이든 오프라인이든 장소와 상관없이 거래를 위한 목적물이 있고, 그것을 사려는 사람(수요자)과 팔려는 사람(공급자)이 존재하면 시장이 형성됐다고 한다.

중국 상하이의 한 공원에서는 주말마다 이색적인 광경이 펼쳐진다. 매년 약 100만 명 이상의 부모들이 주말에 상하이 인민공원으로 몰려와 자녀의 학력, 직업, 연봉, 성격 등의 정보를 적은 종이를 벽에 붙이거나 우산을 펼쳐 걸어놓는다. 남녀 짝을 지어주는 중매시장이다. 이 시장의 거래 목적물은 결혼 적령기인 남녀에 관한 정보이고, 그들의 부모가 정보의 공급자다. 이 시장의 수요자는 배우자를 찾고 있는 남녀다.

중매시장이 모두 이런 형태는 아니다. 1980년대 후반 우리나라에 결혼 정보회사가 처음 생겼다. 결혼 적령기의 남녀가 자신의 인적사항을 포함 해 원하는 이상형의 정보를 결혼정보회사에 제공하면 회사는 이 자료를 바탕으로 서로가 원하는 배우자감을 찾아 만남을 주선해준다. 결혼하고 싶지만 마음에 맞는 사람을 찾지 못해 고민하던 남녀에게 이 시스템은 신선한 충격이었다. 물론 수수료를 지불해야 하지만 원하는 조건의 짝을 찾기 위해 그동안 해온 수많은 노력에 비하면 그 정도 비용은 아깝지 않 다는 사람들이 제법 많았다. 거래 목적물인 원하는 조건의 사람과의 만 남에 대한 수요자가 증가하면서 공급자인 결혼정보회사도 점점 늘었다. 10년도 안 돼 이들 회사의 매출은 2배 이상 증가하며 급성장했다. 그러 나 지금은 주춤한 상태다. 수수료 없이도 데이트 상대를 찾아주는 애플 리케이션 등이 많이 생겼기 때문이다. 이처럼 같은 목적을 위해 만들어 진 시장이라도 형태와 방법 그리고 장소는 다양하다.

시장에서 소외당하는 진짜 이유

학부모 모임 이야기로 돌아가자. 학생들의 등교 가 막 끝난 시간에 학교 주변을 지나다 보면 카페에 삼삼오오 모여 앉아 서 이야기하는 엄마들의 모습을 쉽게 볼 수 있다. 아이들이 학교로 가고 또래의 자식을 둔 엄마들이 모여 차를 마시며 가벼운 수다로 여유 시간을 즐기고 있다고 생각할 수 있다.

그러나 겉보기와는 달리 이 모임은 중요한 역할을 하고 있다. 바로 정보시장이다. 카페에 모인 엄마들의 대화 주제는 주로 아이들이다. "우리 애가 그러는데……" "어제 학교에서 말이지……"로 시작하는 학교생활 이야기, "우리 애가 다니는 영어학원은……" "애가 미술을 배우고 싶다고 해서 좀 알아봤는데……" 등 학원에 관한 이야기, "어디 괜찮은 수학과외 선생님 없을까?" 등 조언을 구하는 이야기까지 모든 대화 주제는 아이들로 통한다. 단순한 수다 모임 같지만 거래 목적물과 수요자와 공급자가 존재하는 일종의 시장이다. 여기에서 아이들 관련 정보가 거래 목적물이다. 그리고 그 자리에 있는 엄마들이 정보의 공급자이자 수요자다.

이 시장에서 거래 목적물인 정보는 돈으로 사고팔 수 없다. 정보는 다른 정보로만 거래할 수 있다. 보이지 않는 규칙이다. 만약 본인이 알고 있는 교육 정보에 대해서는 입을 꾹 다물고 다른 엄마들의 정보를 듣고만 가는 사람이 있다면 분명 얼마 안 있어 이 모임에서 소외당할 것이다. 정당한 시장 참가자가 아니라고 판단하기 때문이다. 웅이 엄마 같은 직장맘들이 소외당하는 이유이기도 하다. 모임에 속한 엄마들이 직장맘을 이 시장의 참가자로 받아들이기에는 아무래도 거래를 위한 정보가 너무 부족해 보인 것이다.

예를 들어 어떤 사람이 초등학생을 대상으로 하는 태권도 학원을 차렸다고 하자. 홍보를 위해서 사람이 많이 다니는 인근 전철역 앞에서 오픈

기념품을 나누어주려고 한다. 이 태권도 학원장이 기념품을 주고자 하는 대상은 초등학생 자녀를 두었을 법한 연령대의 사람일 것이다. 누가 봐도 풋풋한 스무 살로 보이는 청년한테까지 기념품을 주지는 않을 것이다. 물론 잠재적 고객이라고 생각해서 줄 수도 있지만 제법 가격이 나가는 기념품이고 수량이 많지 않다면 이 청년을 굳이 붙잡지 않는다. 원장이 이 청년에게 나쁜 감정이 있어서가 아니다. 단지 이 청년이 태권도 학원 시장의 수요자가 될 확률이 낮다고 판단하기 때문이다. 엄마들 모임에서 소외당해 서운한 직장맘들도 시장의 개념으로 사건을 돌아보면 응어리진 마음이 조금 풀리지 않을까.

화장실 문을 잠그는 가게

비용

진오: 갑자기 화장실이 너무 가고 싶어서 급한 대로 음식점이 있는 건물이 들어갔더니 화장실이 전부 잠겨 있더라고. 결국 한 음식점에 들어가서 화장실 좀 쓰고 싶다고 했는데 거절당했어. 근처 역으로 가라고 하더라고. 정말 너무하더군.

민수: 나도 그런 적 있었어. 가게에서 외부인들 못 쓰게 화장실 문 잠그는 거 좀 너무한 것 같아. 자기네 가게를 이용하지 않는다고 화장실 가고 싶은 생리적 욕구를 모르는 척하는 건 너무 비인간적이야.

손님 외에 화장실을 못 쓰게 문을 잠그는 가게 주인은 정말로 비인간적일까.

고정비용 증가와
이윤의 감소 사이

분식집에서 4천 원 주고 라면을 사 먹을 때 '집에서 끓여 먹으면 700원인데……' 하며 원가를 떠올린 적이 있을 것이다. 그러나 전국 분식집을 다 뒤져도 700원에 라면을 파는 가게는 찾기 어렵다. 분식집 주인이 손해를 보기 때문이다. 분식집 주인이 라면 한 그릇을 끓여 손님 테이블에 내려놓기까지는 많은 비용이 들어간다. 먼저 라면을 끓일 주방과 손님이 먹고 갈 수 있는 공간이 있어야 한다. 테이블과 의자, 냄비와 그릇 같은 집기도 필요하다. 가스와 전기도 사용해야 하고 라면을 끓일 물도 있어야 한다. 분식집 주인이 자선사업가가 아니고서야 라면을 도저히 700원에 팔 수는 없는 노릇이다.

경제학자들은 기업의 목표가 '이윤 극대화'에 있다고 가정한다. 최근에는 기업의 사회적 책임을 강조하는 분위기지만 그래도 기업에게 이윤은 모든 결정을 내리는 데 중요한 부분을 차지한다.

기업의 '이윤'이란 총수입에서 총비용을 빼고 남은 부분을 말한다. 분식집의 경우 음식을 팔아서 벌어들인 금액이 총수입이다. 여기서 가게 임대료, 전기료, 수도료, 재료비, 인건비 등 모든 비용을 빼고 남은 금액이 분식집의 이윤이다.

총비용은 고정비용과 가변비용으로 구분한다. 고정비용은 아무것도 만들어 팔지 않아도 계속 지출되는 비용이다. 예를 들어 임대료, 기본 전기료와 수도료, 인건비 등이다. 반면 한 그릇을 더 만들어 팔 때마다 늘어나는 비용을 가변비용이라 한다. 라면을 파는 분식집의 경우 봉지라면, 물, 파, 달걀, 그리고 라면을 끓일 때마다 사용한 가스 등이 여기에 포함된다.

가게에서 화장실을 유지하는 데도 제법 비용이 들어간다. 수시로 채워넣어야 하는 비누와 화장지부터 화장실을 깨끗하게 유지하기 위해 필요한 청소세제, 여기에 수도료, 전기료와 청소인력의 인건비까지 모두 비용이다. 화장실 유지비는 음식 한 그릇을 만들어 팔 때마다 정확히 비례해서 증가하지는 않지만 가게에 손님이 늘어날수록 화장실 이용자도 많아지고 유지비도 늘어나니까 아무래도 고정비용보다는 가변비용 성격이 강하다. 그러나 손님이 아닌 외부인까지 화장실을 자유롭게 사용할 수 있도록 하는 경우는 좀 다르다. 손님이 없어 장사를 공친 날에도 외부인들의 화장실 이용은 크게 달라지지 않을 것이기에 이때의 화장실 유지비용은 고정비용의 성격으로 바뀐다.

외부인의 화장실 사용을 막는 가게의 이야기로 돌아가자. 매일 한두 명의 외부인이 화장실을 사용한다면 비용상의 큰 변화가 일어나지 않는다. 그런데 관광지나 번화가 같이 사람이 붐비는 장소에 있는 가게라면 상황은 달라진다. 이런 곳에 있는 가게가 외부인에게 화장실을 개방하면 화장실 유지비용은 눈에 띄게 증가한다. 화장실 개방 전보다 가게의 고정비용을 증가시키고, 그만큼 가게의 이윤은 감소한다. 이때의 이윤 감소는 주인의 아량으로 넘기기에 벅찰 수도 있다.

이때 가게 주인은 세 가지 중 하나를 선택할 수 있다. 첫째, 이윤이 감소하더라도 화장실을 개방해 사람들의 생리적 욕구를 모르는 척하지 않는 인간적인 가게 주인이 된다. 이는 외부인 사용으로 증가한 화장실 유지비용을 전적으로 가게 주인이 부담하는 것을 뜻한다. 둘째, 판매가를 올려 늘어난 화장실 유지비용을 충당한다. 외부인의 화장실 이용료를 가게 손님에게 부담시키는 것이다. 하지만 만약 판매가가 올라 판매량이 준다면 이는 다시 외부인의 화장실 이용료를 가게 주인이 부담하는 꼴이다. 셋째, 외부인이 화장실을 사용할 수 없게 문을 잠근다.

대부분의 가게 주인들은 이윤 감소보다 화장실 문을 걸어 잠그는 쪽을 택하고 있다. 이런 문제를 해결하고자 서울시는 지난 2004년 화장실을 개방하는 업주에게 5만~10만 원 상당의 위생용품을 지원해주겠다는 대책을 냈다. 이에 많은 업주가 공익에 이바지하는 뜻으로 화장실을 개방했다. 그러나 몇 년 지나지 않아 가게들은 다시 화장실 문을 걸어 잠갔다. 화장실을 함부로 이용하는 사람들 때문에 시의 지원만으로는 늘어난 유지비용을 감당할 수 없었기 때문이다.

플랫폼 노동시장 성장의 득과 실

고정비용 증가에 대한 가게 주인의 부담이 화장실 문을 잠그는 것으로만 나타나지는 않는다. 노동시장에서 이 문제는 항상 뜨거운 논쟁거리다. 인건비는 고정비용의 큰 부분을 차지하기 때문이다. 배달 주문이 매출의 반 이상을 차지하는 치킨집의 예를 들어보자. 축구 국가대항전이 있을 때 치킨 배달 주문이 는다는 사실을 알게 된 한 치킨집 사장은 월드컵을 앞두고 배달 직원을 추가로 고용했다. 이 덕분에 다른 치킨집보다 월드컵 시즌에 더 많은 이윤을 남겼다.

월드컵이 끝나자 주문량은 예전으로 돌아갔다. 하지만 추가로 고용한 배달 직원을 해고하기는 제도적으로 쉽지 않다. 추가 고용한 배달 직원의 인건비는 고스란히 고정비용 증가로 남았다. 치킨집 주인은 배달 직원의 인건비도 치킨을 한 마리 팔 때마다 늘어나는 가변비용이었으면 좋겠다고 생각한다.

그래서 생겨난 게 프리랜서 배달 기사다. 프리랜서 배달 기사의 인건비는 치킨을 한 마리 팔 때마다 정확히 비례해서 증가한다. 배달 건수로 인건비를 책정하기 때문이다. 음식 배달 앱 같은 플랫폼이 치킨집 사장과 프리랜서 배달 기사를 연결해준다. 그래서 이들을 '플랫폼 노동자platform workers' 또는 '긱 노동자gig workers'* 라고 한다.

플랫폼으로 거래되는 노동력은 운전, 배달 등 단순 업무를 넘어 디자인, 마케팅, 컴퓨터 프로그래밍, 번역, 문서작성, 교육 등 숙련된 기술로

---

* 새로운 노동 트렌드인 '긱 이코노미Gig Economy'에서 나온 말. 긱 이코노미는 기업들이 필요에 따라 단기 계약직이나 임시직으로 인력을 충원하고 그 대가를 지불하는 형태의 경제를 의미한다. '긱gig'이란 단어는 '일시적인 일'이라는 뜻으로 1920년대 미국 재즈클럽 주변에서 단기 계약으로 연주자를 섭외해 공연한 데서 유래했다. 과거에는 각종 프리랜서와 1인 자영업자 등을 포괄하는 의미로 사용됐지만, 최근에는 온라인 플랫폼 업체와 단기 계약 형태로 서비스를 제공하는 공급자를 의미하는 용어로 변화했다.

진화하고 있다. 플랫폼 노동시장의 활성화는 정규직으로 고용되기 어려운 집단에 고용 기회를 주고 노동자와 기업에 자율성과 전문성, 고용의 유연성을 준다는 측면에서 긍정적이다. 반면 임시직 일자리 증가로 고용의 질을 떨어뜨리고 소득 안정성을 저해할 수 있다는 부정적인 면도 존재한다.

이제 화장실 문제로 돌아오자. 유럽 여행을 처음 간 사람들이 놀라는 것 중 하나가 개방화장실을 돈 주고 이용하는 것이다. 금액이 정해져 있는 경우도 있고 그렇지 않은 경우도 있다. 한 번 이용하는 데 한화로 약 1천300원 정도다. 유럽은 화장실 유지비용을 이용자에게 부담시키는 방법을 택한 것이다. 화장실을 돈 내고 사용하는 것에 대한 거부감이 들면서도 유지비용 문제로 문을 걸어 잠그는 것보다 이용자에게 부담시키는 편이 합리적이라는 생각이 든다.

유럽 여행에서 유료 화장실만큼 익숙하지 않은 게 또 있다. 음식점에서 물을 돈 주고 사 마시는 거다. 우리나라 식당에서는 원하는 만큼 공짜로 물을 마실 수 있기 때문에 왠지 사기당하는 기분이다. 그런데 최근 우리나라에서도 이런 경험을 한 적이 있다. 서울 종로의 한 음식점에서 물을 찾으니 "물은 판매하고 있습니다"라는 답이 돌아온 것이다. 유럽 생활을 몇 년 한 나에게도 당황스러운 순간이었다.

생각해보면 먹는 물을 제공하는 것도 화장실 유지와 같이 비용이 제법 들어간다. 그 비용이 부담스러워 정수기 관리를 제대로 하지 않거나 수

돗물을 받아서 주는 게 아닌가 하는 의심을 품으며 물을 마시느니 질 좋은 생수를 돈 주고 마시는 편이 안심은 된다. 하나둘씩 늘어나는 음식점의 유료 생수를 보니 유료 화장실이 등장할 날도 머지않은 것 같다.

해외 직구족

소비자 잉여, 생산자 잉여

경이 엄마: 우리 딸은 웬만한 건 해외 직구로 사더라고. 그렇게 사야
싸다나?

준이 엄마: 우리 아들도 그래. 비타민부터 시작해서 TV까지 필요한
건 다 해외 직구해.

경이 엄마: 그러게 말이야. 젊은 애들이 물건을 해외 직구로 다 사면
우리나라 기업들은 어떻게 돈 벌어. 다 망하게 생겼어.

해외 직구를 즐기는 경이와 준이는 정말로 우리나라 경제를 어렵게 만
들고 있는 걸까?

해외 직구와
소비자 잉여

국경 없는 쇼핑의 시대가 되었다. 불과 10년 전만 해도 해외에 나가면 이것저것 사오기 바빴다. 심지어 주변인에게 부탁받은 물건까지 사서 나르느라 두 손이 부족했다. 주로 그 나라에만 파는 제품이거나 한국보다 싸게 파는 것들이다.

그러나 이제는 컴퓨터 마우스 클릭 몇 번이면 중국에서 파는 로봇 청소기를 쉽게 구입할 수 있는 시대가 됐다. 심지어 지하철 안에서 스마트폰으로 터치 몇 번만 하면 이태리 명품 브랜드의 셔츠를 일주일 안에 내 옷장 안에 걸어둘 수 있다. 그 나라의 세일 기간과 겹치면 배송비와 관세를 더해도 우리나라에서 구매하는 것보다 훨씬 싸다.

해외 직구를 즐기는 사람들이 많아진 이유를 '소비자 잉여' 이론으로 풀어보자. 소비자 잉여는 경제 후생을 측정하는 중요한 지표다. 소비자 잉여를 이해하기 위해서는 수요와 공급의 기본 개념에서부터 출발해야 한다. '수요'란 구매자가 가격에 따라 물건을 얼마나 구매하려고 하는지에 관한 의지와 능력을 나타내고, '공급'은 판매자가 가격에 따라 물건을 얼마나 제공하고자 하는지에 관한 의지와 능력을 나타낸다.

일반적으로 구매자는 가격이 낮을수록 많이 사려고 한다. 따라서 수직축에 가격을, 수평축에 수량을 둔 그래프로 나타낼 때 수요곡선은 〔그림

1]처럼 가격에 반비례해 우하향하는 모습을 보인다. 반면 공급자는 가격이 높을수록 더 많이 팔려고 한다. 따라서 공급곡선은 가격에 비례해서 우상향하는 모습을 보인다. 두 곡선이 교차하는 점(ⓐ)에서의 가격을 균형가격, 수량을 균

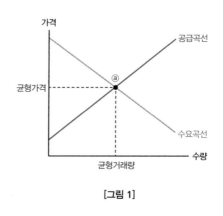

[그림 1]

형거래량이라고 한다. 균형가격에서는 구매자가 사고자 하는 욕구가 판매자가 제공하고자 하는 욕구와 일치한다. 일반적으로 균형가격은 시장가격이 된다.

경이가 즐겨 사는 '미국 B브랜드 립스틱' 시장의 예를 들어보자. 미국 B브랜드 립스틱의 국내 수요와 국내 공급을 나타내는 곡선은 [그림 2]와 같고, 이 립스틱은 균형가격인 ⓒ로 시장에서 거래되고 있다. 그런데 이 립스틱을 위해서 [그림 2]의 별(★)만큼의 가격을 지불할 용의가 있는 사람이 있다. 그

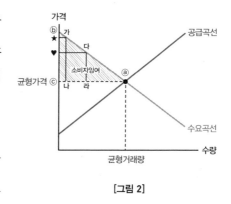

[그림 2]

럼에도 이 사람은 ⓒ의 가격으로 립스틱을 살 수 있으므로 별(★)에서 ⓒ
를 뺀 만큼, 즉 선분 '가'와 '나'의 길이만큼 이득을 본 셈이다. 또 다른 사
람은 이 립스틱을 위해서 하트(♥)만큼 지불할 용의가 있다. 이 사람도 하
트(♥)에서 ⓒ를 뺀 만큼 즉 선분 '다'와 '라'의 길이만큼 이득을 보았다.
이와 같이 구매자가 지불할 용의가 있는 금액에서 실제 구매한 금액을
뺀 값을 모두 더한 것이 '소비자 잉여'다.

[그림 2]에서 수요곡선을 따라 무수히 많은 '가'와 '나', '다'와 '라' 같
은 선분을 모두 더하면 '삼각형 ⓐⓑⓒ'의 면적이 된다. [많은 '수포자(수
학 포기자)'를 낳고 있는 적분의 개념이다. 경제학에서는 이론을 증명할 때 미분과 적
분, 지수와 로그, 수열, 확률과 통계와 같은 수학 개념을 사용한다.] 따라서 '미국 B
브랜드 립스틱' 시장의 '소비자 잉여'는 '삼각형 ⓐⓑⓒ'의 빗금 친 면적
이다.

그동안 국내 수입사를 통해서만 '미국 B브랜드 립스틱'을 구입해왔는
데, 이제 온라인 해외 직구가
자유로워져 더 다양한 루트
로 살 수 있게 됐다고 하자. 이
것은 같은 가격에서 립스틱의
공급량이 전보다 증가했음을
의미한다. 따라서 공급곡선은
[그림 3]에서와 같이 오른쪽으
로 이동한다. 이제 시장가격

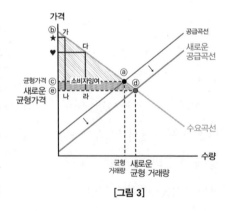

[그림 3]

은 수요곡선과 새로운 공급곡선이 만나는 점(ⓓ)에서의 새로운 균형가격인 ⓔ로 내려간다. 해외 직구가 가능해지게 되니 상품을 더 싼 가격에 살 수 있게 됐다.

그렇다면 해외 직구 전과 후의 소비자 잉여는 어떻게 변했을까? 별(★)만큼의 가격을 지불할 용의가 있는 사람은 이제 ⓔ의 가격으로 립스틱을 살 수 있으므로 별(★)에서 ⓔ를 뺀 만큼 이득을 보게 된다. 해외 직구 전보다 ⓒ에서 ⓔ를 뺀 만큼의 추가 이득이 발생한 셈이다. 따라서 해외 직구 후의 소비자 잉여는 '삼각형 ⓓⓑⓔ'의 면적으로 종전보다 '사각형 ⓐⓒⓔⓓ'의 면적만큼 증가했다. 이처럼 해외 직구로 소비자 잉여가 증가했다는 것은 전보다 소비자들의 생활이 윤택해졌음을 뜻한다. 해외 직구족이 점점 늘 수밖에 없는 이유다.

해외 직구와 생산자 잉여

그렇다면 생산자, 즉 국내 기업은 어떨까? 경이와 준이 엄마의 걱정처럼 해외 직구족 때문에 우리 기업들은 어려워지고 있을까? '국내 브랜드 화장품 시장'을 예를 들어보자. 국내 화장품 시장의 수요와 공급을 나타내는 곡선은 〔그림 4〕와 같고, 화장품은 균형가격인 ⓒ로 시장에서 거래되고 있다. 생산자는 〔그림 4〕의 동그라미(●)만큼의 가격을 받고 화장품을 제공할 용의가 있음에도 ⓒ의 가격으로 팔 수

있어 ⓒ에서 동그라미(●)를
뺀 만큼, 즉 선분 '가'와 '나'의
길이만큼 이득을 본다. 또 네
모(■)의 가격을 받고 팔 용의
가 있음에도 ⓒ의 가격을 받
을 수 있어 ⓒ에서 네모(■)를
뺀 선분 '다'와 '라'의 길이만
큼 이득이 발생한다.

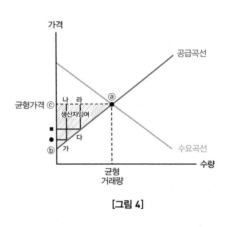

[그림 4]

이와 같이 상품 공급자가 실제 받은 금액에서 공급할 용의가 있는 금
액을 뺀 값들을 모두 더한 것이 '생산자 잉여'다. 소비자 잉여의 경우처
럼 〔그림 4〕에서 공급곡선을 따라 무수히 많은 '가'와 '나', '다'와 '라' 같
은 선분을 모두 더하면 '삼각형 ⓐⓑⓒ'의 면적이 된다. 따라서 '국내 화
장품' 시장의 '생산자 잉여'는 '삼각형 ⓐⓑⓒ'의 빗금 친 면적이다.

해외 직구 덕에 중국이나 일본에서 국내 브랜드의 화장품을 구매하는
사람이 많아졌다고 하자. 이것은 같은 가격에서의 수요량이 전보다 증가
했음을 의미한다. 따라서 수요곡선은 〔그림 5〕에서와 같이 오른쪽으로 이
동한다. 이제 시장가격은 공급곡선과 새로운 수요곡선이 만나는 점(ⓓ)
에서의 균형가격인 ⓔ로 올라간다. 해외 직구 전에 중국이나 일본 소비
자들은 우리나라 브랜드의 화장품을 ⓔ보다 높은 가격에 샀거나 사고 싶
어도 살 수 없었다. 화장품 가격이 올랐지만 이런 해외 구매자들 덕에 오
히려 수요량은 더 증가했다.

그렇다면 해외 직구 후의 생산자 잉여도 소비자 잉여처럼 증가했을까? 동그라미(●) 만큼의 가격을 받고 화장품을 제공할 용의가 있음에도 ⓔ의 가격으로 팔 수 있으므로 공급자는 ⓔ에서 동그라미(●)를 뺀 만큼의 이득을 보게 된다.

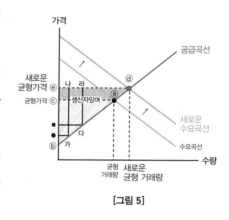

[그림 5]

종전보다 ⓔ에서 ⓒ를 뺀 만큼의 추가 이득이 발생한 셈이다. 따라서 해외 직구가 가능하게 된 후의 생산자 잉여는 '삼각형 ⓓⓑⓔ'의 면적으로 종전보다 '사각형 ⓐⓒⓔⓓ'의 면적만큼 증가했다. 해외 직구 활성화는 소비자들뿐 아니라 생산자들의 후생도 좋게 만들었다.

해외 직구 활성화의
득과 실

　　　　　　　　해외 직구로 소비자 잉여와 생산자 잉여가 증가했다는 사실은 경이와 준이 같은 해외 직구족이 우리나라 기업을 어렵게 만들고 있지 않다는 걸 보여준다. 그러나 해외 직구 활성화가 우리나라 경제 전체에 득인지 실인지는 조금 더 따져봐야 할 문제다.
　위의 예시와 같이 해외 직구 활성화로 해외 구매자가 늘어 이득을 보고 있는 국내 기업이 있을 것이다. 반면 해외 경쟁력이 약한 기업은 해외 직구 덕에 구매자가 늘기는커녕 오히려 국내 소비자들이 감소해 손실을 보고 있을지 모른다. 또 일부 수입 유통업체도 해외 직구 사이트를 통해 직접 물건을 구입하는 소비자 증가로 수익이 줄어드는 타격을 받았을 것이다. 반면 해외 직구 대행업체와 해외 직구 관련 콘텐츠 업체처럼 새롭게 이익을 보는 집단도 생겼을 것이다.

소비자들도 마찬가지다. 경이와 준이처럼 해외 직구로 전보다 더 저렴하게 물건을 구입할 수 있어 소비자 잉여가 증가한 경우도 있지만, 국내 상품을 즐겨 쓰던 소비자는 해외 수요 증가로 늘 사던 상품의 가격이 올라 오히려 소비자 잉여가 감소했을 수도 있다. 따라서 해외 직구가 그 나라 경제에 유리하게 작용할지는 각 나라의 산업구조를 따져보아야 한다.

한 가지 분명한 건 경제적 유인에 반응하는 소비자의 심리를 막기 어렵다는 사실이다. 상품의 다양성과 가격 경쟁력까지 갖춘 해외 직구 시장에서 눈빛을 반짝이는 소비자들에게 애국심을 거론하며 국산 브랜드를 사도록 유도하기란 쉽지 않다. 이보다는 우리나라 기업들이 변화하는 환경에 발 빠르게 적응하고 경쟁력 있는 제품을 개발해 국경 없는 시장에서도 굳세게 살아 남아주기를 기대하는 게 바람직하지 않을까.

제8강

100세 시대의 사고

강학중

39년 차 남편이자 아버지, 장인, 시아버지 그리고 두 손녀의 할아버지. 핀란드 헬싱키경제대학교 경영대학원과 가톨릭상담심리대학원에서 경영학, 심리학을 공부했으며 경희대학교 대학원에서 가족학으로 박사학위를 받았다. ㈜대교출판과 ㈜대교 대표이사, 한국사이버대학교 부총장을 역임했으며 지금은 서울가정법원 조정위원과 가정경영연구소 소장으로 있다. 20년간 '가족'과 '부부'를 주제로 한 다양한 방송 프로그램과 1천 회가 넘는 특강에 출연하며 가족문제 예방에 힘쓰고 있다. 저서로는 《강학중 박사의 가족 수업》《강학중 박사의 남편 수업》《새로운 가족학(공저)》 등이 있다.

진정한 행복이란

막냇자식의 결혼도 못 보고 아버지들이 세상을 먼저 떠나던 시절이 있었다. 1970년 남성들의 평균 수명은 58.6세밖에 되지 않았다. 그런데 1970년 63세였던 한국인의 평균 수명이 2010년 80.6세로 뛰었다. 통계청 자료에 따르면 2080년에는 한국인의 기대 수명이 90.3세가 된다니 놀랍기만 하다. 인생 최대의 목표가 장수이던 시대도 있었다. 요즘은 다들 삶의 목표가 행복이라고 얘기한다. 그러나 모두 '행복 앞으로'를 외치는 요즈음, 정말 행복한 사람을 찾아보기는 어렵다.

오늘, 당신은 행복한가요?

100세 시대의 진정한 행복이란 무엇일까? 돈이나 성공, 권력이 곧 행복이었던 때가 있었다. 가장이 돈을 많이 벌면 그것이 가족의 행복이었고, 자식의 성공이 부모의 성공이었으며 누군가가 높은 자리에 오르면 그것이 가문의 영광이던 시절이 있었다. 이제 돈이나 성공, 권력 등이 행복을 보장해주지 않음을 우리는 잘 알고 있다. 미래에는 더더욱 그럴 것이다.

부자가 가난한 사람보다 조금은 더 행복하겠지만, 부가 곧 행복을 가져다주지는 않는다. 행복경제학자들은 어느 임계점 이상을 넘어서면 그 이상을 가진다 해도 더 행복해지는 게 아니라는 사실을 밝혀냈다. 소유는 욕망을 부채질하는 법이어서 가진 것이 많으면 많을수록 더 많은 것을 원한다. 복권에 당첨된 사람들이 5년만 지나면 복권에 당첨되기 전의 행복 수준으로 다시 돌아간다는 연구 결과 역시 소유가 행복을 가져다주는 것이 아님을 증명하고 있다.

남이 소유한 것은 나도 반드시 가져야겠다며 욕망에서 욕망으로 이어지는 욕망의 사다리를 오르다 보면 정작 중요한 것을 놓친다. 과거에는 살기 위해 일을 했지만 요즘은 일이 곧 삶이요, 자신의 정체성이자 지위가 되어버렸다. 일도 행복에 기여하는 바가 크다. 그러나 일 자체가 목적이 되어버린 삶은 행복과 거리가 멀다. 성공만 하면 행복해질 거라 믿고 성공이라는 역으로 질주했는데, 성공역에 도착하고 나서야 그곳에 행복이 없음을 깨닫는다. 행복은 종착역에 있는 것이 아니라 성공으로 가는 여정 속에 숨어 있음을 간과한 것이다. 무늬만 행복인, 헛된 행복을 좇으며 행복을 액세서리처럼 두르고 행복을 연기하다가 진정한 행복을 놓쳐버린 것이다.

첨단 과학기술이 가져다준 신기하고 놀라운 세상은 어떤가? 상상 속에서나 가능했던 거의 모든 것을 우리는 현실 속에서 누리고 있지만, 속도에 중독된 번잡한 삶을 살고 있을 뿐 더 행복해졌다고 말하기는 어렵다. 헬스장의 러닝머신 위를 뛰면서 눈으로는 운동경기를 보고 헤드폰으로 음악을 듣는 사람들. 달리는 기차에서도 바깥 풍경을 즐기는 대신 노트북을 켜고 일하는 사람들. 스마트폰으로 자신의 일상을 일일이 생중계하는 사람들. 몇 가지를 동시에 수행하는 멀티태스킹의 세상에서 우리는 새로운 행복을 찾았을까?

유감스럽게도 별로 그런 것 같지 않다. 지나치게 번잡한 삶은 오히려 행복을 가로막는 걸림돌이 된다. 맛있는 음식을 앞에 두고도 얼른 사진을 찍어 SNS에 올려야 한다는 강박에 시달린다. 모든 것을 누리고 전 세계의 모든 이와 소통한다고 착각하며 살지만 실은 그 무엇도 오롯이 즐기지 못하고 누구에게도 속내를 털어놓지 못하는 공허한 일상을 살고 있는 것이다.

있는 그대로,
매사에 감사하는 지혜

자신을 온전히 만날 수 있는 나만의 시간이 없다. 바쁨과 떠들썩함에 매몰되어 내면의 목소리를 듣지 못한다. 잠시의 틈도 놓치지 않고 온갖 광고가 우리의 눈과 귀를 파고든다. 심지어 용변

을 보는 동안의 여유조차 허락하지 않겠다는 듯 화장실에서도 광고 화면
이 돌아간다. 번잡함에 익숙해진 우리는 길을 걸으면서도, 식사를 하면
서도 스마트폰을 들여다보느라 넋이 빠져 있다.

내 인생의 가장 좋은 친구는 나 자신이다. 그런 나 자신과 온전히 마주
하려면 일상을 조금 단순화할 필요가 있다. 고요함을 즐기고 단순함을
추구하면서 약간의 결핍과 불편은 즐길 줄 아는 태도가 필요하다.

삶 속에서 맛보는 기쁨 또한 행복의 중요한 요소다. 긴 겨울을 이기고
돋아나는 여린 새싹에서 감동을 느끼고, 가뭄 끝에 내리는 단비에서 축
복을 느끼며 오랜 불임 끝에 찾아온 아기를 안고 환희를 맛보듯 생명도,
승리도, 성공도 오랜 기다림 끝에 찾아올 때 우리 마음을 더 충만하게 한
다. 이별 뒤의 재회, 미움 끝의 용서, 불화 끝의 화해가 가져다주는 기쁨
이 우리의 삶을 더 큰 행복으로 이끈다.

그러므로 현재의 불만족과 결핍을 있는 그대로 받아들일 줄 아는 수용
의 자세가 필요하다. 어차피 내 마음대로 되지 않을 세상이라면 돌아가
는 세상을 있는 그대로 받아들이는 것도 지혜다. 그 안에서 작은 즐거움
을 찾는 것이 행복으로 가는 길이다. 미래에 대한 불안으로 현재의 기쁨
을 놓치는 어리석음, 젊음에 대한 집착으로 내 나이가 주는 아름다움을
망치는 어리석음, 경쟁에 대한 압박감으로 배움의 즐거움을 포기하는 어
리석음에서 벗어날 수 있다면 우리의 행복은 배가 된다.

아내는 가끔 불만을 털어놓는다. 내가 지나치게 낙관적이고 긍정적이

라고. 대책 없는 낙천주의에 아주 문제가 없는 것은 아니지만, 나는 가진 것에 만족하며 낙천적으로 사는 게 행복의 비결이라고 믿는다. 행복은 일종의 습관이자 태도다.

요즘처럼 세상이 어수선한 때에도 감사할 일을 찾아보자고 작정만 하면 모든 것이 기적임을 알 수 있다. 하늘을 날고 물 위를 걷는 것만이 기적이 아니다. 내가 아직 살아 있다는 것, 우리 가족이 모두 건강한 것, 어김없이 봄이 찾아와 꽃이 피고 새가 우는 것도 모두 감사해야 할 기적이다. 매사에 감사하고 가진 것에 만족하며 사는 사람들의 밝은 기운은 다른 사람에게도 전염되어 주변 사람까지 행복하게 한다.

행복한 삶에서 빼놓을 수 없는 것 중 하나는 원만한 인간관계다. 대상이 가족이든 친척이든 친구이든 이웃이든, 나와 함께할 수 있는 사람들이 행복의 원동력이 된다. 그 관계가 가족이나 친구에 머물지 않고 공동체로 발전해 적극적으로 나누고 봉사하는 삶이 된다면 진정한 행복의 가치를 구현하는 셈이다. 당장 불편하거나 궁핍하지 않고 고통 없는 삶이 행복의 기본 조건이긴 하지만, 나 혼자 잘 먹고 잘 사는 것만으로는 행복해지기 어렵다.

내 행복은
내가 가장 잘 안다

몇 년 전 히말라야의 불교 왕국 부탄을 여행했

는데, 그곳에는 '국민총행복위원회'가 있다는 말을 듣고 놀랐다. 2년마다 국민총행복조사를 실시해 국내총생산GDP이 아니라 국민총행복GHN을 챙기고 있다니, 과연 행복한 나라의 대명사 부탄다웠다.

그러나 히말라야 산중 부탄에서도 젊은이들은 빠른 속도로 변화하고 있었다. 자발적 고립주의를 채택한 부탄 식의 행복에 만족하지 못하고 젊은이들은 서구 문명을 갈망하고 있었다. 부탄과 같은 청정행복국가가 지구상에 하나쯤은 남아 있기를, 그리고 부탄 국민들이 진심으로 행복하기를 빌면서 저마다 자기만의 행복 방정식을 만들어가야 한다는 사실을 절감했다.

감사와 만족, 낙관주의와 원만한 인간관계, 기쁨, 몰입할 수 있는 어떤 것. 그 외에도 나만의 행복을 찾는 방법은 무수히 많다. 적당한 운동이나 춤, 명상, 음악 감상일 수도 있고, 조그만 친절 베풀기나 유머 나누기일 수도 있다. 적극적인 봉사활동이나 신앙생활도 좋다. 반려동물이나 식물 키우기, 자신에게 조그만 선물 주기도 권하고 싶다. 좋았던 일을 자주 떠올리거나 가까운 사람들에게 먼저 연락하는 것도 행복을 키우는 방법이다. 남과 비교하거나 경쟁하지 말고 나만의 창의적인 행복법을 창조해나가면 된다. 내 행복의 최고 전문가는 바로 나이기 때문이다.

모든 사람을 완벽히 행복하게 만드는 마법의 비결은 없다. 즐거운 삶, 만족스러운 삶, 의미 있는 삶이라면 행복한 인생 아닐까? 어떻게 보면 행복은 열심히 추구한다고 얻을 수 있는 것이 아닌지도 모른다. 행복을 잃고 난 뒤 과거를 회상하며 후회할 것이 아니라 현재에 만족하고 지금

이 순간 즐겁게 살면서 나만의 방법을 꾸준히 실천해나가다 보면 어느
날 문득 찾아오는 선물이 아닐까? 행복은.

핵심가치에 집중하는 삶

조로서도鳥路鼠道! 새와 쥐들이나 다닐 법한 좁은 길이다. 천 길 낭떠러지가 아찔한 협곡의 수직 암벽을 홈을 파듯 깎아 만든 길. 50여 필의 말을 끌고 십수 명의 마방들이 그 길을 걷고 있다. 위험하고도 혹독한 여정이다. 급경사 길에서 굴러떨어지는 돌에 놀라 말이 추락사하는 경우도 많다. 비라도 내리면 말은 젖은 짐의 무게 때문에 헐떡이며 진흙길을 걸어야 한다.

길 위에 안락한 휴식처는 없다. 살을 에는 추위에도 야영을 할 수 있는 쉼터까지 가려면 무조건 산을 넘어야 하는 강행군이다. 강을 만나면 외줄을 타고 강을 건너야 한다. 목숨길이다. 가족을 떠나 길게는 6개월에 걸쳐 걷고 또 걷는 여정. 그렇게 버는 돈은 1인당 100만 원 정도다. 그들은 무엇 때문에 이 고난의 길을 선택하는 걸까?

너무 많이
가진 삶

2007년 KBS에서 방영한 다큐멘터리 〈차마고도〉는 한참이 지난 지금도 기억에 생생하다. '차마고도'는 중국의 차와 티베트의 말을 교환하는 인류 역사상 가장 오래된 교역로다. 요즘은 소금, 야크버터, 송이, 약재, 녹용, 옷, 신발 등 필요한 거라면 무엇이든 물물교환한다.

차마고도를 걷는 마방들에 견줄 만큼 억세고 고달픈 또 다른 삶이 있다. 그 삶은 몽골 유목민들의 겨울나기 다큐멘터리를 통해 엿볼 수 있다. 늑대의 공격과 영하 40도의 추위로부터 가축들을 보호하느라 밤잠을 설치는가 하면 꽁꽁 언 강물을 깨고 식수와 가축에게 먹일 물을 길어야 한다. 혹한과 사막화로 가축 600만 마리를 잃었던 2010년의 자연재해는 삶의 터전마저 빼앗아버렸다. 초원에서 풀을 뜯기는 몽골 유목민의 삶은 낭만적이지 않았다. 삶의 가장 기본적인 것들을 얻기 위한 사투였다.

나는 왜 그들의 고달픈 일상에 그토록 매혹되었을까? 끝없는 길을 묵묵히 걸어가는 마방들과 하얀 입김을 토하며 늑대들을 추격하는 유목민에게서 나는 삶의 단순함을 보았다. 그들이 매일 위험을 무릅쓰는 이유는 약간의 음식과 소금, 물이나 잠자리 때문이었다. 돈을 벌어봐야 최소한의 소비를 감당하기도 빠듯한 정도. 풍요와 안락에 젖은 우리의 눈으로 볼 땐 겨우 저걸 얻자고 저 고생을 하나 싶다. 그러나 그들은 불만이

별로 없어 보인다. 천신만고 끝에 누리는 한 조각의 빵과 온기가 있는 잠
자리로 만족하는 얼굴이다. 행복해 보였다.

어쩌면 우리의 불행은 원하는 것을 갖지 못해서가 아니라 필요 이상의
것을 원해서인지도 모르겠다. 유목민에게 옷이란 추위를 막아줄 정도면
되고, 집도 짐승의 공격을 막아줄 정도면 충분하다. 그들은 땀 흘려 일해
서 꼭 필요한 만큼의 음식과 옷을 마련한다. 그런데 우리는 어떤가? 너
무 많이 먹고 소유하고 꾸미는 것은 아닐까? 그러고도 모자라 더 나은
맛과 섬세한 감촉을 찾아 돈과 에너지를 쏟아붓는다. 집집마다 신발이
넘쳐난다. 정장 구두, 캐주얼 구두에 색색가지의 운동화, 트레킹화, 등산
화, 마라톤화, 샌들, 슬리퍼……. 식구는 두셋인데 신발은 수십 켤레다.
물론 우리가 맨발의 아프리카 원주민처럼 살 수야 없겠지만, 과연 이 많
은 신발이 꼭 필요한지 한 번쯤 반성해볼 일이다.

술은 또 어떤가? 알딸딸한 취기를 느끼면 족할 법도 하지만 현대인의
취향과 호사는 끝이 없다. 주종도 다양하지만 같은 맥주라도 맛과 향을
따지고 목 넘김을 챙기고 브랜드를 고른다. 같은 와인이라도 품종과 산
지와 빈티지를 따지거나 잔을 고르고 하면서 과시한다.

물론 나도 그런 사람들 중 하나다. 하지만 가끔은 단순하고 소박한 일
상이 주는 기쁨에 감사하며 나 자신을 돌아보려고 애쓴다. 수도원의 성
경 통독 피정도 그래서 떠났다. 성경을 읽고 묵상하고 매일 미사를 드리
면서 8박 9일 동안 단식을 병행했다. 단식을 마친 후 넘기는 한 숟가락의
미음이 얼마나 달던지……. 간을 하나도 하지 않은 죽도 싱겁다는 느낌

없이 맛있었다. 어느새 내 입맛은 단순하고 소박해져 있었다.

당신의 핵심가치는 무엇입니까

　　　　　　　내가 있는 양평 사무실에는 수돗물이 나오지 않아 지하수를 사용한다. 그런데 가끔 지하수에 문제가 생겨 물이 안 나오는 경우가 있다. 그럴 땐 물 한 컵으로 양치질을 해결하고 얼굴은 고양이 세수로 마무리한다. 샤워 대신 수건에 물을 적셔 몸을 닦는다. 소변은 모아뒀다 처리하고, 큰일은 식당에 가서 본다. 며칠 후면 다시 물이 나와 예전의 생활로 돌아가지만 평소에 물을 물 쓰듯 낭비했다는 반성이 밀려온다. 물 부족 국가라는 우리나라도 이제 정신 차려야 한다. 비누와 샴푸 없이도 얼마든지 살 수 있다. 향수, 보습제, 에센스, 선크림, 클렌징크림 등은 생활필수품이 아니다.

이런 기분을 아들도 느꼈나 보다. 아들이 결혼한 지 얼마 되지 않았을 때다. 의자 하나도 브랜드에 욕심을 부리면 가격이 두세 배가 넘는다고 하면서 아들 내외는 가장 기본적인 의자로 장만했다는 것이다. 그러면서 "아빠, 의자는 의자일 뿐이던데요"라는 말을 남겼다. 나는 아들의 선택에 박수를 쳐주었다.

기본적인 기능과 필요만 따지면 지출을 크게 줄일 수 있는데 남의 눈에 더 좋아 보이는 것을 사기 위해 우리는 너무 많은 시간을 돈 버는 데

낭비하고 있는 것은 아닐까? 물론 우리가 차마고도의 마방이나 몽골의
유목민처럼 살 수는 없다. 그렇게 살 필요도 없다. 하지만 삶의 본질에서
벗어난 잡다한 것들로 꾸미고 과시하느라 정작 중요한 것을 잃고 있는
건 아닌지 돌아볼 일이다.

　나에게는 버릇 하나가 있다. 시간이 나거나 새해를 맞을 때마다 내 삶
의 방향을 생각하며 나의 핵심가치를 정리하는 버릇이다. 핵심가치는 행
동이나 의사 결정에 가장 큰 영향을 주는 기준이자 신념이다. 나의 핵심
가치 1호는 단연코 마음의 평화다. 조금 느릿느릿하게, 타인의 평가나 세
상의 잣대에 휘둘리지 않고 마음 편하게 살자는 주의다. 그래서 대표이
사와 대학교 부총장직을 내려놓고 21년째 가정경영연구소를 지키고 있
다.　하지만 그 선택에 후회는 없다. 기사나 비서를 다시 두어야 할 만큼
바쁘게 살지 않기, '가족문제 예방'이라는 나의 사명과 맞지 않는 일은
사양하기, 연구소를 키우기 위해 무리하지 않고 10~20년 후에도 꾸준
히 내 자리 지키기. 이런 원칙에 충실하게 살았더니 지금의 내가 되어 있
었다.

　광화문에 있던 연구소를 양평으로 옮긴 일도 잘한 일 중의 하나다. 개
인 연구소가 반드시 서울에 있을 이유는 없기에 6년째 서울에서 양평으
로 거꾸로 출퇴근을 하고 있다. 같은 길이지만 하루도 같은 날이 없다.
철따라 시간마다 햇볕이 다르고, 구름과 바람이 새롭다. 차창 밖의 색깔
이 다채롭다. 철마다 찾아오는 계절이 친구이고, 매일 지저귀는 새들이

동무다. 아직 꽃과 나무, 바람, 달, 별과 얘기를 나누는 경지까지 이르지
는 못했지만 오늘은 곤줄박이와 한참을 대화했다. 내가 '쪽쪽' 하고 인사
를 했더니 펜스와 우체통, 소나무 위를 날아다니며 내 주위를 맴돌았다.
연구소가 나의 왕국인 셈이다. 누구의 지시나 명령에 따라야 할 일도 없
이 마음 가는 대로 내 삶의 속도를 조절하면서 내가 좋아하는 일을 하고
있으니 마음에 평화가 넘친다.

마음의 평화, 가족, 건강이라는 나의 핵심가치에 요즘 하나가 더해졌
다. 환갑을 넘기면서 추가된 핵심가치는 나눔과 봉사다. 지금까지 내 일
충실하게 하면서 내 자리 지키는 것을 봉사로 생각하며 살았다. 하지만
나 혼자 잘 먹고 잘 사는 일이 전부는 아니라는 깨달음이 왔다. 나의 재
능과 시간, 가진 것을 좀 더 적극적으로 나누며 살아야겠다고 결심했다.
내가 이만큼 누리며 살 수 있는 것도 누군가의 수고와 덕분 아니겠는가.

나의 핵심가치는 내 삶의 원칙이자 기준이고 의사결정과 행동을 위한
신호등이다. 흔들릴 때마다 나를 잡아주는 길라잡이다. 마음속의 표어가
되어 중심을 잡고 살 수 있도록 도와주는 나만의 핵심가치. 누구든 이 핵
심가치 두세 개는 필요하다. 철학적, 종교적으로 삶의 본질이 무엇인지
는 아직 잘 모른다. 하지만 단순한 삶, 나의 핵심가치에서 벗어나지 않는
삶을 산다면 미래에도 불행할 것 같지는 않다.

가족을 대하는 자세

우리 부부가 20년 넘게 만나는 R 회장 부부가 있다. 그 집 남매의 주례까지 선 특별한 사이다. 그런데 요즘 그쪽 부인의 심기가 몹시 불편하단다. 남편에게 애인이 생겼다나? 틈만 나면 "지니야, TV 틀어줘" "지니야, 음악 들려줘" 하며 인공지능 스피커를 불러대는 남편의 목소리가 얼마나 부드럽고 달콤한지 화가 날 때가 있단다. 그런데 최근에는 부인도 수시로 '지니'를 부른다고 하면서 이제는 인공지능 스피커가 남편의 애인이자 아내의 벗이라고 했다. 그러고 보면 인공지능 로봇이 가족이 될 세상도 머지않았다. 우리에겐 14년간 키워온 반려견 다롱이가 그런 가족이었다. 몇 년 전, 다롱이가 무지개다리를 건넜는데, 이후 아내는 몇 년간 눈물을 삼켰다. 반려견도 정들여 키우니 자식이나 다름없었다.

달라진 시대, 변화하는 가족

바야흐로 가족의 정의를 다시 써야 할 때가 된 듯하다. '혈연이나 결혼, 입양 등으로 맺어져 함께 사는 한 명 이상의 사람들'이라는 가족의 정의로는 세상의 가족을 다 담기 힘들다. 한부모가족이나 재혼가족은 물론이고, 주말부부, 기러기가족 등 따로 떨어져 사는 분거가족과 입양가족, 조손가족 등 가족의 형태는 실로 다양해졌다. 3대, 4대가 함께 사는 대가족은 찾아보기 힘들고 2인 가족, 1인 가구의 비중이 50퍼센트를 넘어선 지 오래다. 앞으로 동성애가족이 증가하면 정자와 난자를 제공한 사람, 출산한 사람, 실제 아이를 키운 사람 중 누가 부모인가 하는 논란이 뜨거워질 것이다.

가치관의 변화는 너무 빨라 어지러울 정도다. 결혼은 필수가 아니라 선택이 되었다. 비혼을 고수하는 남녀도 많다. 맞벌이가 늘면서 육아휴직을 신청하는 남성 또한 꾸준히 증가하고 있다. 어느 한 사람의 인내나 희생을 전제로 한 결혼생활은 더 이상 용납되지 않는 세상이다. 남성과 동등하게 배우고 경제력도 갖게 된 여성들이 더 이상 참지 않기 때문이다.

남녀노소를 불문하고 자신의 행복 추구에 가장 큰 의미를 두는 세상이다. 이혼을 할 때도 어린 자녀를 서로 맡지 않겠다고 싸움을 벌인다. 최근에는 졸혼을 공식적으로 인정하는 법원의 판결까지 나왔다. 결혼 후 출산을 당연시하던 생각은 옛것이 되었고, 이제는 아이를 안 낳는 조건

으로 결혼하는 '자발적 무자녀가족'도 많다. 으레 장남이 맡았던 부모 부
양에 대해서도 '형편 되는 자식이나 딸도 모실 수 있다'로 인식이 바뀌더
니 이제는 가족이 아니라 사회나 국가가 책임져야 한다는 쪽으로 의식이
바뀌고 있다.

　세탁기나 냉장고, 자동차에 저마다 기능이 있듯 가족에도 고유한 기능
이 있다. 그런데 사회가 변하면서 가족의 기능에도 변화가 찾아왔다. 전
통적인 생산 기능은 현저하게 줄고 소비 기능이 크게 강화됐다. 요즘 직
접 집을 짓고 옷을 만들어 입는 사람은 드물다. 식사도 인스턴트식품이
나 간편식, 배달 음식이나 외식으로 해결한다. 가족의 교육 기능과 종교
기능도 축소됐다. 이 모든 기능을 대체할 수 있는 서비스 산업이 대거 등
장한 반면 애정의 기능, 휴식의 기능은 상대적으로 더 중요해졌다.

자립 그리고 존중

　　　　　　　　가족은 두 개의 얼굴을 지니고 있다. 언제나 내
편이라고 기대하지만 원수처럼 지내는 가족도 있고, 영원한 안식처나 따
뜻한 보금자리라고 생각하지만 지옥 같은 가정도 많다. 그럼에도 우리
가 가족을 벗어나지 못하는 까닭은 남이 아닌 '가족'이기 때문이다. 친구
나 직장 상사, 이웃과는 정말 아니다 싶으면 헤어지거나 사직을 하거나
이사를 가버리면 된다. 하지만 부부는 이혼이라는 마지막 수단을 택하지

않으면 관계를 정리하기 어렵다. 이혼을 해도 서로의 영향력에서 벗어나기 쉽지 않다. 부모와 자녀는 어느 한쪽이 세상을 떠나지 않으면 영원히 지속되는 관계라고 할 수 있다. 그렇기 때문에 별일이 없다고 생각할 때 우리 가정에 더 열심히 물을 주고 거름을 주고 잡초를 뽑아주어야 한다. 불행한 가족을 예방하는 것이 최선이다.

예전처럼 누군가의 희생이나 순종을 전제로 하는 가족의 안정은 더 이상 요구하기 어렵다. 가족 구성원 모두가 행복한 가정이 되어야 한다. 그러기 위해서는 무엇보다 서로 존중하는 부부관계를 구축해야 한다. 부부는 가족의 핵심이며 출발점이고 자녀에게는 모델이다. 부부농사가 잘되어야 자식농사도 잘 지을 수 있고, 부부가 화목해야 진정한 효도도 할 수 있다. 행복한 노후를 위해 돈과 건강만 챙길 것이 아니라 부부가 함께할 수 있는 취미를 통해 부부관계를 잘 다져놓아야 한다. 원만한 부부관계가 노년기 삶의 질을 좌우하기 때문이다.

급격한 변화에 맞춰 변화 경영의 지혜를 발휘해야 한다. 내 생각만 고집하지 말고 끊임없이 대화하고 소통하면서 조율해나가야 한다. 자녀들에게 짐이 되지 않기 위해서는 철저한 노후 준비가 필요하다. 준비는 빠르면 빠를수록 좋다. 이제 자녀들의 효도를 기대하기 어렵다. 국가가 나의 노후를 100퍼센트 책임져줄 거라고 기대할 수 없다. 부부의 노후는 기본적으로 부부가 알아서 준비해야 하는데, 그러려면 무엇보다 자녀를 진정한 어른으로 키워서 잘 떠나보내야 한다.

진정한 어른은 신체적, 지적인 성숙만이 아니라 심리적, 사회적, 도덕적으로 성숙한 사람이다. 특히 경제적으로 독립하지 못하면 진정한 어른이라고 할 수 없다. 자녀들이 노후의 걸림돌이 되지 않도록 자녀 스스로 결정하고 자기 결정에 책임지는 성인으로 키워야 한다. 아이를 학원에 보내는 것보다 훨씬 더 중요한 일이다.

행복한 노후를 위해서는 배우자나 자녀에게 지나치게 의존하지 말고 나 스스로 잘 지낼 줄 알아야 한다. 스스로 문제를 해결해나갈 줄 아는 자립심이 노후의 기본이다. 자식농사에 모든 것을 바치고 모든 걸 자녀에게 물려준 뒤 "내가 너희들을 어떻게 키웠는데"라며 분란을 일으키는 건 어리석은 짓이다.

내가 키운 자녀뿐만 아니라 며느리나 사위와의 관계에도 성숙함이 요구된다. 고부 갈등, 고부 갈등 하니까 유독 고부간에만 갈등이 심한 것처럼 생각하지만, 사실 고부 갈등도 장성한 자식과의 갈등 중 하나일 뿐이다. 딸과 친정 부모 사이에도 갈등이 있고 아버지와 아들, 시아버지와 며느리 사이에도 갈등은 생긴다. 갈등과 불화를 줄이기 위해서는 자식들을 어엿한 성인으로 대접해주고 있는 그대로 존중해주는 태도가 중요하다. 아이 키우는 방식, 소비습관 등 청하지도 않은 충고나 잔소리는 삼가자.

아름다운 거리

끈끈한 가족애로 대표되는 화목한 가족, 행복한 가족의 고정관념도 한번 되짚어볼 필요가 있다. 지나치게 밀착된 가족은 건강한 가족이 아니다. 남보다 못하게 지내는 가족도 불행한 가족이지만, 지나치게 밀착되어 너와 나, 가족끼리의 경계도 없이 서로 간섭해서 불편을 주는 가족은 전형적인 한국 가족의 병폐다. 지나친 가족주의는 공과 사를 구분 못 하는 온정주의나 이기적인 '가족사업'으로 변질되어 사회문제를 일으킨다.

가깝고 소중한 관계일수록 적당한 거리, 아름다운 거리를 유지하면서 '함께 또 따로'의 지혜를 발휘할 일이다. '함께 또 따로'는 부부가 서로의 취미나 운동을 즐기면서 함께하는 활동을 늘려나가는 방식으로 실현할 수 있다. 결혼한 자녀와 부모가 같은 아파트에 살더라도 층을 달리하거나 다른 동에 사는 방법도 그중 하나다. 가족이니까, 부모니까 모든 걸 다 받아주겠지 하는 비현실적인 기대를 내려놓자. 가족을 방문할 때도 미리 약속을 하고 가는 예의를 지키자.

인간은 혼자 자기 마음대로 살고 싶은 욕구와 더불어 살고 싶은 욕구를 동시에 갖고 있다. 가족이라는 제도가 완전하진 않지만, 이 두 가지 욕구를 충족시켜줄 수 있는 제도가 가족이 아닌가 한다. IMF 위기 때 많은 가족들이 해체됐지만 오히려 어떤 가족은 더 똘똘 뭉쳐 건강한 가정을 이뤘다. 어려운 때일수록 더 강하게 빛나는 가족의 힘을 평소 길러놓아야 한다. 변화는 더 급격해질 전망이다. 우리만의 건강한 가족문화를 어떻게 창조해나갈 것인지 더 깊은 고민이 필요하다. 누가 뭐래도 가족이 힘이다!

품위 있는 죽음

도발적인 제목 때문에 나도 모르게 손이 간 책이 있다. 《나는 매주 시체를 보러 간다》라는 제목의 책이다. 20년간 약 1천500번의 부검을 담당한 법의학자의 이야기를 들으며 자연사만 해도 대단한 축복이구나 하는 생각이 들었다. 그러나 평소에 죽음을 의식하고 사는 사람은 거의 없다. 누구나 죽는다는 사실을 알지만 자신은 예외라는 듯이 지낸다. 가까운 사람의 장례식장에 다녀올 때 삶과 죽음에 대한 생각이 잠시 스쳐갈 뿐, 다시 일상의 번잡 속으로 묻히고 만다. 남의 죽음은 언제나 남의 죽음으로만 남고, 어떠한 깨달음도 얻지 못한다.

내 뜻을
분명히 밝힐 것

6년 전, 어머님이 돌아가셨다. 처음 쓰러지셨을

때는 검사 결과에 특별한 이상이 없어 괜찮겠거니 했다. 하지만 경막밑 출혈이 계속되어 입원 후 5주가 지나도 차도가 없었다. 그래서 의사의 권유대로 수술을 했다. 처음에는 경과가 좋았지만 악화되어 중환자실을 오가며 세 번이나 수술을 했다. 그러고도 병세는 호전되지 않아 결국 어머님은 돌아오지 못할 길로 떠나셨다. 그나마 마음의 위안이 되었던 건 임종만큼은 형님 집에서 맞으셨다는 점이다.

나는 어머님의 병원 생활을 지켜보며 중환자실에서 죽음을 맞는 일은 없어야겠다고 다짐했다. 기도에 플라스틱관을 삽입해 인공호흡기를 부착하면 말도 하지 못하고, 극심한 통증 때문에 마취제와 수면제가 계속 주입돼 거의 잠들어 있는 경우가 많았다. 가족 면회도 쉽지 않았다. 각종 기계 소음과 다른 환자의 신음 소리가 주위에 가득했다. 소변줄과 대변줄, 콧줄을 달고 장터 같은 곳에서 세상을 떠나는 느낌이 들었다.

나의 오랜 바람은 자연스럽고 평안한 마지막이다. 그래서 아이들에게도 무리한 연명치료 같은 건 하지 말라고 어릴 때부터 당부했다. 어머님의 투병을 지켜보며 그 생각은 더 뚜렷해졌다. 나는 내 결심을 확인시켜주기 위해 다시 아들딸을 불렀다. 그리고 아내와 함께 작성한 사전연명의료의향서와 사전장례의향서를 보여줬다. 예상했듯 딸과 아들은 불편해하고 어색해했다. 하지만 반드시 거쳐야 할 과정이라고 생각했다.

인공호흡기 부착, 심폐소생술, 항암제 투여와 혈액 투석 같은 연명치료를 하지 말자고 하면 "왜 죽어가는 사람을 치료도 안 하고 방치하느냐"고 흥분하는 사람이 있다. 물에 빠진 사람이나 사고로 심장이 멎은 사람에게는 당연히 심폐소생술이 필요하고 산소호흡기가 필요하다. '임종기'의 '의미 없는' 연명치료를 본인이나 가족의 동의하에 하지 말자는 뜻이다. 자신의 뜻을 살아생전에 분명히 밝히지 않으면 가족은 의사에게 슬쩍 떠넘기고, 의사는 가족들이 결정한 거라며 가족들 뒤에 숨어버린다.

생전에 확고한 의사를 밝혔음에도 고인의 뜻을 거스르는 가족도 많다. 연명치료가 효도라는 생각으로, 혹은 최선을 다했다는 인정을 받기 위해, 그것도 아니면 괜한 오해를 받지 않기 위해 끝까지 치료에 매달린다. 그러나 부모님이 떠난 후 그들도 괴로움에 시달린다. 부모님이 원치 않았던 일을 고집해 고통스럽게 보내드렸다는 죄책감 때문이다.

좀 더 의미 있는 나만의 인사법

죽음 앞에 초연한 사람은 드물다. 처음엔 어떻게든 맞서 싸우거나 피하려고 한다. 돈이 많고 지위가 높을수록 기적에 매달리는 경향이 있다. 돈을 들이면, 세계 최고의 의료진에게 맡기면 살아날 거라는 기대다. 그러나 현대의학이 아무리 발전해도 못 고치는 병이 있는 법이다.

하루라도 더 살기 위해 아등바등할 것이 아니라 남아 있는 시간을 어떻게 하면 더 의미 있고 즐겁게 보낼 것인가 고민해야 한다. 치료할 수 없음을 실패라 생각하고 환자를 살리는 일에만 매달려 돈과 시간을 탕진할 일이 아니다. 남은 시간 동안 자신의 삶을 정리하면서 주변 사람을 더 많이 사랑하고 아름다운 추억을 듬뿍 쌓아야 편하게 떠날 수 있다.

장례식장에 가보면 고인이 누군지도 모른 채 상주와의 관계 때문에 눈도장을 찍으러 온 사람들이 많다. 상조회사에 맡겨버리니 편리하긴 하지만 고인에 대한 추모가 빠져버린 상업주의와 체면치레만 남는다. 가족끼리 장례 절차를 의논하다가 다투거나 부의금을 놓고 싸움을 벌이는 가족도 있다. 망자에 대한 도리가 아니다.

나는 아이들에게 부탁했다. 비싼 관이나 수의는 필요 없으니 종이관에 깨끗한 옷을 입혀 화장한 뒤 수목장을 해달라고. 가족끼리 조촐하게 치르되 조의금은 받지 말라고. 그리고 중병에 걸린 경우 내게 사실대로 알려달라고 했다. 나의 알 권리이기도 하고, 그래야 삶을 정리하는 시간을 가질 수 있기 때문이다.

일명 존엄사법이라고 하는 연명의료결정법이 제정된 2018년 이후 무의미한 연명치료를 안 받겠다고 서명하는 사람이 크게 늘었다. 보건복지부 발표에 따르면, 2019년 말 기준으로 57만 7천600명에 이르는 것으로 나타났다. 앞으로는 살아생전 자신의 장례식을 손수 치르는 사람도 늘 것이라고 본다. 사랑하는 사람들과 얼굴을 마주 보며 "나 용서해줄래?" "고마워" "사랑해" 이렇게 인사를 남기고 떠나는 것도 나쁘지 않으리라.

집에서 임종을 맞는 사람, 자기가 살던 집터나 동네 근처에 묻히기를 원하는 사람도 늘어날 것이다. 살아 있을 때 아끼던 물건을 원하는 사람에게 물려주고 떠나는 모습도 바람직하다. 자식들 결혼시켜 다 분가시켰으니 부모의 도리 다 했다고 생각하고 모든 재산을 사회에 환원하는 부모도 닮고 싶은 모델이다. 단, 가족의 의견을 물어보고 동의를 구해놓아야 사후 분란을 예방할 수 있음을 잊어서는 안 된다. 아직 종교계에서는 허용하기 어려운 문제지만, 우리나라도 언젠가는 의사의 도움을 받는 의사조력자살까지 허용하는 법이 도입되어 본인의 선택권을 더욱 존중하는 문화가 확산될지도 모르겠다.

죽음을
미리 공부하는 사람

　　　　　　　　　몇 년 전 외사촌 형이 호스피스 병원에서 세상을 떠났다. 처음에는 "왜 날 죽으러 가는 병원에 데려가느냐?"며 화를 냈지만 마지막은 평화롭게 잠들었다. 사람들은 죽음 그 자체보다 죽어가는 과정을 더 두려워하는지도 모른다. 호스피스 병원은 죽으러 가는 곳이 아니다. 임종기에 있는 환자들이 마지막 남은 생을 정리하고 평화롭게 떠날 수 있도록 환자와 가족을 돕는 곳이다.

고등학교 2학년 가을, 아버님이 돌아가실 때 큰형님과 나는 아버지의 임종을 지켰다. 아직 어려서 사후세계에 대해선 아는 것이 없었지만 어쩐지 숨이 끊어지는 그 찰나에 모든 것이 깜깜하게 무(無)로 돌아가는 건 아닐 것 같았다. 그때 꼬마였던 외사촌 동생이 외삼촌과 나눈 대화가 지금도 생생하다. "아부지, 고모부 오데 가시노?" "멀리 이사 가신다."

사람들은 이상할 정도로 사후세계를 외면하고 산다. 죽음은커녕 사후세계를 이야기하면 이상한 사람 취급을 받는 게 현실이다. 하지만 눈으로 볼 수 없고 과학적으로 증명할 수 없다고 해서 그런 세계가 존재하지 않는다는 법은 없다. 죽음은 다른 세상으로 들어가는 입구이자 또 다른 삶의 시작일 수 있다. 사후세계가 있다는 것을 믿게 되면 아무렇게나 살지 않고 더욱 겸허해지지 않을까.

죽음을 미리 공부하고 준비하자는 것이 죽음을 미화하거나 당장 죽음을 체험해봐야 한다는 뜻은 아니다. 죽음은 물리쳐야 할 적이나 극복해야 할 대상이 아니다. 삶과 죽음은 양립할 수 없는 반대 개념이 아니다. 누구나 맞는 죽음인데 대부분의 사람들이 죽음을 어떻게 인식하고 준비해야 하는지 진지하게 생각하지 않는 것 같아 안타까움에서 시작한 얘기다.

죽음을 애써 외면하고 있다가 느닷없이 들이닥친 죽음 앞에서 절망하며 삶을 구걸할 일이 아니다. 끝까지 돈과 권력을 쥐고 있어야 가족들에게 버림받지 않는다는 임종 처세술도 재고할 필요가 있다. 삶과 죽음에 대해 가족들끼리 자주 대화를 나누자. 죽음이 눈앞에 닥쳤을 때 정말 하고 싶을 그 무엇을, 지금 하자. 그리고 더 많이 사랑하고 매사에 감사하며 일상의 기쁨을 찾아보자. 사후 분란이 생기지 않도록 건강하고 정신이 맑을 때 주변 정리를 깔끔하게 해두자. 사랑하는 사람들과 인사를 나눈 후

편안하게 떠날 수 있다면 그것이야말로 품위 있는 죽음이 아닐까? 아름다운 추억과 사랑, 그리움을 남기고 떠나는 죽음은 훌륭한 유산이다.

노년에 더 빛나는 것들

하루 한 끼로 주린 배를 달래며 겨울에도 냉방에서 버티는 노인들, 병원에 갈 엄두도 못 내고 병을 키우는 노인들, 가게에서 생필품을 훔치다 훈계를 듣는 사람, 죽은 지 몇 달이 지나도 아무도 모르는 고독사……. 모두 노년의 어두운 그림자다. 인생을 잘못 살았거나 애초에 불운했던 사람들의 말로인 듯 보이지만, 그중에는 자신이 이런 노년을 맞게 될 줄 상상조차 못 했다는 사람들이 의외로 많다. 고학력에 번듯한 직장에서 잘나가던 사람들이 예상 밖의 일로 바닥까지 추락하는 경우도 있다.

잃지 말아야 할
즐거움

65세 이상 인구가 7퍼센트를 넘으면 고령화사회, 14퍼센트를 넘으면 고령사회, 20퍼센트를 넘으면 초고령사회라고 부른다. 고령화사회에서 초고령사회로 넘어가는 속도를 고령화속도라고 하는데 일본과 독일, 이탈리아, 미국이 각각 36년, 75년, 82년, 87년이 걸렸고, 프랑스는 무려 155년이 걸렸다. 그런데 UN 통계청 자료에 따르면, 우리나라는 불과 25년밖에 걸리지 않을 전망이다. 2000년에 고령화사회, 2018년에 고령사회가 된 한국은 2025년이면 65세 이상 인구가 20퍼센트를 넘는 초고령사회가 될 예정이다.

우리 사회의 늙어가는 속도가 너무 빨라 현기증이 나지만, 노년에 대한 몰이해와 편견이 사실 더 큰 문제다. 노인들은 추하고 더럽고 주책없고 무례하며 비생산적인 사회 걸림돌이라는 생각이 전반에 퍼져 있다. 젊음과 생산성, 효율에만 가치를 두는 우리 사회의 분위기 때문이다.

우리는 과연 몇 살까지 살 수 있을까? 나는 꽤 오래전부터 최소 100살까지 산다 가정하고 노후 준비를 해야 한다고 생각해왔다. 그러나 세상은 또 바뀌고 있다. 요즘은 100살을 110세, 120세로 연장해야 하는 건 아닐까 걱정이 된다. 이미 인간의 한계수명을 120세, 150세라고 주장하는 학자들이 있으니 말이다.

행복한 노년을 맞으려면 돈과 건강이 중요하다는 데 이의를 제기할 사람은 없을 것이다. 하지만 지나치게 재무적인 측면만 강조하면서 비참한 최후를 나열하는 건 과도한 공포감을 조성할 뿐이다. 과연 얼마의 돈이 있어야 불안하지 않을까? 자신이 생각하는 액수의 재산을 모았다고 해서 안심할 수 있는 것일까? 건강의 중요성도 지나치게 강조하면 건강염려증으로 몰고 가는 부작용이 생긴다. 젊었을 때만큼의 근력은 못 가졌지만 일상생활을 하는 데 별 지장이 없는 노인들도 많다.

돈과 건강 못지않게 중요한데 쉽게 간과하는 것이 '인간관계'다. 똑같이 빈곤하지만 행복한 노인이 있는가 하면 비참한 노인이 있다. 그 차이를 만들어내는 요인이 바로 인간관계다. 인간관계의 빈부 차가 행복을 결정하는 변수인 것이다. 인간관계의 번거로움 때문에 사람을 멀리하고 화초를 가꾸거나 반려동물에만 몰두하는 사람이 있다. 하지만 그 번거로움을 감수하고 대가를 치러야만 진정한 교감이 주는 기쁨도 맛볼 수 있다. 가진 것은 비록 적지만, 조그만 것이라도 나눠 먹고 어울리며 웃고 노래하는 즐거움을 포기하지 말자.

노년에 놓치지 말아야 할 것 중 하나가 일하는 즐거움이다. 청년 일자리도 찾기 어려운 요즈음, 노인 일자리 찾기는 하늘의 별 따기다. 큰돈은 벌지 못해도 최소한 자기 역할은 있어야 한다. 자녀들이 독립해 나가면 부모 역할은 축소된다. 직업 활동으로 얻은 지위나 역할도 은퇴를 하면서 잃는다. 급격한 역할 상실은 노년기의 고통 중 하나다.

65세는 노인이 아니고 청년이라고 격려하는 분위기가 있다. 하지만 노년기에 더욱 빛나는 가치도 분명 존재한다. 성장과 성숙, 지혜, 관대함, 수용, 영적인 성장 같은 것들이다. 성장만 해도 그렇다. 노인이 되면 신체적 성장이 멈추고 지적인 성장도 둔화된다. 그러나 '늙은 개에게는 새로운 재주를 가르칠 수 없다'는 생각은 편견일 뿐이다. 배우는 속도는 젊은 사람에 비해 떨어지지만 얼마든지 새로운 것을 배울 수 있다. 교육 기관들이 노인들의 학습 욕구를 못 맞췄을 뿐이다. 오히려 철학 공부와 독서는 노년에 더 적합할 수 있다.

노년에 이르러서야 비로소 보이는 행간의 의미와 문학의 향기도 있다. 나이가 들면 매사에 흥미가 떨어지고 호기심이나 설렘은 줄어든다. 그러나 '이제 나이가 들었으니 나는 끝났다'고 포기만 하지 않으면, 새로운 것을 배우는 기쁨과 새 친구를 사귀는 즐거움으로 더욱 풍요로운 노년을 누릴 수 있다. 노년은 돈 벌고 아이들 키우고 회사에 출근해야 하는 스트레스로부터 비교적 자유로워지는 시기다. 정말 내가 배우고 싶은 것을 부담되지 않는 돈으로 내 속도에 맞춰 배울 수 있는 때다.

어떤 어른으로
남을 것인가

요즘은 어른다운 어른, 존경할 만한 어른을 찾아보기 어렵다. 그래서 더욱 성숙한 어른이 요구된다. 성숙함은 학력이나 사회적인 지위가 가져다주는 것이 아니다. 끊임없이 자신을 닦고 돌아보는 성찰을 통해 얻을 수 있는 선물이다. 사소한 일에 일희일비하지 않고 매사에 감사하는, 다정다감하고 당당한 노인은 우리의 소망이다.

어른다운 어른이 되기 위해서는 학식이나 경험이 필요하지만, 그것만으로는 부족하다. 세상의 이치를 깨닫고 원만하게 일을 처리하는 실제적인 '지혜'가 요구된다. 젊은이들이 요청하지 않은 조언이나 충고는 삼갈 것, 선한 의도라도 요령이 부족하면 오히려 더 고약한 결과를 낳을 수도 있음을 명심할 것, 말은 줄이고 지갑은 열 것……. 이게 모두 생활의 지혜다. '내가 옳다고 생각하는 것은 다른 사람들도 반드시 그렇게 생각해야 한다, 모든 사람은 나에게 친절하게 대해야 하고 세상은 공평해야 한다' 같은 당위도 내려놓을 줄 알아야 한다.

몸가짐도 조심해야 한다. 용변 볼 때 문 잠그기, 방귀나 트림 같은 생리 현상도 상황에 따라 절제하기, 속옷 갈아입을 때 눈에 띄지 않게 조심하기 등 사소한 매너가 품위 있는 노인을 만든다는 걸 기억하자. 자신의 체력을 지나치게 과시하거나 자신이 복용하는 약, 건강식품을 강권하는 것도 삼가야 한다. 저마다 건강을 챙기는 방식이 다르고 건강 상태나 체질도 다르기 때문이다.

젊은 사람들이 베푸는 호의나 친절, 배려를 당연시하는 자세도 문제다. 감사를 표하는 건 물론, 받지만 말고 나도 필요한 도움을 줄 수 있는 어른이 되어야 한다. 지나간 이야기, 왕년의 이야기는 정도껏 하는 게 좋다. 자신을 알아주기를 지나치게 기대하지 말자. 부나 지위를 내세우지도 말자. 굳이 젊은 사람과 어울리려고 무리하지도 말자. 계단을 오르내리거나 짐 드는 것이 힘겹고 행동도 느린 데다가 수시로 화장실을 찾아야 하는 노인들은 식성이나 수면 시간, 취향이 젊은이와 다를 수밖에 없다. 젊은이들의 부담스러운 마음을 이해해야 한다. 그러니 있는 그대로의 나를 좋아하는 친구를 사귀거나 또래와 편안하게 어울리면 된다.

주위 사람들에게 자꾸 '아프다, 아프다'며 징징대는 노인을 좋아할 사람은 없다. 반대로 짐이 되지 않겠다는 결심이 지나쳐도 곤란하다. 필요할 때는 도움을 요청하는 것도 성숙한 태도다. 그러나 뭐니 뭐니 해도 먼저 화해하고 내가 먼저 용서하는 사람이 성숙하고 지혜롭다. 나이 든 어른이 먼저 손을 내밀며 화해를 청하는 모습은 참 아름답다.

마지막으로, 나이와 때를 알고 노화를 넘어 죽음까지도 겸허히 받아들이는 자세가 중요하다. 내게도 '때'가 왔음을 알아야 한다. 누구에게나 혼자 먹을 수 없고 혼자 대소변을 못 가리게 되는 때가 온다. 그렇다고 해서 인간의 존엄이 사라지는 것은 아니다. 사람답게 살고 싶은 소망에 반하기 때문에 고민이 커지는 것이다. 딱 한 번인 죽음을 재촉할 필요는 없지만, 하루라도 더 살겠다고 집착하지는 말아야겠다.

나는 어떤 노인이 되어야 할까를 고민해본다. 물론 성숙하고 지혜로운 노인이고 싶다. 고집스럽고, 괴팍하고, 속 좁고, 잘 삐치고, 뒤끝이 있는 노인은 사양하고 싶다. 온화하고 너그러우면서도 낙천적인, 수수하면서도 당당한, 점잖으면서도 여전히 천진난만하고 귀여운 구석이 있는 노인이면 좋겠다. 존경받는 사람으로 남거나 사후에 이름을 남기고 싶은 생각은 없다. 잠자듯 편안하게, 그러나 사랑하는 사람들과 정다운 작별 인사를 나눈 뒤 바람처럼 떠나고 싶다. 떠나는 그날까지 매일매일 영적으로 성장하는, 영혼이 맑은 노인이라면 무엇을 더 바라랴.

PART 3

생각의 전환

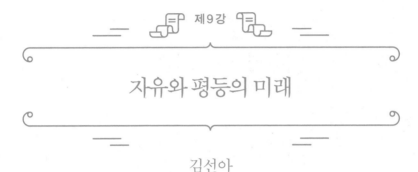

제9강

자유와 평등의 미래

김선아

역사가 이 시대에 어떠한 역할을 할 수 있는지 고민하는 인문학자. 이화여대 사학과에서 박사학위를 받았다. 프랑스 현대 노동운동을 공부하면서 경제와 인간, 경제력과 인간관계가 어떤 상관관계를 가지고 있는지 고민했다. '강의는 소통이고 서로의 변화다'라는 모토로 대학 및 공공도서관에서 강의하고 있다. 저소득층 아동과 교도소 수감자 등 우리 사회 소외계층을 찾아가 함께 역사 공부를 하기도 했다. 저서로는 《타임캡슐 세계역사 25 : 시민이 나라의 주인이 되다》《타임캡슐 세계역사 31 : 서구 열강의 침략과 약탈》이 있다. 논문으로는 〈프랑스 자동차 산업의 합리화: 르노 사를 중심으로〉〈르노 사의 합리화와 노동자 통제〉 등이 있다. 역서로는 《사진으로 읽는 세계사 1 : 공산주의》가 있다.

자유를 찾아서

프랑스 혁명

우리에게 '권리의 평등'과 '평등한 자유'는 산소처럼 자연스럽게 느껴진다. 하지만 자유와 평등이 누구나 누릴 수 있는 권리가 되기까지 오랜 투쟁의 시간이 필요했다. 프랑스에서 일어난 여러 혁명은 그 과정이 결코 순탄치 않았음을 잘 보여준다. 프랑스는 근대부터 진보적 사상과 혁명의 중심에 서 있었다. 격동의 세월을 견뎌낸 그들은 이제 프랑스가 관용의 국가임을 자랑스럽게 내세울 수 있게 되었다.

귀족층의 전유물이었던 '자유'가 시민층으로 내려오기까지는 혁명이라는 강력한 충격이 필요했다. '자유'가 민중에게 '평등'하게 스며들기까지 처절한 저항의 몸부림은 계속되었다. 오랜 세월 억압받던 다수의 피지배계층은 자신들의 권리를 골고루 나누기 위해 힘을 합쳤을까?

오늘날 올바르지 못한 갑을 관계가 한국 사회의 우울한 단면으로 드러나고 있다. 또 한편으로 사회적 강자의 횡포, 이른바 '갑질'이 사라지면 을들의 전쟁이 이어진다. 역사를 되돌아보며 권리의 평등이 사회 전반으로 퍼지려면 어떤 노력과 수고가 필요한지 살펴보자.

모든 시민은
법 앞에 평등하다

"왕국의 재정이 힘듭니다. 백작님께서는 막대한 영지를 보유하고
계시니 그 영지에 대한 세금을 내실 의향이 있으신지요. 백작님이
솔선해주신다면 다른 귀족분들께서도 좀 더 기꺼이 세금을 내시지
않을까요?"

상당한 재산을 소유하고 있는 권력자인 샹파뉴 백작(가상 인물)은 불타
는 애국심으로 명성이 자자하다. 1789년 잠시 파리에 들른 샹파뉴 백작
에게 이 같은 질문이 날아왔다. 과연 그는 이 제안을 흔쾌히 받아들였을
까? 천만의 말씀이다.

백작은 벌컥 화를 내거나, 아니면 비아냥거리는 어투로 "내가 왜?"라
며 반문했을 것이다. 프랑스 혁명이 일어나기 전까지 프랑스 전체 토지
중 약 3분의 1은 귀족들이 소유하고 있었지만 귀족이라는 특권을 내세워
토지세를 면제받았다. 고위 관직과 군대의 장교직 이상을 독점할 수 있
었던 귀족은 프랑스 사회에서 자유를 누릴 수 있는 유일한 신분이었다.
그렇다면 다음의 질문이 당연히 떠오를 것이다. 왜 나머지 사람들은 이
처럼 불평등한 상황을 참았을까? 누가 제일 분노했을까?

농민에게 부과된 세금이 가장 많았다. 농민들은 오랜 기간 귀족의 보호 아래, 귀족의 땅을 경작했기 때문에 왕이 아닌 귀족에게 온갖 종류의 세금을 바쳐야 했는데, 이제 왕의 힘이 커지면서 왕이 부과하는 세금까지 감당해야 했다.

농민들의 바싹 마른 어깨 위에 풍채 좋은 성직자와 귀족, 그리고 왕까지 올라탔고 농민들의 허리는 90도로 휘었다. 농민들은 반항할 권리가 있다는 생각은 한 번도 해본 적이 없었다. 그들에게 반항은 곧 죽음이었다. 그러나 시민층은 달랐다.* 18세기에 계몽주의를 받아들면서 이성과 합리성을 신봉하게 된 시민들은 활발한 상업활동을 통해 재력을 겸비하게 되자 의무만 부여하고 권리는 주지 않는 기득권층의 오만과 불평등을 더 이상 순순히 받아들일 수 없었다.

샹파뉴 백작처럼 거대한 토지를 가지고 있다면 당연히 그에 맞는 세금을 내는 것이 합리적이다. 문제는 대부분의 귀족층이 샹파뉴 백작과 같은 의견이었다는 것이다. 자신들의 것은 하나도 내놓지 않고, 심지어 다른 계층의 권리와 자유마저 절대 허용할 수 없다는 입장을 고수하고 있었으니, 이를 바꿀 수 있는 방법은 하나밖에 없었다. 바로 혁명이었다.

혁명은 급격한 변화다. 급격한 변화는 평화로운 방법으로 이루어지기 힘들고, 그래서 거의 모든 혁명에는 피가 흐를 수밖에 없다. 왕국의 재정적자를 메우기 위한 증세 및 세금 신설 등을 논하기 위해 각 신분 대표들

---

* 시민은 다시 셋으로 구분할 수 있다. 상층 시민으로는 대공장주, 대상점주, 은행가, 무역업자 등이 있다. 중간 시민은 전문직업군(변호사, 교수, 의사)이다. 하층 시민에는 소상점주, 장인 등이 있다.

이 베르사유 궁전에 모였다(1789년 5월 5일). 제3신분(제1신분 성직자, 제2신분 귀족을 제외한 나머지 전체를 지칭한다) 대표들은 귀족과 성직자가 주도하는 기존의 삼부회(프랑스 신분제 의회)에서 자신들의 의견이 받아들여지지 않자, 테니스코트에 모여 새로운 헌법을 만들자고 선언함으로써 국민제헌의회를 탄생시켰다. 신분에 좌우되지 않고 능력을 발휘할 수 있으며, 귀족과 성직자까지도 세금을 내는 새로운 국가의 탄생을 가능하게 할 헌법 제정이 가장 중요했다.

이 신생의회는 민중운동의 힘을 빌려 재력과 무력을 가진 귀족 신분에 맞섰다. 파리의 민중은 반체제 인사들을 가뒀던 파리 바스티유 감옥을 함락했고, 특히 농촌을 중심으로 대공포(왕과 귀족이 외국 군대나 비적을 동원하여 농민들을 죽이려 한다는 헛소문이 만들어낸 공포심)가 프랑스 전역을 휩쓸면서 농민은 귀족의 성으로 몰려가 곡식을 탈취하고 봉건적 문서들을 불태웠다. 농민이 수백 년을 지속한 봉건제를 폐지한 것이다.

의회에서 인간과 시민의 권리선언을 통해 혈통이 더 이상 신분을 나누는 기준이 아니라고 선언함으로써 신분제를 폐지한 것은 이러한 상황의 압박 때문일 수도 있었다. 이뿐만 아니라 파리의 아낙네들은 베르사유에 있던 왕과 왕비 그리고 국민제헌의회를 파리로 귀환시켜 혁명의 무대를 파리로 바꿔놓았다. 이제 공식적으로는 혈통이 신분을 가르는 기준이 아니었다. 모든 시민은 법 앞에 평등했다.

혁명의 한계

평등이라는 권리를 누리기 위해서는 시민이라는 특정한 자격이 필요했고 그 자격을 충족시키는 요인은 재산이었다. 노동과 재능의 산물, 후천적으로 얻는 것. 이제 일정한 재산만 있으면 귀족과 동일하게 자유로운 활동을 할 수 있었다. 국가 내에 관세장벽을 설치하여 상품과 원료의 자유로운 이동을 막았던 내국관세도, 직업을 선택하고 물건을 파는 자유를 제한했던 동업조합도 모두 폐지되었다. 경제적인 영역에서도 능력 있는 사람들이 마음껏 재능을 발휘할 수 있는 새로운 시대가 열렸다.

그러나 동시에 결사와 파업을 금지하는 르 샤플리에 법도 제정되었다. 일하고 싶은 사람들의 일할 자유를 보장한다는 취지였다. 부당한 노동조건, 부당한 임금, 지나치게 긴 노동시간에 항의하기 위해 노동자들이 모였다. 노동을 거부할 자유는 절대 허용되지 않았다. 노동자들에게 허용된 자유는 일할 자유뿐이었고 이를 거부했을 경우 쫓겨났다. 공장주들은 자신의 공장에서 일하는 노동자들을 자신들이 정한 규율로 통제하고 싶어 했다. 혁명을 일으키고 귀족들로부터 자신들의 자유를 찾기 위해 죽음까지도 불사했던 그들이었다. 그러나 그렇게 획득한 자유는 시민들, 즉 능력 있는 사람들에게만 적용되어야 했다.

당시 프랑스가 처한 상황은 시민의 힘만으로는 해결할 수 없었다. 시민이 주도권을 쥐고 민중이 지원하는 형태의 혁명이 터지고 왕을 반역죄로 처형한 프랑스의 존재는 주변 국가의 여러 왕들에게 공포의 대상이었다. 하루아침에 목숨을 부지하기 어려운 처지가 될 수도 있다는 불안감이 엄습했던 것이다. 유럽의 거의 모든 국가가 영국을 지휘자로 삼아 프랑스를 상대로 전쟁을 선포했다. 무려 23년간 지속될 혁명전쟁의 시작이었다. 인원부터 압도적인 유럽연합군에 맞선 프랑스는 특단의 조치를 취해야 했다. 유럽에서 최초로 국민총동원령이 내려졌다. 모든 독신 남성들이 우선적으로 징집되었다. 의무가 사회의 상층으로까지 확대되었다.

혁명을 주도했던 산악파의 지도자 로베스피에르는 어려운 전쟁을 승리로 이끌기 위해서 민중의 지지가 필요하다는 사실을 너무도 잘 알고 있었기 때문에 그들이 요구해오던 조치들을 법제화했다. 물가 폭등을 바로잡기 위해 주요 곡물의 상한가가 강제로 결정되었다. 정해진 가격대로 팔지 않는 상인들은 처벌을 받았다. 유럽 최초의 남자 보통선거를 확정지은 1793년 헌법이 제정되었다. 이를 계기로 최소한 남자들 사이에서는 평등한 관계가 이루어진 것 같았다. 위기의 순간을 극복하기 위한 결단이었다.

그러나 프랑스가 승리의 기선을 잡는 순간 상황은 바뀌었다. 온건한 시민층은 물론 대다수의 귀족도 능력 있는 사람들만이 자유를 누리는 사회를 원했다. 하지만 이미 확대된 자유의 범위를 축소시키려면 다시 폭력을 동원하는 수밖에 없었다. 혁명의 주도 세력이 바뀌면서 위기 동안 시행되었던 대부분의 조치는 폐기되었다. 물론 참정권도 다시 일정한 세금을 낼 수 있는 시민에게만 차별적으로 주어졌다.

짧은 기간이었지만 자유를 경험한 민중은 이렇게 과거로 돌아가는 상황을 두고 보지만은 않았다. 혁명의 마지막 기간은 실패한 민중의 저항과 과거처럼 권력을 독점하고 싶은, 군대를 중심으로 한 쿠데타로 점철되었다. 식량 위기와 물가 폭등이 되풀이되고 대외전쟁에서 패배하기 시작했다. 정국은 혼란의 소용돌이였다. 그런데도 정부는 민중의 참여도, 절대왕정 시기처럼 귀족들만의 권리 독점도 모두 원치 않았다. 자유는 유산층 시민에게까지만 허용되어야 한다는 강력한 바람은 10년 동안의 혁명을 마무리할 새로운 독재자의 탄생으로 귀결되었다.

1799년 11월, 나폴레옹은 그렇게 권력의 자리에 올랐다.

차별화된 자유

7월 혁명

나폴레옹은 신속성, 기동성, 공격성을 앞세운 전략으로 유럽 대부분의 국가를 무릎 꿇렸고, 승리자의 권력을 철저히 독점했다. 하지만 영국을 중심으로 한 유럽 동맹군이 1814년 전쟁에서 승리함으로써 나폴레옹의 지배는 막을 내렸다. 프랑스와 유럽은 다시 선택의 갈림길에 섰다. 자유를 맛본 사람 모두를 대변하는 국가가 될 것인가, 아니면 소수만이 권리를 누렸던 '그들만의' 국가로 돌아갈 것인가.

프랑스 혁명 이전의
유럽 사회로 돌아가자

전全 유럽의 선택은 군주의 권위에 복종하고 통치자의 정통성을 존중하며 기독교 신앙을 고수하는 '절대왕정' 시대로의 회귀였다. 아마 우리의 샹파뉴 백작은 무릎을 쳤을 것이다. "그래. 바로

이거야. 이제야 국가가 제대로 돌아가겠군! 귀족이 아닌 것들이 권력을 잡는 일도 치가 떨리지만, 나폴레옹처럼 족보도 없는 것들이 권력을 휘두르게 내버려둬서는 안 되지."

프랑스 혁명기에 단두대의 이슬로 사라졌던 루이 16세의 동생이 '신성한 정통성의 원칙'에 따라 오랜 망명 생활을 끝내고 돌아와 다시 왕좌에 올랐다. 그가 루이 18세(재위 1814~1824)다.

혁명의 기억이 여전히 생생했기 때문에 비교적 조심스럽게 통치했던 루이 18세와는 달리 샤를 10세(재위 1824~1830)는 절대왕정을 향해 저돌적으로 달려갔다. 교육에 대한 성직자의 권한을 다시 확대했고 혁명 기간에 망명했던 귀족들에게 토지 보상금을 지불했다. 심지어 상당한 재산을 가진 시민층조차도 배제하려고 했지만 1830년 의회 선거는 왕의 의도와는 반대로 샤를 10세의 반대파가 압승했다.

샤를 10세는 의회를 해산하고 토지 소유자에게만 선거권을 부여하면서 오로지 왕만이 입법권을 갖는다는 반동적 칙령을 선포하는 것으로 대응했다. 프랑스 혁명기에 흘러넘쳤던 피와 나폴레옹 통치기의 오랜 전쟁으로 지친 사람들은 시대를 역행하는 정책을 10년 넘게 묵묵히 참았지만 더 이상은 아니었다.

다시 시작된 혁명

　　　　　　귀족과 왕만이 권리를 가지는 사회로 돌아갈 수는 없었다. 결국 다시 혁명이었다. 자유주의 언론인들과 의회주의자들이 혁명을 주도하고 파리의 노동자들이 든든하게 뒤를 받쳤다. 억압과 통제의 왕정을 끝내기 위해, 다시 자유를 손에 쥐기 위해 파리에서 노동자, 수공업자, 대학생들이 바리케이드를 치고 자유주의자들의 지휘 아래 군대와 목숨을 건 전투를 벌였다. 200여 명의 병사와 1천800여 명의 혁명군이 목숨을 잃었다. 샤를 10세는 전투가 시작된 지 3일 만에 영국으로 망명했다.

　다시 힘들게 찾은 자유는 모든 사람의 몫이었을까? 새로 탄생한 프랑스는 이를 반영하듯 공화정을 정체政體로 선택했을까?

　혁명의 지도자들이 선택한 정체는 놀랍게도 입헌군주제였다. 혁명을 지지한 노동자들은 당연히 공화정을 요구했다. 그러나 자유주의자들은 이를 받아들일 마음이 전혀 없었다. 왜 우리의 권리를 저들과 나눠야 하는가? 사회의 하층민들을 정치에서 배제하고, 샤를 10세 같은 왕의 귀환을 원천봉쇄할 수 있는 체제, 그것이 바로 입헌군주제였던 것이다.

　왕족이면서도 자유주의 사상을 지지했던 오를레앙 공 루이 필리프가 입헌군주로 추대되었다. '시민의 왕'으로 불렸던 그가 시간이 지나면서 '증권업자들의 왕'으로 불리고, 끝내는 '마귀 할아범'이 되는 과정은 7월 왕정의 모습을 정확하게 보여주는 것이었다.

체제가 바뀐 만큼 변화는 있었다. 우선 선거권이 확대되어 유권자 수가 9만 명에서 16만 명이 되었다. 170명에 1명꼴로 투표권이 주어진 것이다. 프랑스가 겪었던 처절했던 혁명이라는 대가를 지불하지 않고도 영국에서 25명 중 1명꼴로 투표권을 행사했다는 사실을 놓고 보면, 프랑스는 오히려 정치 후진국이었다.

자유주의자들은 혁명의 피비린내를 다시 겪으면서도 자유를 원했다. 그러나 그들의 자유는 능력 있는 자들만 누릴 수 있는 특권이었다. 납세 기준을 맞추지 못하는 중소 시민층도 선거권에서 배제되었다. 왕당파 귀족들은 시민들이 뽑은 왕에게 충성서약을 하고 싶지 않았기 때문에 행정조직과 정치에서 물러났다. 귀족들도, 중소 시민층도 아닌 최상층의 시민(금융가, 대공장주, 대상인 등)이 7월 왕정의 지배자였다.

하지만 7월 왕정은 처음부터 재정난에 시달렸다. 정부는 최상층 시민에게 기대어 재정 위기를 넘기려고 했다. 이들에게 전면적인 특혜가 집중된 것은 당연한 결과였다. 정부의 철도사업 방식은 이런 특혜를 가장 잘 보여주는 사례였다. 정부가 철도를 부설하는 데 필요한 부지와 부대 건물을 매입하고 철도회사는 철로와 객차를 책임졌는데 그마저도 정부에서 보조금을 지급했다. 그러고도 철도가 완성되면 철도 경영권은 99년간 철도회사에 양도됐다.

사업의 발전이 곧 진보였으며 또한 진보의 조건이었으므로, 발전을 책임지는 사업가들이 자신들의 능력을 최대한 펼치도록 하는 건 당연한 정

책이었다. 따라서 진보의 주체인 최상층 시민이 최소한의 세금만 내고
철저히 보호받아야 하는 것도 당연했다.

어떻게 이런 상황이 가능했을까? 언론을 지배하는 자가 바로 최상층
의 시민이었기 때문이다. 정치체제나 재산권을 비판하는 신문은 폐간되
었다. 오직 광고와 정보를 제공하는 신문만 넘쳐났다. 7월 왕정하에서 언
론의 자유는 존재하지 않았다. 최상층 시민들은 언론을 직접 조종하고
통제함으로써 여론을 길들였다.

제한된 자유와
터져 나오는 분노

최상층 시민들이 감지하지 못했던 사회현상 하
나가 있었다. 산업 노동자들이 눈에 띄게 증가하고 있었다. 그들은 사회
의 중심 세력이 아니었고 심지어 조직화되지도 못했으며 삶은 피폐했다.
일터는 물론 생활조건까지 악화되었다.

원인은 간단했다. 7월 왕정을 이끌었던 세력은 대상인과 대공장주, 그
리고 금융가 등이었다. 이들은 산업에 투자하거나 새로운 기술을 활용해
새로운 사업을 개척하는 데에는 굼떴고, 무역을 통한 이윤 남기기와 이
자 놀이에 관심을 기울인 구시대적인 인물들이었다.

이들은 노동자들이 방탕하고 나태한 습관, 헤픈 낭비벽 때문에 가난하
다고 생각했다. 가난의 이유가 노동자 자신 때문이라는 것이다. 이들의

논리대로라면 노동자들이 가난으로부터 벗어나기 위해 가장 필요한 조건은 성실함이었다. 충분한 임금이 아니었다. 노동자들이 성실함을 발휘하는 조건, 그것은 어느 정도의 가난함이라는 논리가 7월 왕정기를 지배했다.

최상층 시민들은 노동자들의 저항을 용납하지 않았다. 파업은 철저히 진압되었다. 10시간 이상을 노동해야만 간신히 먹고살 수 있는 상황에서, 1834년 제정된 결사금지법으로 노동조합을 만들 수도 없는 상황에서, 실제로 노동자들이 파업을 하기 위해서는 너무나 큰 희생을 전제해야 했다. 게다가 해직 사유가 공장 내부에서의 저항이나 파업 주도와 관련되었을 경우, 그 노동자가 다른 일자리를 얻을 가능성은 거의 없었다. 노동자들은 그저 묵묵히 일해야만 하는 '자유'를 가졌을 뿐이고 몸부림을 쳐도 가난에서 벗어나기는 힘들었다.

절대권력을 휘두르려는 왕의 압제를 끝내는 데 한목소리를 냈지만, 모든 사람에게 같은 수준의 자유가 부여된 것은 아니었다. 자유를 행사할 수 있는 사람들은 너무 적었고, 이른바 능력을 갖춘 그들은 자신들의 자유를 최대한도로 행사하기 위해 나머지 사람들의 자유를 질식시키고 있었다.

프랑스 혁명이 보여준 과격함에 놀란 중소 시민층의 공포심이 의외로 컸고 노동자, 농민층의 정치의식이 커나가는 과정은 더뎠다. 억압당한 자유주의 체제는 18년간이나 유지될 수 있었다. 그러나 언제까지 인내심을 유지할 수는 없었다. 흉작에다 힘든 경제적 상황 그리고 공화파와 사회주의자들의 성장은 7월 왕정에 돌이킬 수 없는 파열음을 내게 만들었다. 프랑스는 다시 선택의 갈림길에 섰다.

모든 이에게 자유를

2월 혁명

7월 왕정 당시 총리였던 프랑수아 기조는 선거권을 확대하라는 요구에, "부자가 되어라. 그러면 투표할 수 있다"라고 대꾸했다. 흉작으로 생존의 위기를 느꼈던 민중의 불만은 분노로 바뀌었다. 이들은 정치집회 금지규제를 우회하여 연회 형식을 빌려 정부를 향한 공격을 본격화하기 시작했다. 위협을 느낀 기조 내각은 1848년 2월 22일로 예정되었던 파리 연회의 허가를 취소해버렸고, 억눌렸던 민중의 분노는 폭발했다. 다시 혁명이 시작되었다.

기조가 시민군인 국민방위군의 소집을 명령하자 방위군의 대부분은 소집에 응하지 않았고, 소집에 응한 방위군도 시위대에 발포하라는 명령을 거부하면서 "개혁 만세"를 외쳤다. 이러한 국민방위군의 단호한 태도는 정규군까지 마비시켜버렸다. 그해 루이 필리프(재위 1830~1848)는 결국 퇴위하고 영구 망명을 택했다. 프랑스 왕정은 혁명 앞에 다시 무너졌다.

다시 찾은 자유

　　　　　　　　2월 혁명은 공화파가 주도하고 노동자들이 적극적으로 참여했다. 노동자들은 7월 혁명 때도 바리케이드 투쟁을 하면서까지 자유주의자들을 지원했지만 투쟁의 결실은 결코 노동자에게 미치지 않았다. 다시 혁명이 일어나자, 노동자들은 7월 혁명 때처럼 행동하지 않았다. 공화파가 프랑스의 새로운 정치체제로서 공화국의 선포를 주저했을 때, 여전히 시청 앞 광장에 모여 있던 민중은 "공화국! 공화국!"을 외쳤고, "우리를 1830년과 같은 수법으로 속이지는 못할 것이다"라고 소리 질렀다. 이러한 압력을 무시할 수 없었던 공화파 대표가 저녁 무렵 시청 발코니에 나와 선언했다. "공화국이 선포되었습니다."

　공화파와 사회주의자들이 임시정부를 구성했고, 성인 남자 보통선거를 채택했다. 전면적인 언론의 자유와 집회의 자유가 보장되었고, 노동권이 도입되면서 파리에서는 하루 10시간으로, 지방에서는 11시간으로 노동시간이 제한되었다. 하루 25프랑의 세비가 지급되면서 돈이 없는 사람도 의원이 될 수 있는 기회가 열렸다. 이런 상황에서 1848년 4월의 의회 선거가 950만의 남성 유권자가 투표하는 보통선거로 치러졌다. 선거에는 왕당파, 공화파, 사회주의자들이 대거 출마했다. 혁명을 이끌었던 공화파가 압승을 거두었을까? 아니면 노동자들이 자신들의 요구를 대변하는 사회주의자들에게 몰표를 던졌을까?

결과는 의외였다. 900석의 의석 중에서 왕당파가 무려 500석을 차지했다. 270석을 차지한 공화파는 온건한 성향을 띤 사람들이 다수였고, 사회주의자들은 80명에 불과했다. 선거 결과는 프랑스인이 다시 찾은 자유보다 더 중요하게 생각하는 게 있음을 분명히 말하고 있었다.

혁명이 성공적으로 마무리되고 의회 선거가 실시될 때까지 몇 달 동안 프랑스 국민의 마음이 어떻게 바뀌었는지를 살펴봐야 한다. 우선 노동자들은 7월 왕정 기간에 살기 위해 발버둥 쳐야 했다. 이들에게는 오로지 노동의 자유만이 보장되었다. 노동자들은 자신들의 적극적인 지원으로 혁명을 성공시킨 공화파에 생존권 보장을 요구했다. 노동자들의 압력에 밀려 정부는 '국민작업장'을 만들고 실업자들에게 저임금의 단순 일거리를 제공했다. 문제는 이 작업장이 노동자들에게도 불만이었다는 것이다. 노동자들은 이 작업장에서 기술을 배워 좀 더 나은 조건으로 취업하기를 원했지만, 이들에게는 아주 단순한 노동만이 주어졌다. 임금이 적은 이유도 여기에 있었다.

하지만 국민작업장 창설은 다른 집단들에게는 단순한 불만을 넘어 분노를 유발했다. 작업장을 만드는 데 필요한 재원은 토지세를 인상하는 것으로 충당했다. 세금 인상의 부담을 가장 크게 직접적으로 느낀 것은 농민이었다. 자신들은 아무런 혜택도 받지 못하면서 오히려 세금까지 더 내야 했으므로 농민에게 국민작업장은 자신들의 고혈을 빨아 도시의 노동자들을 배 불리는 곳으로 인식되었다.

"자유 아니면 죽음을!"

노동자들의 지지를 받아 혁명을 승리로 이끌었던 중소 시민층은 끊임없이 요구하는 노동자들에게 질겁했다. 당시 파리에서 작은 인쇄소를 운영하던 장 르노(가상 인물)의 말을 들어보자.

> "나는 이제 노동자들이 무서워. 저들의 요구는 끝이 없어. 국민작업장 만들어달라고 해서 만들어줬잖아. 살 수 있도록 해줬는데 뭘 더 해달라는 거지? 이러다가 내 인쇄소도 달라고 할 판이야. 그건 절대 안 되지. 암! 안 되고말고."

중소 시민층은 입장을 바꿨다. 힘들게 얻은 자유를 모두가 공평히 누리기보다 질서를 유지하고 재산을 수호하는 게 더 중요하다고 판단했기 때문이다. 이를 실현하려면 차라리 최상층 시민들과 손을 잡는 편이 더 나았다. 당대 최고 자산가들이었던 최상층 시민들은 투자금을 회수하고 자신들의 공장과 상점을 일시적으로 폐쇄해 실업률을 증가시키면서까지 정부에 대한 불만을 강력히 제기했다.

4월 의회 선거의 결과는 전혀 놀랍지 않았다. 84퍼센트라는 높은 투표율을 보였던 이 선거에서 각 집단은 왕당파에게 표를 몰아주었고, 사회주의에 대한 반감을 표명했던 온건 공화파에 투표함으로써 정부에 대한 불만을 드러냈다. 선거가 끝난 후 가장 먼저 시작된 일은 재산과 질서를 어지럽히는 행위를 제거하는 것이었다. 6월 21일, 국민작업장 폐쇄는 그렇게 결정되었다.

물론 국민작업장의 노동자들에게 선택지는 있었다. 정부는 세 가지를 제안했다. 군대에 입대하기, 파리에 있는 기존의 저임금 일자리로 돌아가기, 그리고 개간사업 일자리 알아보기 등이었다. 노동자들은 세 가지 모두 받아들이기 어려웠다. 그러잖아도 도시 노동자와 민중은 4월의 총선 결과에 잔뜩 실망해서 파리에서 대규모 시위를 벌였고 부유층에게 세금을 부과하라고 요구한 참이었다. 이들의 요구가 받아들여지기는커녕 되레 국민작업장 폐쇄라는 생각지도 못한 결정이 내려진 것이다. 국민작업장이 폐쇄된 이튿날인 6월 22일, 노동자들은 실업자들과 소상점주들의 도움을 받아 바리케이드를 쌓고 외쳤다. "자유 아니면 죽음을!"

이 봉기는 정부에 대한 노동자들의 항명이었고, 거친 분노가 터져 나온 현장이었다. 봉기를 일으킨 사람들은 지도자는 물론 제대로 된 계획도 없었다. 6월 26일 봉기가 진압되기까지 닷새간 어떤 정파도, 어떤 저명한 정치가도 이 봉기에 가담하지 않았다. 봉기에 가담한 자들이 원한 것은 인간으로서 존중받을 권리와 노동권 보장이었다.

노동자들의 생존권 요구는 유산층 시민들에게는 질서에 대한 근본적인 위협으로 보였다. 따라서 이 봉기는 특히 (이제 간신히 '자유'를 움켜쥔) 중소 시민들에게는 용납할 수 없는 폭동이었다. 봉기가 일어난 기간에 중소 시민들이 재산과 질서 수호를 위해 가장 열성적으로 투쟁했다. 정규군, 국민방위군 그리고 파리의 실업자들로 구성된 기동대가 진압에 투입되어 봉기를 일으킨 측에서 4천 명, 진압 측에서는 1천여 명이 사망했고, 1만 2천 명이 체포되면서 6월 봉기는 마무리되었다.

6월 봉기 이후 파리에는 계엄령이 선포되었다. 새로운 헌법도 제정되었다. 보통선거를 보장하고 임기 4년의 대통령을 행정 수반으로 명시한 이 헌법에 노동권은 포함되지 않았다. 12월에 실시된 대통령 선거에서 나폴레옹의 조카인 루이 나폴레옹 보나파르트가 전체 투표수의 74퍼센트에 해당하는 550만 표를 얻으면서 당선되었다. 공화파 대표는 50만 표를 획득했을 뿐이었다.

중소 시민층이 투표권과 자유를 얻기까지 오랜 시간이 걸렸다. 노동자들의 적극적인 지원이 없었다면 불가능한 일이었다. 그러나 일단 자신들이 원하는 것을 얻었을 때 중소 시민층은 재빨리 질서유지에 가담했다. 기존의 지배집단과 권력을 공유함으로써 자유주의의 노정에 확실하게 올라섰던 것이다. 능력 있는 자들만이 권리를 누리는 것, 이것이 자유주의 원칙에 충실한 자세였다.

자유를 넘어 평등으로

파리코뮌

1871년 5월 21일 아침, 파리코뮌의 마지막 순간이 다가오고 있었다. 프랑스 정부군이 파리 서쪽에서 진격하기 시작했다. 유일한 탈출구인 동쪽 출구는 이미 독일군이 막고 있었다. 코뮌군은 동쪽으로 밀려나면서 주요 건물에 불을 질렀고, 파리 대주교를 비롯한 백여 명의 인질을 처형했다. 퇴로가 막힌 코뮌군은 27일, 페르 라셰즈 묘지에서 정부군과 가장 처참한 백병전을 시작했다. 28일, 끝까지 싸운 147명의 코뮌군이 포로로 붙잡혔다. 정부군은 이들 모두를 묘지의 벽 한쪽에 쭉 세워놓고 그 자리에서 차례로 총살했다. 빅토르 위고는 그 장면을 〈바리케이드 위에서Sur une barricade, au milieu des pavés〉라는 시로 표현했다.

죄 있는 피와 죄 없는 피로, 씻기고 붉게 물든

포석 사이의 바리케이드 위에서

열두 살 소년이 동료들과 함께 체포되었다…

"이 촌놈, 너도 이 녀석들과 한패냐?"

아이는 답했다. "우리는 동지다."

"좋아" 하고 장교가 말했다. "총살시켜줄 테니, 네 차례를 기다리고 있어."

아이는 보았다. 총구가 확 불을 뿜고, 동지들이 모두 담벼락 앞에 쓰러지는 것을…

도대체 파리코뮌이 무엇이기에 프랑스인이 프랑스인을 진압하고, 서로를 향해 총부리를 겨누고, 심지어 총살까지 하는 지경에 이르렀을까.

파리코뮌의 시작

1870년 7월 19일, 에스파냐 왕위 계승 문제가 기폭제가 되어 프랑스-프로이센(독일의 전신) 전쟁이 시작되었다. 9월 1일, 나폴레옹 3세(루이 나폴레옹 보나파르트)는 승리를 장담하면서 친히 참전한 스당 전투에서 프로이센군의 포로로 잡혔다. 그러나 전쟁은 끝나지 않았다. 파리에서 공화파 의원들이 황제를 폐위하고 공화정을 선포하면서 임시정부를 구성하여 프로이센과의 전쟁을 계속하기로 결정했기 때문이다. 9월 19일, 프로이센군은 이듬해 1월 28일까지 지속될 파리 포위 작전을 단행했다. 이른바 '말려 죽이기' 작전이었다.

파리 주민들은 식량이 떨어지자 말, 고양이는 물론 쥐까지 잡아먹을 수밖에 없었다. 전쟁이 끝나지도 않았는데 프로이센은 베르사유 궁전 거울의 방에서 독일제국 선포식을 성대하게 거행했다. 1월 28일 결국 임시정부는 백기투항했다.

독일제국의 압력을 받으면서 치러진 새로운 의회 선거에서 왕당파가 공화파를 누르고 압도적 다수를 차지했다. 정치체제는 공화정인데 왕당파가 제일 많은 의석을 차지하는 기묘한 구성이었다. 대통령으로 선출된 티에르는 독일제국이 제시한 협상안을 받아들였다. 배상금 50억 프랑을 지불할 때까지 독일제국 군대가 프랑스에 주둔하고 알자스-로렌 지방을 독일제국에 양도한다는 내용이었다.

프랑스군은 당연히 무장해제당했다. 유일한 무장병력은 국민방위군(프랑스 혁명 시기에 만들어진 시민군)뿐이었다. 권력의 횡포와 무정부 상태로부터 헌법을 수호한다는 목적을 명확히 표명했던 국민방위군은 7월 왕정을 지지했고, 2월 혁명 때는 혁명군 편에 섰으며 6월 봉기를 가차 없이 진압했다. 일정한 세금을 낼 수 있는 시민으로만 구성되었던 국민방위군은 1870년 프로이센과의 전쟁 기간에 노동자들을 받아들였으므로, 더 이상 동질 집단일 수 없었다.

프로이센군의 포위를 4개월이나 견뎌야 했던 파리 사람들은 이러한 상황과 협상안에 분노했다. 협상안이 굴욕적이었고, 전쟁이 끝났다는 이유로 정부가 시행을 예고했던 조치들이 너무 가혹했기 때문이다. 국민방위군의 급료는 극빈자 증명서를 제출할 수 있는 사람들에게만 지급되었다. 파리 포위 중에 시행되었던 모든 어음과 집세의 지불유예 조치가 종료되었다.

가장 큰 파장을 불러일으켰던 것은 국민방위군의 대포들을 회수하라는 지시였다. 독일에 배상금을 지불하려면 돈이 필요했는데, 이 돈은 중상층 시민층에서 나오는 것이었다. 이들은 지원을 조건으로 파리를 완전히 제압하라고 요구했다. 프랑스인의 손으로 프랑스인을 진압하는 것, 서로 죽여야만 진압이 가능할 것이었다. 왜 이런 가혹한 요구를 했을까?

자금을 지원할 시민층의 요구대로 파리를 제압하려면 무장을 해제시켜야 하고, 따라서 유일한 무장세력인 국민방위군의 대포를 회수해야만 했다. 문제는 이 대포가 정부 소유가 아니라는 사실이었다. 민중이 방어를 위해 스스로 돈을 내 대포를 구입했기 때문이다. 대포 회수를 시도하자 민중의 분노가 폭발했고, 이 과정에서 장군 2명이 살해되기까지 했다. 3월 18일, 티에르 대통령과 정부는 파리를 떠나 베르사유로 자리를 옮겼고, 같은 날 파리에서는 코뮌정부에 곧 권력을 이양할 국민방위군 중앙위원회가 구성되었다. 파리코뮌의 시작이었다. 이 시점부터 파리와 베르사유 정부가 대립하게 되었다.

진정한 평등사상의 발현

파리에는 누가 남아 있었을까? 독일군이 포위했

던 몇 달 동안 대부분의 중상층 시민은 파리를 탈출했다. 파리에 남은 사람들 가운데는 노동자와 빈민이 압도적으로 많았고, 사회주의 지식인들과 소상점주, 공장주 등이 일부 있었다. 파리를 탈출하지 못한 다수의 사람들은 가난했고, 탈출할 필요가 없었던 극소수는 부유했다.

파리 밖에 자리 잡은 정부와 그 정부가 의존해야만 하는 자본가 시민층에게 파리의 상황은 1848년 6월 봉기를 떠올리게 했을 수도 있다. 파리와 베르사유 정부의 대립에서 파리가 승리한다면, 유산자 시민층이 보기에 작게는 국민작업장이 부활할 수도 있고, 크게는 노동자 출신 대표들이 의회에 진출하고 그들의 권력에 복종해야 하는 상황이 만들어질 수도 있었다. 그런 일은 일어나지 말아야 했다. 프랑스의 유일한 합법정부는 베르사유 정부여야 했다.

이 시기에 파리에서 정부 역할을 했던 것은 선거를 통해 선출된 코뮌 총평의회(이하 코뮌)였다. 보통 '코뮌' '코뮌 정부'와 동일한 기관이 바로 코뮌 총평의회였다. 코뮌은 노동자들과 전문직 지식인들이 다수를 차지했다. 지금까지 어떤 기관에서도 노동자가 구성원 수 가운데 거의 절반을 차지하지는 못했다.

코뮌은 이제까지 노동자들과 빈민들이 요구한 사항들을 정책에 반영했다. 진정한 권리의 평등이라고 간주되는 정책들이 만들어졌다. 무상의무교육이 실시되었고, 동일 노동시간에는 동일한 임금이 지급되었다. 예를 들면, 모든 코뮌 위원의 시간당 임금과 공장 노동자들의 시간당 임금이 동일했다. 이 조치는 파리코뮌의 정책 중 가장 놀라운 것으로 노동에 귀천이 없다는 진정한 평등사상의 발현이었다.

공장 내의 벌금제도도 폐지되었다. 벌금제도는 나폴레옹 3세 치하에
서 고용주가 노동자의 지각이나 작업 부주의를 처벌하기 위한 것이었지
만, 노동운동가를 밀고하지 않는 사람을 처벌하는 용도로 사용되기도 했
다. 또한 노동자의 건강을 해친다는 이유로 제빵 노동자의 야간 노동이
금지되었다. 이 조치는 고용주들의 강력한 반대에 부딪혔지만 코뮌 노동
위원회 대표 프랑켈이 "프랑스 혁명을 일으킬 때 귀족에게 의견을 물어
보았나?"라고 외치면서 5월 3일 시행할 것을 강력히 요구했다. 집세의
전면적인 지불유예 조치가 발표되었고, 국립전당포에 저당잡힌 물건 가
운데 20프랑 이하의 물건은 찾아가도 좋다고 허가했다. 불경기에 작업도
구마저 저당잡히는 바람에 일을 하지 못했던 다수의 노동자에게 이 조치
는 재기의 희망을 불어넣었다. 매춘도 금지되었다.

그러나 이러한 조치가 제대로 시행될 상황도 아니었고, 시간도 부족
했다. 파리코뮌은 72일간만 존재했을 뿐이었다. 5월 21일부터 28일까지
'피의 일주일' 동안 2만 5천 명으로 추산되는 코뮌군이 처형되었고 4만
명이 넘는 사람들이 체포되었다. 코뮌이 완전히 사라진 뒤, 몇 년에 걸쳐
7만 명이 넘는 사람들이 파리를 떠났다.

1880년 정부가 코뮌 사람들에 대한 사면령을 내릴 때까지 프랑스에서
노동운동은 침몰 상태였다. 노동운동 지도자, 사회주의자, 혁명가들이
전사하거나 처형당하거나 투옥 또는 추방되거나 망명해야만 했기 때문
이었다. 서로 다른 위치에 있는 사람들의 자유와 권리가 공존하기 위해

오랜 시간이 필요했고 희생도 만만치 않았다. 차별을 넘어서 진정한 평등으로 가는 길은 멀고 험난했다.

금지하는 것을 금지한다

68혁명

1968년은 뜨거웠다. 미국뿐 아니라 유럽 전역에서 베트남 전쟁에 대한 반전운동이 본격화되었다. 미국에서는 대학생들이 반전운동을 주도하면서 연일 베트남 전쟁의 참상을 알리고 징집에 반대하며 시위를 이끌었다. 대학 내의 건물을 점령하고 밤샘토론을 벌이기도 했다. 체코슬로바키아에서 소련의 지배에 저항하는 민주화운동이 일어났을 때, 소련이 수천 대의 탱크를 프라하로 진격시키면서 이 운동을 철저히 짓밟았던 것도 1968년이었다.

파리도 예외는 아니었다. "나는 반역한다. 고로 우리는 존재한다." "모든 권력을 상상력에!" "불가능한 것을 요구한다." "서른이 넘은 사람은 그 누구도 믿지 말라." "금지하는 것을 금지한다." 1968년 5월, 파리 곳곳에서 이 같은 외침이 울려 퍼졌다. 자유를 얻기 위해 잇따라 혁명(프랑스 혁명, 7월 혁명, 2월 혁명)을 일으킨 나라, 진정한 평등을 실현하기 위해 내전(파리코뮌)까지 치렀던 나라 프랑스. 누구나 자유와 평등을 누리는 게 얼마나 힘든지를 경험으로 인지했기에 다른 어떤 나라보다 관용적일 수 있었다. 그렇다면 이 구호는 어떻게 해석해야 할까.

새로운 연대와
폭발하는 에너지

1968년 3월 21일, '혁명적 공산주의 청년회'는 파리 오페라 구역에서 베트남 전쟁 반대 시위를 벌였다. 그러고는 미국 회사라는 이유로 아메리칸 익스프레스 사무실을 습격해 성조기를 불태웠다. 주모자 8명이 체포되었는데 그중 한 명이 파리 외곽에 있는 낭테르대학의 학생이었다. 낭테르대학은 이미 몇 달 전부터 시끄러운 상태였다. 학생 수는 지나치게 많고 강의실은 부족한데 학교는 언제나 공사 중이었으므로 사회학과 학생들이 이런 상황을 개선하기 위해 대학 운영에 학생들을 참가시켜달라고 요구하며 동맹휴업을 했다.

학교에서는 사복경찰의 도움을 받아 주모자를 색출하기에 이르렀다. 이 과정에서 사회학과 학생 다니엘 콘 벤디트가 주요 인물로 부상했다. 벤디트는 학생들을 모아 체포된 학생의 석방을 요구하며 대학본부를 점령했고, 대학 당국은 휴교령으로 맞대응했다. 낭테르대학이 폐쇄되자 학생들은 파리 소르본대학에서 모였다. 인문학의 중심지이자 파리의 역사를 고스란히 기억하고 있는 소르본대학에서 학생들은 시위를 다시 시작했다. 이제는 낭테르대 학생들만의 시위가 아니었다.

대학은 경찰의 진입을 요청했고 학생과 경찰은 충돌했다. 경찰의 진입 자체가 이미 대학의 독립과 학내에서의 표현 자유를 심각하게 훼손하는 것이었다. 소르본대학 측은 아예 학교를 폐쇄해버렸다. 학생들은 학교에서 쫓겨나자 소르본대학이 위치한 라탱 지구의 한 구역을 점거하고 바리케이드를 쌓았다. 이제 바리케이드에는 대학생은 물론 노동자, 실업자 그리고 고등학생까지 모여들었고, 시위 가담자는 약 1만 명으로 늘어났다.

5월 11일 새벽 2시 12분, 진압 명령이 떨어졌다. 곤봉, 물대포, 최루가스가 난무했고, 경찰은 인근 집으로 도망치는 학생들을 끝까지 추격해 구타하고 체포했다. 이 장면이 텔레비전으로 낱낱이 중계되었고 경찰의 지나친 폭력 진압은 파리 시민의 공분을 자아내기에 충분했다.

곧이어 파리 시민의 80퍼센트가 학생들을 지지한다고 선언했다. 같은 날, 노동조합이 학생들과의 연대투쟁을 결정하면서 처음으로 노동자와 학생 간의 연대가 이루어졌다. 13일, 약 9백만의 노동자가 참여하는 총파업이 시작되었다. 5월 15일, 국영기업인 르노자동차의 노동자들이 드디어 파업 동참을 선언했다. 프랑스는 국가 정지 상태였다. 작업을 멈춘 수백만의 노동자들과 학생들이 공유한 절실함, 그것은 더 이상 자본주의적 경쟁 구도에 휩쓸려 소외된 삶을 살지 않겠다는 다짐이었다.

정부는 타협안을 제시했다. 과도한 진압의 책임을 지고 내무장관이 사퇴했고, 정부와 경영자단체, 노조가 모여 최저임금 인상과 노동시간 단축을 중심 내용으로 하는 그르넬 협정을 작성했다. 이 협상안은 파업 현장에서 거부당했다. 노동자들은 안정된 일자리 보장과 노동자 자주관리 (노동 과정을 노동자 스스로 통제하는 것)를 요구했고 파업은 계속되었다.

다른 한편에서는 사회 안정에 대한 요구가 점차 커졌다. 드골 대통령이 기습적으로 의회 해산과 총선 실시를 발표한 5월 29일, 드골 지지자 79만 명이 샹젤리제 거리에서 시위를 벌였다. 5월 31일에 임금 인상안이 기습적으로 발표되었고, 6월 6일에는 노동자들이 작업장에 복귀하기 시작했다. 6월 16일, 르노자동차의 노동자들이 파업을 중단했다. 이어진 23일 총선에서 드골파가 압승을 거뒀다.

3월에 시작되어 5월에 절정을 이뤘던 이 거대한 움직임은 이렇게 끝났다. 자발적 행동 그 자체였고 엄청난 에너지를 분출했던 68혁명은 어떠한 사회제도도 바꾸지 못했다.

68혁명이 쏘아 올린 신호탄

68혁명은 실패한 것인가? 68혁명은 지금까지 프랑스가 겪었던 어떠한 혁명과도 비교하기 어렵다. 우선 특정 조직이나 특정 지도자가 혁명을 이끌지 않았다. 혁명에 참여한 사람들은 지도부를 만들자는 모든 시도를 거부했다. 이러한 무조직성은 결국 내부 분열로 귀결되었고, 상황을 끝까지 끌고 나갈 구심점이 없었던 까닭에 결국 혁명은 실패했다. 하지만 모든 참가자의 자발성에 기댄 순간과 개인의 행동이 곧 일상이었다. 이런 점에서 68혁명 참가자들은 기성세대와 달랐고 기성세대를 강력히 비판하면서 갈등을 빚었다.

경제대공황과 제1, 2차 세계대전 등으로 끊임없이 죽음에 노출되고, 굶주림에서 벗어나기 위해 생계를 책임져야 했던 부모 세대는 위계질서를 당연하게 받아들였다. 그러나 68혁명 참가자들은 비교적 안락한 유년 시절을 보냈고 일찍부터 자기만을 위한 소비가 가능했던 사람들이었다. 미디어로 세상을 흡수한 세대, 청바지와 로큰롤 뮤직으로 일체감을 형성했던 세대, 권위주의적 태도를 참아낼 수 없던 이 세대는 청바지와 미니스커트로 자신을 표현하며 성의 해방을 외치고, 급기야 마약에 이르기까지 기성세대가 금기한 모든 것에 저항했다. 단조로운 일상에서 스스로를 해방시키는 것이야말로 인생을 즐기는 자세였다. 기성세대가 당연하게 받아들였던 것에 대한 의문과 저항이 시작된 것이다.

기성세대가 받들어온 가치에 정면 도전하고 그들의 권위에 대한 조롱이 적나라하게 드러난 것이 성에 얽힌 문제였다. 각 대학 기숙사에서 이 같은 문제가 응축되어 나타났다. 관례적으로 대학 기숙사는 남녀 학생을 분리하고, 남학생들의 여학생 기숙사 출입을 금지하거나 시간을 제한했는데, 이 같은 규칙에 대학생들이 격렬하게 항의했다. 젊은 세대에게는 위선일 뿐이었고 기성세대가 권위로 짓누르는 억압이었다.

그렇다면 5월의 행동은 수직적인 위계질서를 수평적인 관계로 바꿔놓았을까? 모든 국립대학은 원래 이름 대신 대학 앞에 숫자를 붙이게 되었다. 대학의 우열을 없애고 교육의 평등을 지향한다는 표현이었다. 1969

년 문을 연 파리 8대학(벵센대학)은 대학 교육의 기회가 노동자에게까지 확대되기 시작한 대표적인 사례다. 이 대학은 인문학, 사회과학, 예술 교육을 지향하며 고등학교 졸업장이 없어도 입학을 할 수 있었다.

흑인, 여성, 전쟁 피해자들이 스스로 억압된 존재라는 자각을 하면서 본격적으로 연대하기 시작한 것도 5월의 행동을 경험한 뒤부터였다. 프랑스에서는 몸에 대한 권리를 주장하기 시작한 여성들이 1970년대 피임과 낙태의 합법화를 이루어냈고, 미국에서도 1970년내 급진적 여성해방운동이 본격화되면서 성 문제에 대한 근본적인 성찰이 시작될 수 있었다. 자유가 모두의 권리가 되고 나서야 비로소 평등의 진정한 실현이라는 문제가 본격화되었다. 권위주의적 인간관계를 좀 더 수평적으로 만드는 과정이 그것이었고, 68혁명은 이 신호탄이었다.

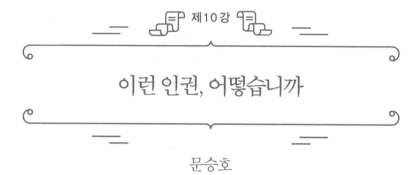

제10강

이런 인권, 어떻습니까

문승호

고용노동연수원 청소년 노동인권 전문 강사. 고려대학교 노동대학원을 졸업했다. 성장과 이윤보다 사람의 소중함을 강조하면서 인권 관련 강의와 연구를 진행하고 있다. 더 많은 청소년이 노동인권을 인식하고 자신의 권리를 주장할 수 있으면 좋겠다는 바람으로 비영리 스타트업 '새싹공작소'를 시작해 대표로 활동하고 있다.

인권감수성이란?

'인권' 혹은 '인권감수성'이라는 단어를 심심치 않게 들을 수 있는 시대다. 인권이라는 주제를 입에 올렸을 때 누군가는 사상적으로 접근하면서 경계심을 드러내는 사람이 있는가 하면, 누군가는 뜻이 통하는 사람을 만났다며 적극적으로 공감을 표현하기도 한다. 인권이라는 주제에 대해 사람들이 이토록 민감한 이유는 뭘까? 헌법이나 세계인권선언 같은 거창한 이야기가 아니라 우리 삶 속의 평범한 인권 이야기를 나눠보고자 한다.

누군가 쏘아 올린 작은 공

초등학교 미술 시간의 준비물 중 하나였던 크레파스를 기억한다. 아이들은 12색에서 48색까지 저마다 다양한 크레파스를 가져왔다. 그런데 크레파스 중에 이상한 색이 하나 있었다. 살색이었다. 살색은 누구의 관점에서 본 색이었을까?

2001년 누군가 이 문제를 국가인권위원회에 제기했는데, 그 결과 권고안이 받아들여져 살색이라는 명칭이 연주황색으로 바뀌었다. 그리고 2005년 어느 중학생과 초등학생이 연주황이라는 한자어 이름이 너무 어렵게 느껴지니 살구색으로 바꿔보자는 제안을 했다. 결국 우리나라에만 존재하고 있던 살색은 살구색으로 바뀌었다. 이 짧은 이야기 속에는 의미 있는 메시지가 적잖이 숨어 있다.

하나는 우리 입장에서만 본 살색의 의미다. 피부색이 다소 검은 동남아인이나 흑인 입장에서 '살색'이라는 명칭을 봤다면 그들은 과연 어떤 색으로 이해했을까? 지금도 살색이라는 명칭을 쓰는 사람들이 많은데, 그건 그들이 아직도 다른 누군가의 입장에서 생각해보지 않기 때문일까, 단순한 습관일까? 다시 한 번 생각해볼 문제다.

또 하나는 어른들이 얼마나 어린이 입장에서 세상을 보려 노력했나 하는 부분이다. 2005년 두 학생의 문제 제기는 국가기술표준원에서 우리나라에 있는 색깔 명칭을 재정의하도록 이끌었다. 연주황뿐만이 아니다. 한자어로 되어 있어 아이들이 이해하기 어려웠던 색의 이름을 자주 사용하는 언어, 쉬운 우리말로 바꾸게 된 것이다. 꽤 오래전에 크레파스를 썼던 사람으로서 녹색이 청포도색으로, 황색이 병아리색으로 바뀐 걸 보면 아무래도 훨씬 나아 보인다. 이 어린 학생들이 '쏘아 올린 작은 공'은 국가인권위원회가 선정한 '세상을 바꾼 결정례 30선'에도 올랐다.

나는 자가용보다 대중교통을 자주 이용하는 편이다. 분주한 마음으로 움직이다 보면 종종 장애인이 버스나 지하철을 이용하는 광경을 목격한다. 휠체어를 탄 장애인은 버스를 오르는 데도 시간이 걸리고, 일단 올라서면 휠체어 때문에 버스 내 공간이 많이 협소해진다. 바쁜 시간을 빼앗기고 공간마저 빼앗긴 사람들의 표정은 그리 좋아 보이지 않는다. 불편한 감정이 묻어난다. 지하철 계단을 오르내릴 때도 비슷하다. 출퇴근 시간에 이동하는 엄청난 인파는 움직이는 휠체어 리프트 앞에서 멈칫거린다. 역시 불편한 감정이 엿보인다.

이광섭 씨는 휠체어를 타고 다니는 중증 지체장애인이다. 2003년에 장애인 이동권을 외치며 지하철 선로와 휠체어를 쇠사슬로 연결하고 점거 농성을 벌인 사람이다. 덕분에 저상버스가 도입되고 2004년 법제화가 되었다.

시간이 흘러 2019년 6월, 이광섭 씨가 서울 시내에서 저상버스를 타려고 하는데, 버스기사로부터 거부당하는 일이 발생했다. 기사는 "손님이 많다"며 "다른 탑승객이 불만신고 민원을 제기해도 책임지지 않겠다"고 확실한 거부 의사를 밝혔다. 화가 난 이광섭 씨는 차별이라고 항의하며 버스에 올랐다. 그런데 버스에 올라탄 이광섭 씨가 목격한 광경은 황당했다. 기사의 말과 달리 버스 탑승객은 많지 않았고, 오히려 한 학생이 의자를 접어줘서 휠체어를 탄 그의 탑승을 돕기까지 했다.

서울시는 2023년까지 장애인들의 이동권 확대를 위해 노력하기로 하고, 저상버스를 100퍼센트 도입하기로 결정했다. 하지만 서울과 지방과의 격차는 여전히 존재하고, 실제 현장에서는 갈등이 자주 벌어진다. 고속버스나 시외버스, 시티투어 버스의 탑승 등 보완되어야 할 부분도 많이 남아 있다.

　청소년 문제에 관심이 많은 분과 통화를 하고 있을 때였다. 통화 중간에 내가 '학생'이라는 말을 썼더니 그분께서 엄숙한 목소리로 '청소년'이 맞지 않냐고 지적하셨다. 명색이 청소년을 상대로 인권 교육을 진행하는 사람인데 뭔가 낯 뜨거움을 느꼈다. 통화를 끊고 나서도 잠자리에 들기 전까지 생각이 많았다. 이후에는 대중교통을 이용할 때도 민감해졌다. 청소년들이 교통카드를 찍을 때 "학생입니다"라는 음성이 나오는 것도 조금씩 불편해지기 시작했다.

　한국교육개발원의 자료를 보면, 초·중·고 학생 중 학업을 중단하는 학생이 2017년 기준으로 약 5만 명에 달한다. 검정고시를 준비하거나 직업 기술을 배우거나 아르바이트 때문에 그만두는 학생들도 있고, 특정한 목표 없이 중단하거나 가출을 하거나 보호시설의 감독을 받는 경우도 있다. 어찌 됐든 이들은 학생이 아닌 상태로 사회에 머물고 있다. 말 그대로 '청소년'으로서 우리 사회에 존재한다. 그러니 단순히 '배우는 사람'으로 지칭하기보다 사회 구성원으로서 존재하는 '청소년'으로 불러주는 게 합당하다고 할 수 있다.

이게 바로
인권 문제 아닌가

지금까지의 이야기에 대해 여러분은 어떻게 생각하는가? 어느 정도 공감이 가는가, 아니면 지나친 배려처럼 여겨지는가? 지금까지의 이야기 어느 부분에서 '아, 이거 인권 문제 같은데?'라고 느꼈다면 당신은 인권 인식의 첫 단계에 들어선 걸로 봐도 무방하다. 어떤 문제를 마주했을 때 인권 문제로 바라볼 것인지 아닌지가 인권 인식의 첫 단계이기 때문이다.

그럼 두 번째 단계는 뭘까? 이 문제가 끼칠 영향들을 생각해보는 것이다. 어떤 상황이 인권 문제로 인식되고, 이 문제가 사회에 끼칠 영향이 확실해졌다면 상황 해결을 위해 우리가 할 수 있는 일을 시작해보는 것이다.

그중에서 가장 쉽게 시작할 수 있는 건 편견 버리기다. 우리의 과거 경험과 그에 관한 짧은 생각들을 내려놓고, 잠시 당사자의 입장에서 생각해보는 것이다. 처음부터 뭔가를 해야 할 필요는 없다. 부담을 가질 필요도 없다. 천천히 시작해본다. 우리가 가진 편견과 사고방식을 먼저 내려놓기만 해도 된다.

인권은 강요할 수 있는 개념이 아니다. 언젠가 내가 저 일의 당사자가 될 수 있겠다고 생각하는 지점, 바로 그 '공감'에서 인권이 시작된다. 인권을 지탱하는 힘이 '공감'에 있다는 말도 있다.

　이쯤에서 '인권감수성'에 대한 정의를 내려보자. 내 일이 아니지만 마치 내가 처한 상황처럼 인식하고 이해하려고 노력하는 것. 생각의 폭을 넓히고 공감하는 것. 모든 이의 기본적 권리와 보편적 권리를 인정해주는 것. 나는 이 세 가지가 인권감수성을 정의하는 핵심이라고 생각한다. 결국 인권감수성이 풍부한 사람일수록 어떤 상황이 인권 침해에 해당한다고 단호히 이야기할 수 있는 것이다.

　앞에서 이야기한 사례들은 이주노동자의 인권, 장애인 인권, 청소년 인권 등으로 구분해볼 수 있다. 하지만 인권 문제는 사실 우리의 일상 대부분, 아주 폭넓은 부분에서 접할 수 있다. 그만큼 사례가 많다는 얘기다. 앞으로 더 많은 사례를 함께 살펴보려고 한다. 그 속에서 내 생각은 어떤지, 내 인권감수성은 어떻게 작동하는지 한번 체크해보면 좋겠다.

　세상에는 나와 남을 규정짓는 가치관이 여럿 존재한다. 평범한 사람과 특별한 사람을 나누는 기준도 많다. 그러나 편견과 혐오의 눈이 아니라 나와 다른 생각도 함께 용납되는 사회가 좋은 사회라는 것만은 확실하다.

　뉴질랜드 마오리족의 격언에는 이런 말이 있다고 한다. "세상에서 가장 중요한 것이 뭐냐고 물으면 사람, 사람, 사람이라고 말할 것이다." 인권을 떠올릴 때 거창한 표현이나 의미를 염두에 둘 필요는 없다. 사람에 대한 가장 기본적인 태도, 모든 이가 함께 누려야 할 동등한 권리를 생각하는 게 시작이다.

내가 당사자일 수 있는 문제들

프레마랄 씨는 스리랑카에서 온 이주노동자다. 1997년에 우리나라에 왔으니 벌써 20년이 넘었지만, 지금도 프레마랄 씨를 바라보는 시선은 평범하지 않다. 검은 피부를 가진 사람들에 대한 선입견은 과거에 더욱 심했다. 프레마랄 씨는 한국에 들어와 몇 년이 지난 후에 겪은 일을 생생히 기억한다.

당시 프레마랄 씨는 익숙하게 지하철에 올랐다. 잠시 후 옆에 앉은 아이가 엄마에게 묻는 소리가 들렸다. "엄마, 이 아저씨는 왜 이렇게 얼굴이 까매?" 엄마가 대답했다. "응, 샤워를 잘 안 해서 그런 거야."

한국어에 능숙했던 프레마랄 씨는 그 대화를 듣고 얼굴이 빨갛게 변하는 것 같았다고 한다. 프레마랄 씨는 부끄러운 나머지 옆 칸으로 자리를 옮기고 말았다.

혐오와 차별에서
누구도 자유롭지 않다

얼마 전, 나는 프레마랄 씨의 고국 스리랑카를 둘러볼 기회를 가졌다. 마침 코로나19 바이러스 때문에 전 세계가 떠들썩하고, 우리나라에서도 점차 확진자가 늘고 있을 때였다. 스리랑카 국립동물원을 찾았는데 그곳에서 젊은이들 한 무리가 우리 한국인 일행을 바라보며 수군대는 것이 아닌가. 그들은 "코로나, 코로나" 하면서 몹시 경계했고, 우리 일행을 피해 저만치 거리를 둔 채 다녔다. 그 순간 내가 혐오의 대상이자 차별의 대상이 되는 느낌을 받았다. 프레마랄 씨의 마음을 조금이나마 이해할 수 있는 순간이었다. 그렇다. 상황이 바뀌면 우리는 누구나 혐오의 대상이 될 수 있다.

통계청이 발표한 '2018 인구주택총조사'에 따르면 다문화 가구원은 100만 명을 넘어섰다. 2019년 말 통계에 의하면 국내 체류 외국인은 약 253만 명이다. 10년 사이 2배 이상의 경제 성장을 이루면서 우리나라는 급속하게 다문화 사회로 나아가고 있는 중이다. 단일민족을 이야기하던 과거와 상황이 많이 바뀌었다. 하지만 외국인에 대한 차별은 여전히 존재한다. 어느 유치원에서는 피부색이 다른 외국인 아이들을 보고 보육료를 감당하기 힘들 거라는 이유로 거절하기도 했고, 부산의 한 사우나에서는 피부색이 다르다는 이유로 입장을 거부하기도 했다.

‘세계가치관조사World Values Survey’는 2013년 스웨덴의 두 경제학자들이
경제 발전과 인종차별의 관계를 연구하던 도중 인종차별 의식을 수치화
할 필요를 느껴 만들어졌다. 특히 인도, 요르단 등의 인종차별 지수가 높
았는데 응답자의 40퍼센트 이상이 다른 인종과 이웃으로 살고 싶지 않다
고 대답했고, 홍콩은 무려 71퍼센트가 넘었다. 그중 한국은 특이한 사례
로 꼽힌다. 소득과 교육 수준이 높고 평화로우며 단일민족인 국가이면서
관용의 정도가 낮은 경우는 의외였기 때문이다. 이 조사에서 한국인은 3
분의 1 이상이 다른 인종과 이웃으로 살고 싶지 않다고 대답했다.

손흥민 선수는 영국 프리미어리그에서 뛰고 있는 자랑스러운 한국인
이다. 손흥민 선수는 축구공 하나를 두고 경쟁해야 하는 싸움 말고도 경
기장 밖에서 또 하나의 싸움을 해야 한다고 말한다. 바로 인종차별과의
치열한 싸움이다. 한 팬이 토트넘 선수들을 향해 원숭이라고 조롱한 후,
손흥민 선수에게 “개고기나 먹으라”며 인종차별적인 공격을 한 적이 있
었다. 재판부는 사회와 스포츠 어디에서나 인종차별은 용납되지 않는다
며 이 팬에게 8주 징역형을 선고했다.

단순 여행을 떠나기도 하고, 유학을 가기도 하고, 이민을 떠나기도 하
는 등 이전에 비해 외국에 나갈 일이 많아진 시대, 손흥민의 사례는 이
제 그냥 남의 일 같지 않다. 우리가 손흥민 선수의 이야기에 분노하듯 프
레마랄 씨의 이야기도 스리랑카 사람들 입장에서는 기분 상하는 일이다.
누구도 차별하지 않는 국민이 되는 건 결국 우리나라의 국격을 올리는
일이고, 우리 스스로의 품위를 올리는 일이 된다.

나도 모르게,
아무 생각 없이

우리 안에 다른 차별과 혐오는 없을까? 2015년 지적장애 2급인 김모 양은 부모와 함께 대형 놀이공원을 찾았다. 하지만 장애를 눈치챈 담당직원이 다가오더니 기구에서 내리라고 요구했다. 김 양의 부모는 과거에도 문제없이 놀이기구를 탔다고 얘기했지만 직원은 규정을 이유로 탑승을 막았다. 김 양의 부모는 정신적 피해를 보상하라며 소송을 제기했고, 법원은 놀이공원 측이 장애 아동과 부모에게 1천만 원을 배상하라고 판결했다.

사실 장애인에 대한 차별과 혐오는 지금도 일상적으로 벌어진다. 장애인을 향한 정치인들의 말실수에서부터 그들의 방송 출연을 막은 사례, 아이 가진 장애인을 산부인과에서 거부하는 일도 있었다. 장애인이 왜 애를 키우느냐는 비아냥까지 더해서 말이다.

아니라고 생각하고 싶겠지만, 어쩌면 우리도 평소 알게 모르게 장애인 비하를 일삼아 왔는지 돌아볼 일이다. 예능 프로그램이나 개그 프로그램에 빈번히 등장하는 바보 같은 캐릭터나 흑인 분장을 보고 우리는 같이 웃지 않았던가. 친구와 농담처럼 '병신 같은'이라는 말을 주고받지 않았던가. 어쩌면 무심코 받아들인 이 상황들이 인권 문제에 민감하게 반응하지 못하도록 우리를 가로막은 장애물이었는지도 모른다.

2017년 기준 우리나라의 장애 추정 인구는 267만 명, 1만 명당 539명이다. 그리고 장애인 10명 중 9명은 후천적인 이유로 장애를 갖게 된 경우라고 한다. 이게 무슨 뜻일까? 지금은 비장애인이지만 언제 어느 순간 누구나 사고나 질병으로 장애인이 될 수 있다는 뜻이다. 그래서 우리의 말 한마디, 생각 한 뼘은 더 중요해진다.

외국인이나 장애인 차별이 먼 얘기처럼 느껴지는 분들을 위해 좀 더 가깝게 느낄 수 있는 사례를 들어보고자 한다. 직장에서 당하는 갑질은 인권 문제와 아주 밀접하게 연관되어 있다. 시민단체 '직장갑질119'에 제보된 내용을 보면 상사로부터 폭행이나 모욕을 당하는 경우는 다반사고, 직원들의 직급과 외모, 학력, 성별 등을 이유로 인격을 비하하고 무시하는 경우가 많이 발생한다고 한다. 여성 직원에게 송년회 때 장기자랑을 시키거나 맥주잔에 소주를 가득 담아 마시라고 강요하는 행위도 빈번했다. '나와 다른 위치, 나와 다른 성별' 등의 차별 의식이 밑바탕에 깔려 있기 때문이다.

이외에도 자문해볼 문제는 많다. 음식점이나 백화점에서 내가 왕인 것처럼 행동하고 말한 적은 없는지, 어떤 일을 하는 사람을 보고 나도 모르게 '저런 일이나 하는 주제에'라고 생각한 적은 없는지, 우리 아파트의 경비원 아저씨를 대하는 나의 생각과 태도는 어떤지. 어쩌면 내가 문제 당사자일 수 있는 이 상황들은 이미 언론에서 보도했던 실제 기사의 사례들이다.

2020년 1월 국무조정실이 전국의 만 16~69세 남녀 2천500명을 대상으로 국민의 갑질에 대한 인식을 조사했다. 이 설문조사에서 응답자의 85.9퍼센트가 "우리 사회의 갑질이 심각하다"고 답했다. 나는 아니라고 말하고 싶겠지만, 이게 우리의 자화상이다.

차별을 막는 최소한의 장치

외국에서는 차별의 문제를 어떻게 바라보고 있을까? 흔히 미국은 왠지 차별에 민감하지 않을 것 같은 나라로 인식하기 쉬운데, 실제로는 차별금지에 관한 법률을 만드는 데서 선도적인 역할을 하고 있다. 차별금지법의 이론적 기초가 된 미국은 영국과 호주, 캐나다, 네덜란드, 스웨덴 등 세계 각국 차별금지 정책의 이론적 기초를 제공한다.

1964년 제정된 미국의 민권법The Civil Rights Act은 인종과 민족, 출신 국가, 소수 종교, 여성 차별은 불법이라는 내용을 골자로 한다. 이후 더욱 발전·확장해 현재는 연령 차별, 장애인 차별, 경제적 차별과 주거환경 차별, 교육 차별, 범죄 관련 차별까지 금지하고 있다.

영국은 기존에 있던 평등임금법, 성차별금지법, 인종관계법, 장애인차별금지법, 고용 평등(종교 또는 믿음, 성적 지향, 연령)에 관한 시행령 등 9가지 차별금지법과 100개가 넘는 법령을 하나로 통합해 2010년에 평등법을 제정했다.

독일은 2006년 8월 공포된 일반평등대우법을 통해 인종과 성별, 종교, 세계관, 장애, 연령 또는 성적 정체성 등의 포괄적인 차별을 금지하고 있다.

우리나라는 어떨까? 2007년 노무현 정부가 차별금지법안을 발의해 2008년 상정됐으나 17대 국회 임기 만료로 폐기됐다. 이후 출범하는 국회마다 계속 발의는 되고 있으나 아직까지 종교적·사회적으로 합의가 되지 않아 제대로 된 진전 없이 정체되어 있는 상황이다.

우리가 서로의 인권을 존중하고, 차별금지를 논의하는 이유는 뭘까? 헌법이나 국가인권위원회법, 세계인권선언 같은 강제력, 거창한 구호 때문이 아니다. 거기에도 여기에도 사람이 존재한다는 사실을 인지하고, 사람에 대한 약간의 공감이 필요하기 때문이다. 언젠가 우리도 저 사람처럼 될 수 있다는 이유 때문이다.

프랑스는 교육 과정에서 톨레랑스tolérance의 개념을 비중 있게 다룬다. 톨레랑스는 나와 다른 생각과 신념을 가진 사람의 입장과 권리를 용인하는 것을 가리킨다. 사회는 혼자 살아가는 곳이 아니다. 나와 네가 만나 우리가 되어가는 과정 속에 있다. 나만 존재하거나 너만 존재하는 경우는 없다. 차별과 혐오의 시선을 거두려면 먼저 나와 네가 동등한 입장에서 '다름'을 인정하는 자세가 필요하다.

인권 vs 인권

3년 전쯤 어느 주말, 종로에서 친구를 기다리고 있는데 내 앞으로 화려한 퍼레이드가 지나갔다. 엄청난 음악 소리, 뮤지컬 배우를 연상케 하는 진한 화장을 한 사람들, 트럭 위에 올라가 망사 옷을 입은 사람들이 흥겹게 춤을 추는 모습이 보였다. 성소수자들의 퍼레이드였다. 처음 본 그 광경이 나에게도 깊은 인상을 남겼는데, 한편으로는 당시 퍼레이드를 지켜보는 사람들의 표정에서 이런 생각들을 읽었다. '저들은 왜 저렇게 요란하게 자신의 존재를 표현하는 걸까?' '다소 민망한 복장에 과장된 표정으로 도대체 뭘 말하고 싶은 걸까?' 그들의 이야기를 들어보자.

당신의 자유를 인정하지 않으면
내 자유도 없다

혜리 씨와 제이 씨는 2020년 2월에 결혼한 레즈

비언 부부다. 혜리 씨는 인터뷰에서 학창 시절이 제일 힘들었다고 이야기한다. '남자를 사귀는 게 정상이다'라는 생각을 내내 주입받았지만 뜻처럼 되지 않았다고 고백한다. 언젠가 내가 고쳐질 수 있을 거라 기대했지만, 뜻대로 되지 않았다. 그러다 우연히 제이 씨를 만났다. 처음으로 누군가의 삶을 책임지고 싶어졌다. 두 사람은 평생 함께하고 싶었다.

우리나라에서는 아직 동성결혼을 허용하지 않는다. 두 사람은 결혼식을 올렸지만, 인정 서류 한 장 남아 있지 않다. 이들을 부부로 인정하지 않는 우리 사회에서는 국가에서 제공하는 어떤 혜택도 받지 못한다. 신혼부부 주택 신청도 불가능하고, 30년 넘게 같이 산다 해도 서로에게 무슨 일이 생겼을 때 배우자라고 연락을 취해주지 않는 안타까움도 존재한다.

'퀴어Queer'의 본래 뜻은 '이상한' '색다른'이다. 하지만 이들은 다소 부정적인 이 단어를 자신들의 정체성으로 가져간다. 보통과는 다른 그 정체성이 보편화되고, 우리 사회에서 공식적으로 인정되었으면 하는 바람에서 지금도 치열하게 싸우고 있다.

성소수자에 관한 의견을 이야기할 때는 여전히 조심스러운 부분이 많다. 어떤 이들에겐 여전히 불편한 이야기일 수 있다. 종교적인 이유, 동성 간의 사랑이 보편적인 것으로 인식되면 아이들이 올바른 성문화를 인식하기 어려울 거라는 이유, 보기에 그냥 거북하다는 이유……. 이러한 시선을 무턱대고 무시하거나 부정할 수도 없다. 성소수자의 인권이 존중받아야 하듯 성소수자를 인정하지 못하는 입장도 존중받아야 한다. 세계에서 가장 영향력 있는 지식인 중 하나인 놈 촘스키^{Noam Chomsky}는 이렇게 말했다. "우리가 혐오하는 사람에게 표현의 자유가 있다는 것을 믿지 않으면, 우리는 표현의 자유를 믿지 않는 것이다."

한국갤럽이 1천~1천500여 명을 대상으로 '동성애자 커플에게 결혼할 수 있는 권리를 주는 것'에 대해 찬성/반대를 묻는 설문조사를 실시했는데, 2001년에는 찬성 17퍼센트 반대 67퍼센트였고, 2017년에는 찬성 34퍼센트 반대 58퍼센트의 결과가 나왔다. 동성애자에 대한 취업 기회가 동등해야 한다는 의견에 대해서는 찬성 비율이 훨씬 높았고, 직장 동료가 동성애자라서 해고될 수 있냐는 질문에 대해서도 타당하지 않다는 답변이 압도적이었다.

이런 결과는 무얼 얘기할까? 그사이 국민 인식에 적잖은 변화가 있었지만, 동성애 합법화에 대해 여전히 변하지 않는 사람들이 있음을 확인할 수 있고, 한편으로는 더디긴 하지만 우리가 조금씩 서로의 이야기를 더 들어보려고 노력하는 사회로 나아가고 있는 것 아닌가 싶다.

양심적 병역 거부라는 신념

2020년 2월, 각 언론사가 큼직하게 헤드라인을 뽑아냈다. "대법, 양심적 병역 거부 여호와의 증인 신도 111명 무죄!" 2018년 11월 대법원 전원합의체가 양심적 병역 거부 기준을 제시한 뒤,

대법원이 원심 무죄 판결을 확정한 첫 사례였다.

2010년 여호와의 증인 신도가 된 박 씨는 여호와의 증인 신도로서 양심에 따라 입영하지 않겠다는 의사를 밝혔다. 병역법 위반 혐의로 기소된 박 씨는 2017년 징역 1년 6개월을 선고받았지만, 2018년 대법원 전원합의체가 양심적 병역 거부를 무죄 취지로 판결한 뒤 2019년 6월 항소심에서 무죄를 선고받았다. 이후 양심적 병역 거부를 인정받은 다른 이들처럼 대체복무 기관에서 36개월 동안 합숙 복무를 하게 됐다.

양심적 병역 거부 문제는 가장 어려운 인권 문제 중 하나로 꼽힌다. 2018년 여론조사에 따르면, 국민의 66퍼센트가 양심적 병역 거부를 이해할 수 없다고 답했다. 군복무를 마친 남자만 대상으로 여론조사를 했다면 아마 더욱 압도적인 반대가 나오지 않았을까. "이러면 누가 군대에 가고 싶겠냐" "군대 가고 싶지 않아 대는 핑계"라고 반대하는 이들의 이야기도 마냥 협소한 시각으로 치부하긴 힘들다.

양심적 병역 거부를 하는 것이 쉬울까, 아니면 군대에 가는 것이 쉬울까. 현역 육군의 경우 2020년 6월 입대자부터 18개월 복무를 한다. 양심적 병역 거부자의 경우 36개월 대체복무를 해야 한다. 단순히 기간만으로 비교하기는 어렵지만, 양심적 병역 거부의 길을 택하는 것도 그리 쉽지는 않겠다는 생각이 든다. 사회적 비난을 감수해야 하고, 평생 본인의 꼬리표가 될 수 있음을 각오해야 한다.

최근 국가는 양심적 병역 거부에 대한 신념을 인정하고 무죄로 선고했다. 대한민국의 인권이 한층 더 성숙했다고 평가받는 사례였다. 대법원 전원합의체는 이렇게 판결했다. "병역의무 이행을 일률적으로 강제하고, 이행하지 않으면 형사처벌로 제재하는 것은 소수자에 대한 관용과 포용이라는 자유민주주의 정신에 위배된다."

물론 이에 대해 치열한 논쟁은 지금도 진행 중이다. 대한민국은 아직 휴전 중이라는 대전제에서부터, 이렇게 되면 군대 갈 사람 아무도 없다는 말까지 오간다. 대법원은 무차별한 허용을 막기 위해 침례 이후 입영 거부까지의 기간이 짧은 경우, 비종교적 양심을 주장하는 경우, 입대 후 양심의 발생을 주장하면서 전역을 요청하는 등의 경우는 심층적으로 검토하겠다는 입장을 밝혔다.

흉악범에게도 인권이 있을까

또 다른 측면의 인권 문제를 살펴보자. 흉악범에게도 인권이 있을까?

2019년 4월, 경남 진주의 한 아파트에서 끔찍한 일이 벌어졌다. 피의자는 자신이 사는 아파트에 불을 지르고, 대피하는 주민들을 흉기로 찔러 5명을 살해하고 13명을 다치게 했다. 피의자는 체포 당시 경찰에게 변호사를 불러달라 요청하고 묵비권을 행사했다.

민주 국가에서는 모든 사람에게 인권이 있고, 국가는 이를 보장해야 한다. 아무리 큰 죄를 지은 경우에도 변호사를 선임할 수 있고, 범죄 소명과 판결이 나오기 전까지는 '무죄 추정의 원칙'에 따라 피고인을 무죄로 본다는 원칙도 있다. 원칙적으로는 흉악범도 보장받아야 할 인권을 가지고 있다.

그러나 취재 기자들 앞에서 흉악범들은 대부분 모자와 마스크를 뒤집어쓴 채 카메라를 피해 숨기 바쁘다. 저런 사람에게 무슨 인권이 있느냐며 강력하게 항의하는 이들, 지금보다 처벌 수위가 더 강화되고 사형 같은 강력한 법 집행이 이뤄져야 한다고 주장하는 이들도 많다. 강력 범죄자들에게 너무 적은 형량의 판결이 내려지면 관련 기사에는 이런 댓글이 주를 이룬다. "네 가족이 당해도 그렇게 판결 내리겠냐?"

우리는 초등학교에서부터 법과 도덕에 관한 교육을 받는다. 이른바 '민주시민교육'이다. 이를 통해 나의 권리는 무엇인지, 타인의 인권은 어떻게 존중해야 하는지 배운다. 민주시민교육이 추구하는 교육의 방향은 기본적으로 스스로 깨닫고 행동하게 만드는 것이다. 이는 범죄자에게도 해당되는 얘기다. 형벌보다 교화를 우선적으로 고려하는 이유다.

흉악범에 대한 우리의 감정은 '눈에는 눈, 이에는 이'처럼 강력한 처벌을 요구할 수 있다. 그러나 그게 꼭 정답은 아닐 수 있다. 1988년과 2002년 두 차례에 걸쳐 제출된 유엔 조사 보고서를 보면 사형제가 살인 억제력을 가졌음을 입증하는 데 실패했다는 기록이 있다. 사형제가 기대한 만큼 효과를 발휘하지 못한다는 뜻이 아니다. 사형제가 흉악 범죄를 막을 수 있다고 판단하는 건 신중하지 않을 수 있다는 뜻이다.

노르웨이에는 아주 화려하고 멋진 감옥이 있다. 건설비용만 2억 5천만 달러가 들었고, 각종 놀이시설과 도서관까지 갖추고 있다. 면회 온 가족과 2인용 침실에서 함께 머무를 수도 있다.

노르웨이는 범죄자에게 왜 이런 혜택을 제공할까? 출소 이후 꾸려갈 인간다운 삶에 초점을 맞췄기 때문이다. 그래서인지 노르웨이의 재수감 비율은 20퍼센트로 미국의 67.5퍼센트나 영국의 50퍼센트보다 훨씬 낮다. 우리나라도 서구 국가에 비해서는 재범률이 낮은 것으로 알려져 있다. 3년 이내 재복역 비율은 25퍼센트 내외로 일본이나 미국의 35퍼센트와 비교하면 꽤 낮은 편이다. 전문가들은 재복역 비율의 감소 원인으로 우리나라 교정 시설의 환경 개선과 기술 교육 등을 든다. 그만큼 인권을 보장한 결과라는 얘기다.

함께 발전하는 논의의 장

인권과 인권이 대립하는 지점은 우리 사회에서 쉽게 찾아볼 수 있다. 사생활 보호가 중요한가, 알 권리가 중요한가의 문제도 있다. 청문회 후보자들의 개인 신상(징역, 벌금, 재산 등)은 국민의 알 권리인가, 개인에 대한 인권 침해인가?

주말에 광화문광장 등에서 종종 목격하는 통행금지 사례도 마찬가지다. 너무 잦은 집회로 인해 교통 체증이 더해지고, 집회와 관계없는 이들은 통행 불편을 호소한다. 집회 자유의 권리와 통행할 권리의 충돌 중 무엇을 더 중요하게 바라봐야 할까?

이처럼 우리 사회는 인권이라는 같은 단어를 사용하지만, 활용하는 영역은 저마다 다르다. 우리는 여전히 인권이라는 개념을 사이에 두고 치열하게 싸우고 있다. 하지만 인권의 문제는, 한쪽이 이기면 다른 쪽이 전부를 잃어버리는 제로섬 게임이 아니다.

그들은 모두 사회와 전 세계에 이미 존재하고 있는 사람들이다. 우리 사회가 생각하고 결정해야 할 문제는 그들을 어떻게 규정하고 어떻게 바라볼 것인가이다. 어떻게 그럴 수 있냐는 비난 섞인 물음 대신, 그들이 이미 우리 사회 속에 존재하고 있는 구성원이라는 점을 기억해야 한다.

복잡해하거나 미리 걱정할 필요는 없다. 우리 사회에 이런 충돌과 논의가 많다는 것은 그만큼 우리 사회가 건강하다는 뜻이다. 우리가 같이 때로는 가볍게 때로는 무겁게 생각해보는 기회를 갖는 것만으로도 우리 사회는 한 걸음 더 나아가고 있는 중이다.

아는 것과 행동하는 것

영화 〈히든 피겨스Hidden Figures〉는 1960년대 미국을 배경으로 한다. 흑인 여성 캐서린 존슨은 어려서부터 천부적인 수학 능력을 선보인다. 하지만 흑인이라는 이유로 여러 차별을 받으며 공부한다. 우여곡절 끝에 NASA 직원이 됐지만, 캐서린은 백인들의 연구실로 진입하지 못한 채 유색인종만 모인 지하에 머문다. 하지만 눈에 띄는 재주는 감출 수 없는 법. NASA의 부름을 받은 캐서린은 마침내 본부에 입성하는데……. 이곳에서 캐서린은 더 뚜렷하고 혹독한 차별 아래 놓인다.

당신은
침묵하는 사람입니까

NASA 본부 건물에 흑인이 사용할 수 있는 화장실이 없어 캐서린은 먼 거리를 왔다 갔다 해야 하는 수고를 겪는다. 백인

전용 커피포트를 쓸 수도 없다. 캐서린에게 던져지는 서류에는 중요한 정보가 모두 삭제되어 있다.

갖은 설움을 견디며 일하던 어느 날, 직속 상사 해리슨이 화장실에 다녀온 캐서린에게 매번 중요할 때마다 자리를 비우는 이유가 뭐냐고 다그쳐 묻는다. 캐서린은 울분에 찬 목소리로 소리친다. "이 건물에는 유색인종 화장실이 없고, 서관 전체에도 없어서 800미터를 걸어 나가야 해요. 알고 계셨어요? 무릎길이의 치마, 힐, 심플한 진주목걸이 규정……. 흑인에게 진주목걸이 살 월급을 주긴 하나요? 밤낮 개처럼 일하면서 모두가 만지기도 싫어하는 커피포트로 버틴다고요! 그러니까 죄송하지만 하루에 몇 번이라도 화장실에 가야겠어요!"

캐서린의 외침을 들은 해리슨은 유색인종 화장실 표지판을 부숴버린다. 그리고 이렇게 말한다. "이제 됐군. 더 이상 유색인종 화장실은 없어. 백인 화장실도 없고. 그냥 변기 있는 화장실이야. 쓰고 싶은 곳을 써. 자리에서 가까운 곳에서. NASA에선 모두가 같은 색 소변을 본다."

우리 한번 '나는 착한 사람인가?'라고 자문해보자. 대한민국 사람 중 스스로 착하다고 생각하는 사람의 비중은 얼마나 될까? 아마도 많은 사람이 본인을 착한 사람에 가깝다고 생각할 것 같다.

2010년, 한 국회의원이 '착한 사마리아인 법'의 법제화를 제안했다. 착한 사마리아인의 비유는 성경 속에 등장하는 이야기다. 어떤 사람이 강도를 만나 크게 다쳤는데 지식이 풍부한 주류층 유대인들은 그를 그냥 지나쳐버린 반면, 당시 멸시받던 사마리아인이 다친 사람을 정성껏 돌봐줬다는 이야기다.

'착한 사마리아인 법'은 크게 두 가지 내용으로 이루어져 있다. 어려운 상황에 빠진 사람을 도와주지 않고 그냥 지나친 경우 처벌한다는 내용과 어려운 사람을 도와줬는데 이후 상황이 나빠진 경우 정상 참작을 통해 법적 책임을 묻지 않는다는 내용이다. 현재 미국과 캐나다, 한국 등 많은 나라에서 이와 관련한 입법화가 진행되고 있는 상황이다.

우리나라에서 '착한 사마리아인 법'의 논의가 시작된 건 2016년 운전 중 의식을 잃은 택시기사를 그냥 놔두고 간 승객과 관련한 논란 때문이었다. 위급에 처한 사람을 구조하지 않은 경우 처벌할 수 있도록 해달라는 목소리가 많아 법 제정 논의 또한 활발했다. 당시 리얼미터 설문조사에 따르면, 전체 응답자 524명 중 53.8퍼센트는 이 법에 찬성하고, 39.1퍼센트는 반대하는 걸로 나타났다.

법의 필요성이나 당위성은 모두가 인정하는 분위기다. 위급한 상황에 처한 사람을 도와줘야 한다고 생각하기 때문이다. 하지만 이런 상황에서 실제로 행동하지 않는 사람들이 많기 때문에 부득이 법 제정을 논의하기에 이른 것이다. '착한 사마리아인 법'에 대해서는 여전히 다양한 의견이 존재한다. 도덕·윤리적 문제에 법의 잣대를 들이대는 게 타당한가, 전혀 무관한 사람을 구하지 않았다고 해서 처벌받는 것이 타당한가의 문제다.

인권의 문제도 마찬가지다. '인권을 존중해야 하는가'라고 물으면 많은 사람이 그래야 한다고 대답한다. '인권 존중이 필요한가?'라는 설문을 진행했을 때 찬성 쪽 의견이 많을 거라는 걸 쉽게 예견할 수 있다. 하지만 실제 행동으로 옮기는 사람은 극히 소수에 불과하다.

앞에서 소개한 영화 〈히든 피겨스〉의 배경은 흑인과 백인의 차별이 극심했던 시기였다. 실제 역사에서 '로자 파크스 사건'으로 알려진 이 일은 버스 안에서 일어났다. 흑인이 백인에게 자리를 비켜주지 않았다는 이유로 체포된 사건이었다. 차별적 사건이 발생했을 때 보고만 있지 않고 행동으로 옮긴 사람들이 있었다. 그들이 역사를 만들었다. 그 격동의 시기에 누구보다 치열하게 살았던 누군가는 이렇게 말했다.

"역사는 이렇게 기록할 것이다. 이 사회적 전환기의 최대 비극은 악한 사람들의 거친 아우성이 아니라 선한 사람들의 소름 끼치는 침묵이었다."

— 마틴 루터 킹

이건
아닌 것 같아요

친척들이 모두 모인 어느 명절에 집에서 사건 하나가 터졌다. 여느 집처럼 우리도 보통 어머니들이 음식을 준비하고 치우는데, 그러던 중 사촌 여동생에게 어른 한 분이 작은 일 하나를 시켰다. 그러자 사촌 여동생이 "왜 여자만 이렇게 일해야 되는데요?"라고 대답하며 언성을 높인 것이다. 우리 집은 다른 집에 비해 좀 나은 편이라고 생각했는데, 여전히 우리도 개선해야 할 부분이 있구나 하는 생각이 들어 가슴이 뜨끔한 날이었다.

남아선호 사상이나 남존여비 사상처럼 오래된 의식들이 우리 사회에 남아 병들게 만든 부분이 많았다. 그러나 시간이 갈수록 남성 중심의 사회문화도 많이 저물어가고 있다. 여성도 남성처럼 똑같이 존중받아야 한다는 기본적인 의식에서 시작해, 점차 사회 변화를 이끌고 있다. 곰곰이 생각해보면 스스로도 납득하기 어려웠던 것들, 예를 들어 "남자는 태어나서 세 번만 우는 거야" "여자가 조신하지 못하게" "이런 건 여자가 해야지"와 같은 말은 이제 설 자리를 찾기 힘들다. 의식처럼 자주 쓰던 말이 자취를 감추는 현상도 아는 것이 행동으로 이어진 사례로 볼 수 있지 않을까.

노동 현장에서의 차별은 지금도 빈번하다. 2019년 8월 서울대 청소노동자 휴게실에서 67세의 노동자가 사망하는 사건이 발생했다. 경찰은 죽음의 원인을 '병사'로 기록했다. 하지만 단순히 병사라 하기엔 휴게실 환경이 너무나 열악했다. 폭염이 이어지는 날 에어컨과 창문도 없는 한 평 남짓한 공간에서는 냉방과 환기가 전혀 이뤄지지 않았다. 당시 일부 학생들은 이런 상황을 개선하라고 학교를 향해 소리를 냈다. 적극적으로 행동을 취했다. 청소노동자의 휴게 공간을 만드는 건 사치라고 평가하는 사람들이 있었던 터라 학생들의 목소리는 더욱 의미를 가졌다.

우리 사회에서 정규직과 비정규직의 문제는 인권 문제와 직결되기도 한다. 모 자동차 공장 생산라인에는 "왼쪽 바퀴는 정규직이 달고, 오른쪽 바퀴는 비정규직이 단다"는 우스갯소리가 있다. 완전히 같은 일을 하고 있지만 처우는 완전히 다르다는 속뜻을 가진 이야기다. 임금 차이는 그렇다 쳐도, 명절 선물에서 고작 1~2만 원도 안 되는 금액의 차이를 두는 터라 비정규직들의 박탈감은 더하다.

그 밖에 유리 천장이라는 말이 오가는 여성의 회사 내 진급 문제, 경력 단절 여성들의 문제, 상사와 부하 직원 간의 인격 모욕 문제 등 인권이 무너지는 상황은 일일이 열거할 수 없을 정도로 곳곳에 존재한다.

인권 문제에 대해 얼마나 민감한 감수성을 가지고 있는가에 따라 세상을 보는 눈은 달라진다. 내가 실천할 수 있는 일이 무엇인가를 가만히 생각해보면 우리 모두의 인권을 지키는 것도 그리 어려운 일이 아니다. 작은 것부터 시작하면 누구라도 할 수 있다.

오늘 하루 차별적 발언이나 상대방의 입장에서 불쾌할 수 있는 말을 하지 않겠다는 다짐도 좋은 시작이 될 수 있다. 내 사촌 여동생처럼 "그건 아닌 것 같다"는 말로 좀 더 적극적인 표현을 할 수도 있다.

앞에서 언급한 '무관심의 침묵'과 반대로, 어떤 경우에는 말하지 않는 게 소극적인 저항으로 작용할 수도 있다. 누군가를 비하하는 말, 조롱하는 말, 인권을 무시하는 언행 앞에서 함께 웃지 않는 것도 강력한 의사

표시가 된다. 그런 말에 동조하거나 편승하지 않는다는 의미에서 대꾸하지 않고 무표정을 유지하는 게 사람들을 긴장하게 만들 수 있다는 얘기다.

이 정도가 거뜬하다면 한 걸음 더 나아가볼 수도 있다. 우리 사회에는 여러 계층의 약자들을 대변하는 시민단체가 많다. 내 마음이 가는 곳을 찾아 후원해보거나 회의나 행동에 직접 참여해보자. 거리에서 진행 중인 연약한 외침이 있는데 내 마음이 동한다면 내 몸 하나 슬쩍 얹어보는 것도 어렵지 않다. 아동 인권을 위한 목소리, 청소년 인권을 위한 목소리, 장애인이나 성소수자 같은 사회적 약자를 위한 목소리……. 각자의 뜻이 있는 곳이라면 어디든 괜찮다. 지금 우리에게 중요한 건 생각이 아니라 행동이다.

인권감수성의 미래

최근 노키즈존No Kids Zone에 관한 논쟁이 활발하다. 식당 내에서 발생한 어린이 안전사고 이후 많은 식당과 카페가 '노키즈존'을 선언하면서 촉발된 논의다. 업주들은 업주들대로 할 말이 많다. 아이 손님을 위한 추가 시설비용, 안전사고가 벌어졌을 때의 책임 등이 모두 부담으로 작용하며, 일부 몰상식한 부모의 태도가 다른 손님에게까지 피해를 입힌다는 것이다.

노키즈존을 반대하는 사람들의 입장은 어떨까? 기본적으로 아이의 기본권 침해가 거론된다. 몇몇 사례 때문에 아이들이 입장 자체를 거부당하는 것이 옳은가, 아이를 관리하는 부모의 책임은 아닌가라는 목소리에서부터, 출산 기피 현상을 부추기는 분위기가 조성될 수 있다는 우려까지 나온다.

정답보다 과정

노키즈존 운영이 아동에 대한 차별 행위라는 인권위원회의 판단이 나왔는데도 노키즈존은 계속 늘고 있는 추세다. 아이들을 피할 수밖에 없는 사장님의 마음과 내 아이를 왜 받아주지 않냐고 항의하는 부모의 마음. 과연 답은 어디에 있을까?

양쪽의 입장 모두 이해 못 하는 것은 아니다. 여기서 문제는 노키즈존의 대상이 되는 아이들의 입장이 어디에도 없다는 것이다. 원하는 식당을 갈 수 없게 된 아이들은 식당 앞에서 어떤 감정을 갖게 될까? 내가 아이라서 사회로부터 배척당한다는 느낌을 받지는 않을까? 사회 전반적으로 아이를 반기지 않는 분위기라고 여기지는 않을까? 이 아이들이 자라서 어른이 되면 또 다른 배척과 혐오를 생산하진 않을까 걱정이 된다. 사회 전반적으로 아이들에 대한 혐오 분위기가 확산되는 것을 그냥 작은 일로 치부하기 어려운 이유다.

한편에서는 '학생인권조례'가 치열한 논의 주제다. 지역별, 교육청별로 약간의 차이는 있지만, 공통적으로 차별받지 않을 권리, 물리적·언어적 폭력으로부터 자유로울 권리, 체벌 금지, 복장 및 두발 규제 금지, 사생활과 개인정보를 보호받을 권리 등을 담고 있다.

학생인권조례를 반대하는 쪽은 특히 서울학생인권조례를 언급하는 경우가 많다. 학생들이 학교 내에서 집회를 열 수 있는 집회의 자유, 임신·

출산·성적 지향 등의 이유로 차별받지 않을 권리 등이 포함된 조례다. 반대 입장에서는 학생들이 본분인 학업에 집중하지 않고 집회를 하는 것에 대한 우려, 역으로 임신과 출산 등을 장려하는 분위기가 되는 것 아니냐는 우려를 하고 있다. 찬성하는 쪽은 학생이라 하더라도 한 인간으로서 갖는 권리를 존중해줘야 한다는 입장이다. 사고할 수 있는 하나의 인격체로서 그들이 결정하고 선택한 사항은 학교 안이라 하더라도 인정하고 존중해줘야 한다는 것이다.

이 또한 결정하기 어려운 문제인데, 우선 고민해야 할 지점은 노키즈존의 경우와 같다. 찬반 입장 중 어느 한쪽을 선택하기 전에 학생 당사자들이 과연 이 문제를 어떻게 바라볼지 먼저 고민해볼 필요가 있다. 청소년이 비로소 인권을 제대로 배우고 인식하는 건 중고등학생이 되어서다. 인권을 처음 인식하고 자기 목소리를 내기 시작한 학생들은 이 과정에서 어떤 정체성을 갖게 될까? 학생들은 학생인권조례를 자신들의 중요한 인권 문제로 받아들이지 않을까? 청소년기에 본인의 인권을 존중받은 경험이 있는 사람이 성인이 된 후에도 다른 사람의 인권을 배려할 수 있지 않을까?

지금의 어린이와 학생들이 살게 될 세상은 기존 세대가 경험하지 못한 시대다. 새로운 시대가 도래하면 파생하는 인권의 문제 또한 더 다양해질 가능성이 높다. 우리가 예상하지 못한 문제들, 과거보다 더 복잡하고 결론 내리기 어려운 문제들이 예상된다.

전문가들은 4차 산업혁명이 앞으로 우리의 삶을 더 많이 바꿀 거라 말한다. 정책 결정에도 더 많은 과학적 증거가 도입되고 있다. 빅데이터 등의 통계를 수집하고 분석하는 일이 필수가 됐다. 이러한 정책 결정에 있어 인권의 요인들은 얼마나 반영될 수 있을까? 빠르게 비대면 사회로 변해가는 상황에서 온라인 소통 뒤에 숨은 혐오와 비인권적 발언들은 또 어떤가? 개인의 이동경로 공개 등 일련의 팬데믹 상황으로 발생한 인권 문제들을 고려해보면, 우리가 장차 맞이할 시대에는 얼마나 더 다양한 인권 문제가 발생할지 알 수 없다. 마땅히 우리는 지금보다 더 많은 인권 논의를 준비해야 한다.

앞의 몇 가지 사례를 통해 보았듯, 인권 논의는 지금 당장 어느 인권의 옳고 그름을 따지기 위한 것이 아니다. 민주시민과 사회, 국가가 인권을 가운데 두고 어떤 과정을 거쳐 고민하는지가 더 중요하다. 인권을 논의하고 서로 보장해주는 건 다른 누구를 위한 일이 아니다. 바로 나, 바로 내 아이, 바로 내 가족을 위한 일이다. '좀 더 살맛 나는 세상'을 만들어가는 과정이다. 특히 지금의 어린이와 청소년 세대를 생각하면 기성세대가 만들어가야 할 과정이 더 많을 것 같아 벌써 어깨가 무겁다.

앞에 놓인 발자국

사회 전반적으로 인권캠프를 비롯해 인권감수성 교육이 한창이다. 국가인권위원회에서도 인권 강사들을 양성하고 인권 교육이 가능한 강사들을 파견한다. 인권과 관련된 민간단체들도 인권 교육을 활발히 진행하고 있다. 인권과 관련한 지침을 어렵지 않게 들을 수 있을 정도로 보편화한 느낌이다. 일반 인권에서 더 나아가 노인의 인권, 장애인 인권, 성소수자의 인권, 외국인의 인권까지, 사회에서 다루는 인권의 소재와 전문성도 다양해졌다.

그러나 이렇게 많은 인권 교육이 이뤄지고 있음에도 불구하고 직장이나 학교에서는 여전히 안타까운 일들이 발생하고 있다. 직장 상사가 부하에게 인격 모독적인 말을 하고, 교장이 교사를 성희롱하고, 부모가 자식을 학대한다. 인권은 온데간데없는 뉴스들이 매일같이 쏟아진다.

우리는 여전히 인권감수성에 목말라 있다. 초등학교부터 대학교까지, 공교육에 인권 관련 과목들을 반영하고, 민간단체에서 진행하는 인권 교육을 더 확대하고, 일터와 지역공동체 등 우리의 삶이 이뤄지는 영역 곳곳에서 보편타당한 인권 교육이 이뤄져야 한다.

그중에서 가장 중요한 건 지금의 기성세대, 즉 성인들을 대상으로 한 인권감수성 교육이다. 초등학생에게 직접적인 영향을 주는 건 어른의 언행이다. 다음 세대는 기성세대를 표본 삼아 학습한다. 지금 기성세대의 말과 행동이 다음 세대의 인권감수성을 만든다.

새로운 시대가 도래하고 있다. 새 시대에는 그에 걸맞은 생각으로 우리를 채워야 한다. 나만 살아남으면 된다 생각하고 가르쳤던 구시대의 관습을 벗고, 공감할 수 있는 힘을 길러 인권감수성을 높은 수준으로 끌어올려야 한다.

국가는 다양한 가치와 생각을 존중하는 바탕을 만들고, 다양한 의견들이 소통할 수 있는 장을 마련해야 한다. 인권 사각지대에 있는 이들을 지속적으로 발견하고 지원하려는 노력을 아끼지 않아야 한다. 장애인과 성소수자, 군인, 노인 등에 대한 인권포럼이 생각보다 자주 열리지만 한편으로는 지엽적인 느낌이 있다. 국가에서 이러한 포럼을 홍보해주고, 누구든 참여할 수 있는 토론의 장이라는 인식을 심어줄 수 있으면 좋겠다.

넬슨 만델라는 남아프리카공화국 최초의 흑인 대통령이자 흑인 인권운동가다. 그는 사회의 잘못된 가치관을 바꾸기 위해 자신의 삶 전체를 던졌다. 잘못된 가치관을 후대에까지 물려주어서는 안 된다고 생각했다. 넬슨 만델라는 말했다. "피부색이나 배경, 종교 등의 이유로 다른 사람을 증오하도록 태어난 사람은 아무도 없다." 어떠한 이유로도 우리는 옆에 있는 사람을 증오할 이유나 권리가 없다.

대한민국 헌법 제11조 제1항은 "모든 국민은 법 앞에 평등하다. 누구든지 성별·종교 또는 사회적 신분에 의하여 정치적·경제적·사회적·문화적 생활의 모든 영역에서 차별을 받지 아니한다"라고 명시하고 있다. 그러나 헌법이 주는 권위와 압박은 우리의 인권감수성을 향상시키지 못한다. 인권 문제는 법률에 기대어 발전한 게 아니라 한 사람 한 사람의 공감에 힘입어 발전해왔기 때문이다.

성소수자의 이야기나 군 인권과 관련된 논의는 10~20년 전에는 상상조차 할 수 없던 인권의 주제들이었다. 지속적인 노력과 논의가 변화를 만들어내고 있다. 세상 그 무엇도 갑자기 바뀔 수는 없다. 세대를 거듭하면서 쌓이고 쌓인 노력들이, 우리가 조금씩 확장시켜온 인권감수성의 넓이와 깊이가 다시 10년 후를 만든다. 10년 후의 인권은 지금보다 더 많은 사람의 공감을 받고 있기를 소망한다.

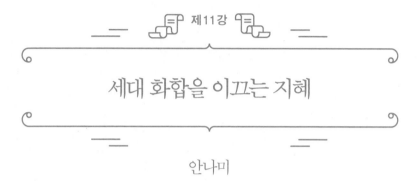

제11강

세대 화합을 이끄는 지혜

안나미

수학과 과학을 좋아하는 한문학자. 10여 년의 방송작가 경력을 접고 성균관대에서 다시 공부를 시작해 한문학 박사를 마친 후 성균관대 초빙교수로 학생들을 가르치고 있다. 저서로는 《교양 있는 어린이를 위한 별자리와 우리 천문학의 역사》가 있고, 역서로 조선시대 천문 기록인 《성변측후단자》(강희 3년, 강희 7년, 순치 18년), 조선시대 수학서인 《국역 주서관견》 등이 있다.

중국 명산 탐방으로 시간을 넘다

세대 차이는 어느 시대에나 있었다. 서로 다른 시대를 살았던 탓에 갈등이 빚어지기도 했지만, 서로 공감하며 앞세대의 연륜과 뒷세대의 활기가 시너지를 내기도 했다.

윗사람에 대한 무조건적 복종을 강요했을 것 같은 유교 사회 조선에서는 세대 차이로 인한 갈등이 없었을까? 선배와 후배, 할아버지와 손자에 이르는 가문, 선생과 제자, 노인과 젊은이의 관계에서 조선 선비들은 어떻게 세대 공감을 하고 세대 갈등을 해결하려고 노력했을까.

세월을 뛰어넘어
같은 공간에서

"임진년 6월 23일 발령이 났는데, 큰형이 동지사 겸 사은사가 되었다. 그런데 큰형은 중병을 앓은 직후라 자제[子弟] 중 한 사람이 수행해

야 할 형편이다. 마침 우리 형제들은 모두 중국을 한번 가보고 싶어
하던 때였다. 작은형이 가려고 하다가 그만두고 대신 내가 타각打角
(중국 사신 일행의 물품관리)의 명목으로 임금의 허락을 받았다. 조롱과
비난이 일시에 일어났고 친구들은 모두 만류하였다."

낯선 곳으로의 여행은 늘 설렌다. 지금이야 해외여행이 자유롭지만,
변변찮은 교통수단이 없었던 조선시대에는 매우 특별한 경험이었다. 조
선의 선비라면 누구나 한 번쯤 중국에 가보고 싶어 했다. 하지만 중국에
갈 기회는 아무에게나 주어지지 않았다. 외교적인 공무 외에는 달리 중
국에 갈 방법이 없었다.

임진년인 1712년에 김창업金昌業의 큰형인 김창집金昌集이 동지사 겸 사
은사의 직책을 맡아 북경으로 떠나게 되었을 때다. 동생 김창업이 타각
의 자격으로 북경행에 따라나섰다. 큰형 김창집이 65세의 고령이라 김
창집의 아들이나 형제 중에서 누군가 따라갈 수 있었는데, 동생 김창흡金
昌翕과 김창업이 모두 가기를 원했다. 그러나 자리는 하나뿐이었다. 당시
김창흡이 60세였고 김창업이 55세였다. 결국 나이가 더 많은 김창흡이
포기하고 동생 김창업이 동행권을 얻었다.

김창업이 맡은 타각은 중국에 가는 사신 행차의 모든 물품을 관리하는
일이다. 정사나 부사의 아들이나 형제, 친척 중에 작은 일을 맡아 따라갈
수 있는 제도가 있었는데, 주로 젊은이들이 선진문물을 경험할 기회로
활용되었다. 명문가의 사대부가 나이 55세에 타각이라는 직책을 맡아 연

행단^{燕行團}을 따라간다는 사실은 조롱거리나 비난의 대상이었다. 친구들은 체면을 생각하라며 끝까지 만류했지만, 김창업은 그럼에도 불구하고 북경에 갈 수 있다는 사실에 기뻐했다. 꿈에 그리던 중국에 갈 수 있다면 욕먹는 것쯤이야 얼마든지 감당할 수 있었다.

신나는 발걸음으로 북경에 가는 김창업의 행장 속에는 지도와 북경 가는 길에 있는 유명한 산천과 유적을 소개한 기록 외에 중요한 책이 한 권 더 들어 있었다. 바로 월사^{月沙} 이정귀^{李廷龜}의 《삼산유기^{三山遊記}》다. 삼산^{三山}은 북경 근처의 명산으로 각산^{角山}, 여산^{閭山}, 천산^{千山}을 말한다. 1604년 이정귀가 연행을 하다가 처음으로 각산과 천산을 다녀오고 1617년에 여산을 다녀왔다. 이정귀가 다녀온 뒤 100여 년 만에 김창업이 다시 도전하는 것이었다. 김창업은 오래전부터 이정귀가 다녀온 삼산에 가고 싶었다. 다른 사람의 놀림거리가 될지언정, 북경행은 김창업의 인생에 다시 찾아오지 않을 소중한 기회였다.

"석실^{石室}에서 조금 북쪽으로 절벽이 있는데 좋은 소나무가 그늘져 비치고 있었다. 절벽을 따라가니, 돌을 쪼아 만든 돌층계가 수십 보^步나 되었다. 돌층계를 지나 동북쪽을 바라보니, 큰 암벽이 깎아지른 듯 서 있는데 '진의강^{振衣岡}' 세 글자가 새겨져 있었으니, 한 글자의 크기가 마치 장막을 펴놓은 듯하여 참으로 천하의 장관이었다. 옆에는 '황명 융경 4년 모월 서^{皇明隆慶四年某月書}' 아홉 자를 써놓았는데, 수백 보나 떨어진 거리였지만 모두 명확하게 알아볼 수가 있었으나 '월^月'

자 위에 있는 한 글자만이 분명치 않았다. 바위 꼭대기가 평평하고
섬돌이 있는 곳은 집터였다. 월사의 기록 가운데 '두 개의 암자佛菴가
그 위에 걸쳐 있었다'고 한 것이 바로 이것이었다."

1713년 3월, 김창업은 이정귀가 갔던 천산에 올랐다. 천산에 오르면
서 이정귀의 《유천산기遊千山記》를 들고 발자취를 따랐다. 100여 년 전 선
배가 올랐던 그 산을 그대로 따라 오르며 변한 것은 무엇인지, 어떤 것이
그대로 있는지 확인했다. 위의 글은 천산을 등반하던 도중에 암벽에 새
겨진 '진의강' 세 글자를 확인하며 세월을 넘어 같은 공간에 있다는 사실
에 감격하는 대목이다. 그렇다면 이정귀는 이곳에 관해 《유천산기》에 어
떻게 써놓았을까.

"이곳에서 꺾어서 북쪽으로 산의 정상까지 오르면 또 절벽이 있고
그 표면에 '진의강'이라는 글자가 새겨져 있다. 두 암자가 절벽 위에
걸쳐 있는데 조금 후미진 곳에 있어 경쇠 소리가 가끔 구천九天에서
들려왔다. 여기는 가장 높은 곳이라 경계境界가 너무도 맑고 서늘하
여 오래 앉아 있을 수 없었다. 중의 부축을 받아 영원사로 돌아오니
중이 저녁밥을 내왔는데, 산과 시내에서 나는 나물로 만든 반찬들이
모두 향긋하였다."

김창업이 대조해본 '진의강' 글자도, '두 암자가 절벽 위에 있다'는 기

록도 확인할 수 있다. 이정귀의 《유천산기》는 단지 후대의 김창업에게 등반 가이드북으로서의 가치만 있는 게 아니었다. 김창업이 선배가 남긴 자취를 하나하나 따르며 감동하는 과정은 마치 성지순례를 하는 듯이 느껴질 정도다. 나아가 김창업은 이정귀의 천산 방문기를 그대로 답사하는 데 그치지 않고 자신만의 천산 답사기를 새롭게 써 내려갔다.

세대에서 세대로
이어지는 공감

이정귀의 《유천산기》는 김창업에게만 영향을 미치지는 않았다. 김창업이 다녀온 이후로 천산은 북경을 향한 연행사들에게 꼭 가고 싶은 꿈의 명소가 되었다.

> "이튿날 일찍 떠나, 한 승려를 앞세우고 남쪽 문으로 나가 이리장二里莊을 지나고, 팔리장八里莊을 지났다. 월사의 《유천산기》에 보면, '팔리참에서 남쪽으로 갔다'고 했는데, 이곳이 바로 여기다."

1833년 2월 김경선金景善도 천산에 방문했다. 이 글은 그의 연행일기인 《연원직지燕轅直指》의 일부다. 김경선도 월사의 《유천산기》를 가지고 일일이 확인하며 다녔다는 것을 알 수 있다. 229년이 지난 뒤, 조선 선비 김경선은 선배가 남긴 기록을 들고서 문장 하나하나를 그냥 지나치지 않으며 다닌 것이다. 김경선은 이정귀와 김창업의 답사기를 모두 들고 천산을 올랐다. "일찍이 노가재老稼齋(김창업의 호)의 연행일기를 보았더니, 대략 다음과 같았다"라고 하며 선배들의 천산 발자취를 따랐다.

글이란 원래 쓰는 사람에 따라 달라지는 법. 두 선배의 천산 답사기는 제각기 달랐다. 김창업은 월사의 답사기에 묘사된 것과 달라진 경관을 표현하기도 하고 월사가 다루지 않은 경치나 정황을 보태기도 했다. 연행길에 있는 천산은 조선 선비들에게 세대를 넘어 선배들의 자취를 확인하며 공감하는 곳이 되었다.

이정귀가 방문한 세 산 중에서도 여산은 매우 특별한 의미가 있다. 여산은 의무려산醫巫閭山을 말하는데, 이정귀가 조선인으로는 처음 등반했다. 1616년 연행 당시에 등반하려다 못 하고 몸이 아파 북경에서 6개월을 머물다 돌아오는 길에 의무려산에 올랐다. 건강이 좋지 않은 탓에 주변 사람들이 모두 말렸지만, 이정귀는 기를 쓰고 등반했다. 이후에 김창업, 이기지, 홍대용, 이덕무, 박지원 등 많은 선비들이 의무려산에 올랐다. 특히 홍대용은 의무려산에 오른 후《의산문답醫山問答》을 쓰기도 했다.

"유람할 만한 좋은 경치가 많아 선배인 월사 이정귀와 아저씨뻘인 김창업 같은 분들이 모두 여기에 올라가보았는데, 우리 일행은 바빠서 앞선 사람들이 가본 곳에 가지 못하는 것이 한스러웠다."

1720년에 연행한 이의현李宜顯은 선배인 이정귀와 김창업이 모두 의무려산에 올랐지만 자신은 일정이 바빠 오르지 못하게 된 것을 매우 아쉬워했다. 연행하는 사람들 누구나 오르고 싶어 한 산이었지만, 일정이나 상황에 따라 직접 등반할 수 없는 경우도 많았다. 그야말로 운 좋은 사람만이 누릴 수 있는 행운이었다.

이정귀 이전에도 연행하는 사신들이 있었지만, 이정귀가 처음으로 중국의 명산인 천산, 각산, 의무려산에 오르고 기록으로 남겼다. 이후 100년 뒤와 또 200년 뒤에 연행을 떠나는 선비들은 선배들의 기록을 교과서와 길잡이로 삼아 따라 올랐다. 같은 시간을 함께할 수 없었지만, 같은 공간을 공유하며 선후배 사이의 공감을 이룬 것이다.

조선 선비들은 앞세대가 남긴 기록을 가지고 답사하며 선배와 공감하려고 노력했다. 이미 세상을 떠난 선배들과 같은 시간과 공간에서 만날 수는 없지만, 선배들의 기록을 통해 언제라도 만나 공감대를 형성할 수 있었다. 굳이 타임머신을 타지 않더라도 옛사람들을 만날 수 있다. 그들과 공감할 수 있는 기회를 지금 만들어보면 어떨까.

대를 이은 유언

요즈음 집안의 자랑거리 가운데 자녀들의 입시나 취업이 으뜸이며 성공한 투자 등이 그 뒤를 따를 것이다. 조선시대에는 어떠했을까. 조선시대 명문가로 인정받으려면 성씨 하나만으로도 부족함이 없었다. 소위 양반 가문이라면 이름을 떨친 조상 이름 한둘쯤은 있어야 한다. 집안에 높은 벼슬을 한 인물이 대대로 이어져야 명문가로 인정받기 때문이다. 조상의 벼슬자리는 후손에게 큰 힘이자 자랑거리였다. 하지만 명문가의 후손은 명맥을 이어가기 위해 과거에 급제해 높은 자리에 올라야 할 책임도 지니고 있다.

"항상 겸손하게 사양하고 물러나라"

"나는 본래 재주와 덕이 없는데, 조상의 음덕陰德으로 나라의 은혜를 과분하게 받아 높은 자리에 오른 것이 분수에 지나쳐 스스로 화禍를 재촉했다. 오늘의 일은 관직이 융성했음에도 그만두질 못하고, 물러나려 하다가 물러나지 못해 이 지경에 이른 것이니, 후회한들 어쩔 수가 없다.

자손들은 나를 경계로 삼아 항상 겸손하게 사양하고 물러나는 마음을 지녀라. 벼슬길에서는 지위가 높고 권세가 큰 자리를 피하고, 집에서는 공손하고 검소하도록 해라. 사귀는 것을 삼가고 의론을 간략히 하며 조상이 남긴 법도를 따르면서 자신을 바르게 하고 가문을 지키는 터전으로 삼도록 해라. 여러 손자들의 이름을 '겸謙' 자로 정한 것은 바로 이런 뜻이다."

이 글은 기사환국己巳換局으로 사약을 받은 문곡文谷 김수항金壽恒이 아들에게 남긴 유언의 일부다. 당쟁이 치열하던 시기에 기사환국으로 남인이 집권하자 노론의 김수항은 탄핵을 받아 진도로 유배되었다. 영의정까지 지냈지만 결국 1689년 4월 7일 사약을 받고 말았다.

김수항은 분수에 지나친 벼슬자리에서 물러나지 못해 집안에 재앙이 닥쳤으니 부디 자손들은 높은 지위와 큰 벼슬은 피하라고 당부한다. 그래서 손자들의 이름도 겸손할 '겸謙' 자를 넣어서 지으라고 부탁했다. 자신의 부탁을 절대 잊지 말라는 의미다.

언뜻 이해하기 어려운 대목이다. 높은 벼슬을 해야 명문가로서의 입지를 다질 수 있는데 왜 자손들에게 높은 벼슬을 하지 말라고 당부하는 것일까? 김수항은 병자호란 때 끝까지 항복을 반대했던 청음淸陰 김상헌金尙憲의 손자로, 문과에 장원한 수재이며 훗날 영의정까지 올랐다. 하지만 김수항은 나라가 어지러워지면 관직으로 인해 목숨을 부지하기 어려울 뿐만 아니라 잘못하면 멸문지화를 입을 수도 있다는 사실을 알았다. 정쟁으로 인한 혼란의 시대를 살았기에 높은 지위와 권세, 그리고 명망이 가문을 지키는 힘이 아니라는 것을 잘 알고 있었다. 그래서 끝없이 관직을 거절했지만 높은 벼슬자리에 올랐고, 결국 탄핵을 당해 사약을 받는 신세가 되었다. 결국 자신의 잘못이 아니라 자리 때문에라도 가문이 몰락할 수 있으니 자손들에게 높은 벼슬을 하지 말라고 신신당부한 것이다.

김수항의 아들은 아버지의 이 간절한 유언을 지킬 수 있었을까? 학문과 문장이 뛰어난 문벌가의 인재를 나라에서 가만 놔둘 리가 없다. 김수항은 여섯 명의 아들을 두었다. 김창집, 김창협金昌協, 김창흡, 김창업, 김창즙金昌緝 등 여섯 아들은 당시 6창昌이라 불리며 칭송받았다. 학문과 문장은 물론이요 예술적 재능까지 뛰어났지만 벼슬하지 않고 숨어 살았는데도 그 이름이 세상에 알려졌다. 6창 중에서 첫째 아들 김창집이 영의정에 올랐고, 둘째 아들 김창협이 대사간 대사성에 올랐으며, 나머지 네 아들은 벼슬하지 않았다.

아버지 김수항의 유언대로 높은 벼슬을 하지 않으려 애썼지만 뛰어난 능력은 감출 수 없었다. 둘째 아들 농암農巖 김창협은 기사환국 때 아버지가 사약을 받고 세상을 떠나자 벼슬을 버리고 산속으로 들어가버렸다. 나중에 김수항의 누명이 풀리고 숙종이 그에게 관직에 오를 것을 명하며 불렀지만 사직 상소를 끊임없이 올렸다. 《농암집農巖集》7 ·8 ·9권의 '소차疏箚' 편을 보면 대사헌, 대사간, 이조참판, 호조참판, 형조참판 등등 남들이 부러워할 만한 관직을 마다하는 사직 상소가 가득하다.

> "신臣의 아비는 좋은 운이 가득 차면 하늘이 그 운을 덜어내고 권세 있는 지위는 사람들이 시기하는 것이라고 생각했습니다. 더구나 지위가 높아지면 원망이 집중되고, 중한 책임을 맡으면 허물을 만들어 재앙이 생기게 되며, 명망이 높으면 그것을 감당하기 어려워 훼방이 돌아오게 되니, 이는 오랫동안 걱정하던 것인데 자신이 불행하게도 직접 그런 경우를 당하였기에 후손들이 다시 이런 위기危機를 겪지 않기를 바랐던 것입니다."

《숙종실록》1694년 윤5월 29일 기사 내용의 일부다. 부제학 김창협은 아버지의 유언을 지키기 위해서라며 끝까지 벼슬을 마다했다. 조선시대 사대부들은 벼슬을 한 번에 받지는 않는다. 으레 한두 번 정도 사양하다가 마지못해 받는 형식을 취한다. 그런데 김창협은 아버지의 유언이 간절하고 그 뜻이 슬퍼 후손 된 도리로 심장과 뼛속에 새겨 영원히 지켜야 한다고 호소했다. 아버지의 유언이라고는 하나 이미 누명을 다 벗었으니 벼슬해도 되지 않겠냐고 숙종이 권했지만 끝까지 마다하고 다시는 벼슬길에 나오지 않았다.

"독서하는 종자가 끊어지는
근심이 없도록 해라"

셋째 아들 김창흡도 벼슬을 사양하고 평생 성리학을 연구하는 데 힘을 쏟았다. "김창흡, 김창업, 김창즙은 본래 과거科擧와 벼슬을 좋아하지 않았는데, 기사년의 일을 겪고 나서는 모두 벼슬하지 않고 선비로 세상을 마치니 사람들이 다 칭찬하였다"라는 기사가 《숙종실록》에 남아 있을 정도다. 뛰어난 실력에도 불구하고 모두 아버지의 유언을 받들어 가문을 지키기 위해 벼슬하지 않은 채 선비로 살아간 것이다.

> "옛사람이 '독서하는 종자가 끊어지게 해서는 안 된다'라고 하였으니, 너희는 여러 아이들을 가르치는 데 힘을 기울여, 충효와 문헌을 전하도록 해야 한다. 가문을 유지하는 일이 반드시 과거에 급제하고 벼슬하는 데 있는 것은 아니다. 기사년 4월 초이렛날 문곡 노인은 창집, 창협, 창흡, 창업, 창즙에게 써주니, 여러 손자들이 성장하거든 또한 이 종이를 전해서 보여주도록 하라."

김수항이 남긴 유언의 마지막 대목이다. 높은 벼슬에 오르지 말라는 유언과 함께 부탁한 내용은 독서하는 종자가 끊어지지 않게 하라는 것이다. 중국 송宋나라 시인 황정견黃庭堅의 글을 인용하며 높은 벼슬에 오르지 않아도 가문을 일으키는 방법은 학문에 열중하는 것이라고 알려준다. 대대로 열심히 독서하는 후손이 이어진다면 그것이 바로 가문을 지킬 수 있는 길이라고 믿은 것이다. 김수항은 여섯 아들뿐 아니라 자라날 손자들에게도 이 같은 교훈을 지키라고 신신당부하고 있다.

김수항의 여섯 아들 중 큰아들 김창집은 왕세자의 대리청정 문제로 소론과 대립하다가 신임사화辛壬士禍 때 거제도로 유배되어 사약을 받았다. 아버지에 이어 아들도 결국 사화에 휩쓸린 것이다. 김창집은 사약을 받기 직전 아들과 손자 그리고 외손자에게 편지로 이 같은 유언을 전했다.

"오늘 나에게 닥친 화는 진실로 면하기 어려울 것으로 안다. 네 아버지와 형이 풀려나올 수 있겠느냐? 생각이 여기에 이르니 저승에서도 눈을 감지 못하겠구나. 오직 바라는 것은 너희들이 재앙으로 생긴 변고 때문에 스스로 꺾이지 않는 것이다. 더욱 부지런히 공부하여 독서하는 종자가 끊어지는 근심이 없도록 해라."

김창집이 손자들에게 남긴 28일자 편지다. 아버지 김수항이 '부지런히 공부해서 독서하는 종자가 끊이지 않도록 하라'는 유언과 같다. 23일과 27일 두 차례에 걸쳐 장남 김제겸金濟謙에게 편지로 유언을 남긴 김창집은 외손자 민백순에게도 유언을 남겼다.

"너는 문자文字를 좋아하니 반드시 내가 권하는 것을 기다리지 않더라도 끝없이 성취할 것이다."

  아들과 손자 그리고 외손자에게 죽기 직전에 당부한 핵심 내용은 부지런히 공부하고 독서하라는 것이었다.

  그런데 불행하게도 김창집의 장남 김제겸도 1722년 유배지에서 사약을 받고 세상을 떠났다. 김제겸의 문집 《죽취고竹醉藁》에는 그의 아들 김원행金元行, 김준행金峻行, 김탄행金坦行, 그리고 손자 김이장金履長에게 보낸 편지가 남아 있다.

  1722년 4월, 김제겸은 유배지인 울산으로 찾아온 셋째 아들 김원행에게 아들 김달행의 공부가 끊어지게 되는 것을 가슴 아파하며 그래도 장인에게 글을 배우라고 유언을 했다. 넷째 아들 김탄행에게는 "여러 형들을 따라 부지런히 독서하라"고 마지막 말을 남겼다. 또한 손자 김이장에게도 "부지런히 공부하고 나태하지 마라"는 말을 편지로 남기고 세상을 떠났다.

  김수항의 집안은 아들 김창집, 손자 김제겸에 이르기까지 어지러운 정쟁 속에서 목숨을 잃었다. 대를 이어 불행이 끊이지 않았으니, 다시는 가문이 일어서지 못할 법하다. 그렇지만 김수항 가문은 정조의 총애를 받고 순조의 장인이 되어 세도정치를 열었던 김조순金祖淳, 문장가로 이름 높은 김매순金邁淳을 길러냈고, 철종 대에는 영의정, 좌의정, 우의정 삼정승을 모두 차지할 만큼 대단한 세력을 갖기도 했다. '조선 팔도에 벼슬하지 않은 안동 김씨가 없었다'라는 말이 있을 정도로 가문의 위엄이 높았다. 벼슬하지 말라는 유언을 따라 모든 것을 마다하고 산속으로 들어갔지만, 대를 이어 독서하는 종자가 끊어지지 않았으니 가문이 다시 빛날 수 있었다. 가장 힘든 순간 자신을 지키는 힘이 무엇인가를 알려주는 위대한 유언이 세대를 넘어 계속 실천되었기 때문이기도 하다.

내가 단서를 열 테니 네가 완성하여라

"식구가 여덟인 집에서 묵혀두고 버려둔 빈 땅에 ○○○를 심으면
굶어 죽거나 굶주리지 않을 것이다."

빈칸에 들어가는 말은 무엇일까? 고구마다. 조선시대 흉년이 들면 백
성의 굶주림은 일상이었다. 그러나 고구마는 가뭄과 홍수에도 큰 영향
을 받지 않고 토질과도 상관없이 잘 자라며 병충해에도 강한 구황작물
이었다.

그러나 이전까지 대부분은 고구마가 무엇인지 몰랐고, 재배법도 알지
못했다. 고구마 재배를 널리 퍼뜨린 주인공은 호남 관찰사였던 서유구徐有
榘다. 백성의 기근을 해결하기 위해 급하게 고구마 종자를 구해서 심게 한
사람이 그다. 고구마 재배를 잘하는 법을 알려주기 위해 1834년 서유구
는 《종저보種藷譜》를 지어 백성의 굶주림을 해결하고자 했다. 또 이유원李裕
元은 《임하필기林下筆記》에서 "내가 서유구에게서 찐 고구마를 얻어서 먹어

보니 떡과 같이 매우 맛이 좋았으므로 그 방법을 배웠다"라고 밝혔다.

"스스로의 힘으로 먹고살고 뜻을 길러라"

　　　　　　서유구는 조선시대 최고의 농업과 생활경제 백과전서인 《임원경제지林園經濟志》를 저술한 실학자다. 평생을 농학農學에 바치며 농업이 경제의 중심인 조선에서 백성의 삶의 근본인 농업에 실질적으로 기여할 수 있는 실용적인 지식을 추구했다.

> "사람이 세상을 살아가는 데에는 조정에 나아가 벼슬하거나 시골에 물러나 거처하는 두 가지 길이 있다. 나아가 벼슬할 때는 세상을 구제하고 백성에게 혜택을 주는 것이 임무요, 물러나 거처할 때는 스스로의 힘으로 먹고살고 뜻을 기르는 것이 임무이다.
> 세상을 다스리기 위해서는 정치와 교화教化가 필요하기 때문에 관련 책도 헤아릴 수 없이 많다. 그러나 시골로 물러나 살면서 자신의 뜻과 생업을 돌볼 수 있는 책은 찾기 어렵다."

서유구는 벼슬하지 않는 선비가 시골에 내려가 살면서 생업을 돌보는 데 반드시 필요한 책이 없으므로 직접 저술하겠다고 마음먹었다. 관련된 모든 서적을 두루 모아서 정보를 종합 정리한 것은 물론, 직접 농사를 지은 체험을 바탕으로 《임원경제지》를 집필했다. 선비가 자료를 모아 농사 책을 쓸 수는 있겠지만, 직접 농사를 지었다는 말은 믿기 어렵다. 그러나 실제로 서유구는 18년간 시골로 내려가 직접 농사를 지었다.

서유구의 집안은 대대로 높은 벼슬을 하며 권세를 누린 노론 명문가다. 아버지 서호수徐浩修는 이조판서를 지냈으며, 할아버지 서명응徐命膺은 대제학을 지냈고 규장각을 창설하는 데 큰 기여를 했다. 서명응은 정조로부터 직접 '보만保晩'이라는 호를 받을 정도였다. 이런 집안에서 금수저를 물고 태어난 서유구 역시 일찍 과거에 급제하고 전도유망한 인재로 촉망받으며 승승장구하고 있었다.

그러나 작은아버지 서형수徐瀅修가 1806년 김달순金達淳의 옥사에 연루되어 유배를 떠나면서 가문이 몰락하자 서유구도 벼슬에서 물러나 시골로 내려가게 되었다. 이때부터 서유구는 직접 농사를 지으며 먹고사는 문제를 스스로 해결했다. 모든 양반이 벼슬에서 내려왔다고 해서 시골에 가서 농사를 짓지는 않았다. 그러나 서유구는 몸소 농기구를 쥐고 밭을 갈기 시작했다.

서유구가 직접 농사를 지어가며 농사 책을 쓰게 된 데에는 가문의 영향이 컸다. 아버지 서호수는 《해동농서海東農書》를 지었고, 할아버지 서명응도 《고사신서攷事新書》《본사本史》 같은 농서農書를 저술했다.

서유구는 《임원경제지》를 집필할 때 아버지의 《해동농서》를 계승했다. 예를 들어 "중국의 방아는 한 사람이 밟는 형태지만, 조선의 방아는 두 사람이 밟게 되어 있다"라고 하며 《해동농서》의 내용을 여러 차례 인용하기도 하고, 《해동농서》에서 다루지 못한 농기구나 수리시설, 작물 종류 등 농업 관련 내용도 대폭 추가했다. 조선의 현실에 맞는 농업을 연구하여 《임원경제지》를 집필하는 데 아버지의 농학이 큰 밑거름이 된 셈이다.

"나는 단서를 열 테니 너는 완성하여라"

서씨 집안의 농학은 이렇게 아버지에서 아들에게만 이어지는 것은 아니다. 서유구의 할아버지 서명응도 《고사신서》 외에 여러 농서를 집필했다. 서유구는 할아버지의 제문祭文에서 "할아버지께서 손자 수십 명에게 가르침을 고루 주는데 어찌 후하고 박함이 있겠는가. 그러나 가르침과 사랑의 깊이로는 실로 소자小子가 최고였다"라고 하며 손자 중에서도 자신이 조부의 가르침을 가장 깊이 받았다고 자부했다. 1779년 15세 때부터 서유구는 할아버지 서명응 옆에서 본격적인 가르침을 받으며 저술활동을 도왔다.

> "나는 단서端緒를 열고 너는 완성하여, 하나의 책에 할아비와 손자 모두의 정력精力이 들어 있다면 후대에 이 책을 읽는 사람이 우리 집안 가학의 원류를 칭찬하지 않을 것이라고 어찌 장담할 수 있겠느냐."

서명응은 손자에게 세계지리서인 《위사緯史》의 편찬을 맡기면서 할아

버지가 단서를 열고 손자가 완성하는 책 발간에 큰 기대를 걸었다. 할아
버지의 바람은 이루어졌다. 서명응이 제시한 범례에 따라 손자 서유구가
《위사》를 편찬한 것이다. 《위사》는 중국과 서양의 지리서를 두루 살피면
서 세계 여러 나라의 위치와 풍속 등을 정리한 책이다. 서유구는 할아버
지 서명응의 《위사》 편찬을 돕고 다음 해에는 농학서 《본사》의 교정을 보
며 집필을 도왔다.

> "《본사》를 쓰는 이유는 천하의 어리석은 사내와 아녀자가 책을 한
> 번 펼쳐 그 심고 가꾸는 법을 알게 하여 실생활에 활용할 수 있도록
> 하려는 것이다. 마치 큰비가 쏟아지는 것처럼 분명해야 한다. 이해
> 하기 어렵고 분명하지 않은 껄끄러운 말을 사용하면 읽는 사람의 입
> 에 마치 재갈을 물린 것처럼 불편할 수 있다. 후세에 글을 모르는 이
> 가 이 책을 장독 덮개로나 사용하지 않을까 걱정이다."

　누구나 쉽게 읽고 이해해 농사를 짓는 데 활용할 수 있도록 해야 한다
는 것. 서유구는 손자에게 《본사》 집필의 본질을 잃지 않도록 당부했다.
　서명응은 농정農政이 천하의 근본이자 천지인天地人의 근본이기에 책 이
름에 근본이라는 의미를 담아 《본사》라고 했으며 사마천이 《사기史記》를
쓴 뜻을 적용한 것이라고 했다. 그래서 책의 구성도 《사기》의 구성을 빌
려왔다. 어찌 보면 사마천의 아버지 사마담이 아들에게 자신이 저술하던
역사서의 편찬을 완료해달라고 부탁하고, 사마천이 아버지의 유언에 따

라 《사기》를 완성하는 집필 태도를 배운 것은 아닐까.

할아버지와 아버지에 이어 농학을 완성하려고 한 서유구는 가문이 몰락하고 벼슬에서 물러나 있던 18년 동안 아들 서우보徐宇輔와 함께 직접 농사를 지으며 《임원경제지》를 집필했다.

> "네 나이 13살에 집안이 몰락하여 나는 거처를 9번이나 옮기면서 그때마다 너를 데리고 갔다. 양원楊原에서 밭을 가꾸고 대호帶湖에서 농사를 짓느라 힘들게 신음하며 살이 터지고 굳은살이 생기도록 고생을 함께 하지 않은 게 없었다. 이제 고생에서 벗어나 평탄하게 살아갈 수 있게 되자 너는 자취도 없이 사라졌구나."

서우보는 어린 나이에 아버지를 따라 시골에서 갖은 고생을 하며 《임원경제지》 집필을 도왔다. 이후 1823년 서유구의 집안이 복권되었지만 서우보는 그 영광을 함께하지 못했다. 1827년 33살의 나이로 요절했기 때문이다.

아들 서우보가 첫돌을 맞았을 때 서유구는 책을 교정하느라 궁에서 퇴근하지 못했다. 그러자 정조가 돌상을 내려주며 "내각의 뜰에서 꽃구경할 사람이 또 한 명 생겼구나"라며 서우보의 첫 생일을 축하해주었다. 이렇듯 명문가의 새로운 인재로 촉망받았지만, 서우보는 가문이 몰락한 시기에 아버지와 함께 《임원경제지》를 집필하다가 관직에 나아가지도 못한 채 일찍 세상을 떠나고 말았다. 가장 힘든 시기에 오직 아들의 도움만으로 책을 집필했던 서유구는 아들의 죽음을 가슴 깊이 묻었다.

아들을 잃고 난 뒤 서유구는 손자 서태순徐太淳과 함께 《임원경제지》를 마무리했다. 30여 년의 시간을 들여 13권 52책 250만 자에 달하는 대작을 완성한 것이다. 위로는 할아버지 서명응과 아버지 서호수, 아래로는 아들 서우보와 손자 서태순까지 5대에 거쳐 이룩한 가학에는 조선의 농학을 발전시켜 백성의 삶이 조금이라도 풍요로워질 수 있도록 바라는 간절한 마음이 담겨 있는 것이다.

나의 견해가 잘못되었습니다

2020년은 퇴계 이황이 마지막으로 낙향한 지 450주년이 되는 해다. 퇴계는 갑자기 왕위에 오른 선조가 자신의 옆에 있어달라는 간곡한 부탁을 받고 1568년 서울에 올라와 선조의 곁을 지키며 도왔다. 퇴계는 할 일을 다 했다는 생각이 들자 고향에 내려가 학문에 힘쓰겠다며 몇 달 동안 여러 차례 사직 상소를 올린 끝에 1569년 3월 4일 드디어 낙향을 허락받았다.

"저를 이야기할 만한 상대로 여기신 것인지요?"

퇴계는 조정에서 하직 인사를 하고 한강의 동호^{東湖} 기슭에 있는 몽뢰정^{夢賚亭}에서 하룻밤을 묵은 다음 날 동호에서 배를 탔다. 배 안에는 고봉^{高峰} 기대승^{奇大升}이 퇴계를 기다리고 있었다. 고봉은

퇴계를 배웅하기 위해 강가의 농막에서 하룻밤을 보내고는, 배를 타고
봉은사奉恩寺까지 따라가 퇴계와 함께 자고 6일에 헤어졌다.

한강 물 넘실넘실 밤낮으로 흐르는데　　　　漢江滔滔日夜流

선생님 이번 떠나심 어떻게 만류할까　　　　先生此去若爲留

백사장에서 닻줄 끌며 느릿느릿 머뭇거리는 곳에　沙邊拽纜遲徊處

이별의 아픔 수많은 시름 끝이 없어라　　　　不盡離腸萬斛愁

이 시는 고봉 기대승이 퇴계를 송별하는 배에서 쓴 것이다. 퇴계의 낙
향을 말리고 싶어 넘실넘실 흐르는 한강을 바라보며 괜히 백사장에서 배
의 닻줄을 끌고 머뭇머뭇 시간을 끌어보지만 이별은 이미 정해져 있어
슬픔은 끝이 없다. 고봉의 시를 받은 퇴계도 답시를 전하고, 덧붙여 여덟
수의 〈매화시梅花詩〉를 보여주면서 화답시를 청했다. 그러자 다시 고봉이
〈매화시〉에 답했다. 이별 장면이 무척이나 애틋하게 느껴진다.

한강의 동호는 서울에서 지방으로 내려가는 선비들의 전별餞別 장소로
유명하다. 퇴계의 낙향길에는 몽뢰정의 주인 임당林塘 정유길鄭惟吉을 비
롯해 많은 문인이 함께 하룻밤을 보냈다. 사람들이 너무 많이 모이는 바
람에 젊은 사람은 근처 농가에서 밤을 지새울 정도였다. 서울의 이름 있
는 문인들이 조정을 비우다시피 하고 나와서 이별의 시를 전했음은 물론
이요, 백성들까지 모여 고향으로 떠나는 퇴계를 전송했다고 한다.

퇴계가 고향에 도착하기도 전에 고봉은 편지를 썼고, 3월 17일 고향에

도착한 퇴계는 4월 2일 고봉에게 답장을 하면서 "각각 술에 취해 서로 바라보기만 하고 아무 말도 없이 천 리千里의 이별을 했다"고 고봉과의 이별을 아쉬워했다. 퇴계와 고봉은 대체 어떤 사이였기에 이별을 이렇게나 아쉬워했을까.

고봉 기대승은 1558년 10월, 32세의 나이에 식년시 문과 을과乙科에 장원급제했다. 그리고 같은 달에 서울 서소문에 있는 퇴계의 집을 찾아가 사단칠정론四端七情論에 대해 자신의 의견을 냈다. 당시 퇴계는 58세였고, 벼슬은 성균관 대사성으로 국립대학 성균관의 가장 높은 자리에 있었다. 과거에 갓 합격한 고봉이 성균관 대사성이며 대학자 퇴계를 찾아가 문제를 제기한 셈이다. 이후 낙향한 퇴계는 다음 해에 고봉에게 편지를 보냈다.

"선비들 사이에서 그대가 논한 사단칠정의 설을 전해 들었습니다. 저는 이에 대해 스스로 전에 말한 것이 온당하지 못함을 근심했습니다만, 그대의 논박을 듣고 나서 더욱 잘못되었음을 알았습니다. 그래서 그것을 이렇게 고쳐보았습니다.

(중략)

처음 만난 날부터 견문이 좁은 제가 박식한 그대에게 도움을 많이 받았습니다. 하물며 서로 친하게 지낸다면 어찌 그 도움을 이루 말할 수 있겠습니까? 기미년 1월 5일 황滉은 머리를 숙입니다."

1559년 1월 5일 퇴계는 26살이나 어린 데다 갓 과거에 급제한 신출내기 고봉에게 자신의 견해가 잘못되었음을 인정하고 수정한 의견을 제시했다. 심지어 퇴계는 자신이 견문이 좁았고 고봉이 박학하여 도움을 받아 의견을 수정했다고 밝혔다. 아무리 그것이 사실이라도 성균관 대사성 퇴계가 고봉에게 이런 태도를 보일 수 있을까. 거침없이 자신의 의견을 제시하는 고봉도 대단하지만, 나이와 신분의 차이를 따지지 않고 학자로서 존중하며 의견을 받아주는 퇴계의 태도에 감탄하지 않을 수 없다.

"저를 이야기할 만한 상대로 여기신 것인지요? 송구하기 그지없습니다. 사단칠정론, 제가 평생 동안 깊이 의심했던 것이 바로 여기에 있습니다. 하지만 자신의 견해가 오히려 분명하지 못한데 어찌 감히 거짓된 주장을 펴겠습니까? 선생님께서 고치신 설을 연구해보면 미심쩍은 것이 확 풀리는 것 같습니다. 그렇지만 제 생각에는 먼저 이 기理氣에 대해서 분명하게 알고 난 뒤에야 심心·성性·정情의 뜻이 모두 자리를 잡게 되고 사단칠정을 쉽게 분별할 수 있을 듯합니다."

1559년 3월 5일에 고봉은 퇴계의 편지에 답장을 하면서 자신을 학문 토론의 상대로 인정해준 데 대해 기뻐하는 마음을 드러냈다. 또한 퇴계의 사단칠정에 대한 의견을 듣고는 거기에 다시 자신의 의견을 내기 시작했다. 이렇게 해서 두 사람은 성리학의 주요 주제였던 사단칠정론에 대한 논쟁을 1562년까지 이어갔다.

사단칠정에 대한 논쟁이 끝난 뒤에도 두 사람의 편지는 계속되었다. 퇴계가 죽을 때까지 이어진 두 사람의 학문과 삶에 대한 편지는 100여 통에 이르며 무려 13년 동안 이어졌다. 퇴계의 고향 안동과 고봉의 고향 광주에서 서로 주고받은 편지는 두 사람 사이에서만 그치는 것이 아니었다. 편지가 전해지는 과정에서 관련 학자들이 모두 열람할 수 있었다. 자신과 고봉 두 사람만의 학문 토론에 머무르지 않고, 당시 학자들의 의견을 폭넓게 수용하려는 퇴계의 뜻이었다.

퇴계와 고봉이 사단칠정론에 대해 주고받은 편지는 따로 모아 '퇴계와 고봉 두 선생이 주고받은 편지'라는 의미의 《양선생왕복서兩先生往復書》라는 제목으로 정리되었고, 두 사람이 주고받은 편지는 기대승의 문집인 《고봉집》에, 퇴계가 보낸 편지는 《퇴계집》에 따로 정리되어 전해진다.

부지런히 힘쓰고 힘써
허물이 없기를

나이와 지위를 넘어 또한 영남과 호남이라는 지역을 벗어나 퇴계가 고봉에게 보여준 태도는 진정한 그리고 훌륭한 스승이 무엇인지 한 번 더 생각하게 해준다. 퇴계의 이런 태도는 고봉에게만 해당되는 것은 아니었다. 퇴계가 58세 때 23세의 청년 율곡栗谷 이이李珥가 성주의 처가에서 강릉의 외가로 가는 길에 도산서원에 들러 퇴계와 3일 동안 학문 토론을 했다. 이때 퇴계는 성학십도聖學十圖에 대한 이이의 견해를 받아들여 기꺼이 수정하기도 했다.

이뿐만 아니다. 15세부터 퇴계가 세상을 떠날 때까지 모셨던 제자 월천月川 조목趙穆에게도 퇴계는 수시로 편지를 보내 학문을 주제로 토론을 했다. 퇴계와 월천의 나이 차는 24살인데, 두 사람 역시 나이 차이를 뛰어넘고, 또 스승과 제자라는 벽을 허물며 학자로서 동등하게 의견을 주고받았다. 학문의 성취가 당연히 높아질 수밖에 없었다.

"서재가 추워서 벼루의 물이 얼겠구나. 숯 한 섬을 보내니 그럭저럭 질화로에 훈기라도 마련하고, 종이 한 묶음을 보내니 책을 베끼는 데 조금이라도 도움이 되길 바라네. 붓이 얼어 급하게 쓰네."

퇴계가 제자 조목에게 보낸 편지다. 퇴계는 조목이 빈곤하게 살고 있음을 알고 수시로 곡식과 건어물도 보내주고 종이도 보내주며 제자를 보살폈다. 그러다 어느 추운 겨울에 땔감도 없이 추위에 떨고 있을 제자를 생각하며 숯과 종이를 보내기도 했다. 편지를 쓰는 퇴계 자신도 붓이 얼어서 급하게 쓸 정도로 추위에 떨면서 추운 날씨에 고통받는 제자를 생각한 것이다.

1570년 12월 8일 아침, "저 매화나무에 물을 주라!"는 유언을 남기고 퇴계는 앉은 자세로 세상을 떠났다. 고봉은 퇴계와 한강 동호에서 이별하고 난 뒤 1년 9개월 만에 그의 부고를 듣고 저승에서라도 만나고 싶다고 통곡하며 비명碑銘을 지었다.

"아! 선생은 벼슬이 높았으나 스스로 높다고 여기지 않았고,

학문에 힘썼으나 스스로 학문을 많이 했다고 생각하지 않으셨네.

부지런히 힘쓰고 힘써 허물이 없기를 기대하였으니

옛 선현들과 비교하더라도 누가 더 낫고 못할까.

태산은 평평해질 수 있고 돌은 닳아 없어질 수 있지만,

선생의 이름은 천지와 더불어 함께 영원할 것을 내 아노라."

벼슬이 높았으나 스스로 높다고 여기지 않았고, 학문에 힘썼으나 스스로 학문을 많이 했다고 생각하지 않으며 부지런히 힘쓴 퇴계. 평생을 열린 마음과 겸허한 자세로 제자들과 만난 퇴계. 퇴계가 시대를 넘어 지금까지도 진정한 스승으로 우리의 존경을 받는 까닭을 알 것 같다.

어려운 세상을 함께 헤쳐나가야 하는

"내가 황해도 감사監司를 하던 때의 일이다. 연안延安에 사는 이동李同
이라는 자가 밥을 먹다가 그 아버지와 서로 트집을 잡으며 다투었는
데, 아버지에게 밥그릇을 던져 아버지를 다치게 하였다."

조선 중기의 문인 김정국金正國이 쓴《사재집思齋集》에 나오는 내용이다.
아버지와 아들이 밥상머리에서 말다툼을 하다가 아들이 밥그릇을 아버
지에게 던졌다. 요즘 뉴스에서나 볼 수 있을 법한 일인데, 이런 사건이
조선시대에도 있었다. 이 사건은 유교 사회인 조선에서 매우 큰 죄인 강
상죄綱常罪에 해당하여 범인은 사형에 처해질 뻔했다. 그러나 범인은 평
소 아버지와 다투고 욕하다 물건으로 때리는 일까지 있었기에 그것이 죄
가 되는 줄 몰랐다고 했다. 이제 알았으니 앞으로는 아버지를 잘 모시겠
다고 하자 백성이 기본적인 삼강오륜을 몰라서 생긴 일이니 엄벌에 처하
기보다 계도하는 게 우선이라며 사면해주었다. 이 사건은 형사사건의 조

사·심리·처형 과정을 다루는 관리들을 계몽하기 위해 지어진 정약용「
若鏞의 《흠흠신서欽欽新書》에도 인용되었다.

아버지와 아들이 다투다가 벌어진 폭행 사건인데, 아들이 아버지를 때
린 것으로 사형에 처해질 수 있었다. 이는 아들만의 죄일까? 밥 먹는 아
들에게 잔소리를 하며 화를 부른 아버지에게는 죄가 없을까? 강상죄는
삼강오륜을 거역한 죄다. 삼강오륜에는 오직 아랫사람이 윗사람에게만
고분고분해야 한다고 말하지는 않는다. 아버지는 의리로, 어머니는 자애
로 자식을 보듬어야 한다고 적혀 있다.

추측건대 아버지는 아마 밥 먹는 자식에게 잔소리를 퍼부었을 테고 이
를 견디다 못한 아들이 말대답을 하다 홧김에 밥그릇을 던졌을 것이다.
아들이 밥그릇을 던져 아버지에게 상해를 가한 것은 큰 잘못이다. 그런
데 아버지는 왜 그렇게 아들에게 잔소리를 했을까. 아버지와 아들은 원
래 갈등이 깊은 관계일까.

세대 갈등은 영원히 풀 수 없는 숙제일까

"모던보이가 선술집 앞을 지나다가 노인들이 술 마시며 좋다고 떠드
는 것을 보고 퍅 웃고 지나가면, 노인들은 카페 앞을 지나다가 청년
들이 떠드는 것을 보고 '망할 놈의 자식들' 하고 화를 버럭 내고 지나
간다.

선술집 있는 것은 알되 카페 있는 것을 모르는 것은 좋으나, 카페 있

는 것만 알고 선술집 있는 것을 모르는 것은 딱한 일이요, 약주나 막

걸리 맛은 알되 양주 맛은 모르는 것은 좋으나 양주 맛만 알고 약주

나 막걸리 맛을 모르는 것은 기막힌 일이라고 어떤 주호酒豪는 부르

짖었다."

1930년 2월 15일 〈매일신보〉에 실린 기사 중 일부다. 선술집과 카페,
막걸리와 양주, 노인과 청년으로 대비되는 당시의 세대 갈등을 보여주고
있다. 1930년대의 일이지만 지금도 이런 상황은 여전하고, 1930년 이전
에도 아마 그랬을 것이다. 언제나 노인들은 젊은이들이 예의 없다고 생
각하고, 젊은이들은 노인들을 시대에 뒤처진 세대라고 여기니까. 서로에
대한 이해가 없으니 생기는 갈등이다.

누구나 청년기, 중년기를 거쳐 노년기에 들어선다. 그럼에도 아랫세대
는 윗세대를 고집 세고 완강하다고 하고, 윗세대는 아랫세대를 버릇없다
고 못마땅하게 여긴다.

근대 이후 노인은 청년 세대에게 밀려나고 조롱당하는 존재로 자주 그
려진다. 한때 경제의 주역으로 선봉에 섰던 그들이지만, 이제 변방으로
밀려나 쓸모없는 존재로 전락해버린 것이다. 유교사회 조선은 어땠을
까?

주렴 밖에서 큰소리로 웃고 떠들기에　　　　　哄堂大噱隔簾帷

세상에 포복절도할 일이 있는 듯하여	定有人間絶倒奇
천천히 일어나 아이를 불러 곡절을 물었더니	徐起呼兒問委折
일없이 우연히 서로 웃었다고만 하네	但云無事偶相嬉

어리석고 귀먹은 사람의 본분은 잔소리를 경계하는 것이라	
	癡聾本分戒煩苛
온갖 일 모른 체하다 우연히 한 번 꾸짖었더니	百事含容偶一呵
스스로 보기에 정신 또렷하여 아무 잘못 없는데	自視惺憶無過誤
모두가 날 노망났다 하니 어찌하리오	衆推爲耄可如何

밖에서 뭔가 재미있는 일이 있으면 궁금증이 일어나겠지만 노인에게
는 몰라도 된다며 알려주지 않는다. 자기들끼리만 재미있는 정보를 공유
하는 것 같아 서운하고 괘씸한 생각이 든다. 잔소리를 조심하려고 다짐
하지만 어쩌다 한 번 꾸짖으니 노망난 노인네 취급을 한다. 아무리 생각
해도 잘못한 게 없는 것 같은데도 스스로 주눅이 들 수밖에 없다.

이 시는 다산茶山 정약용이 매우 늙었다고 생각해 스스로를 조롱하며
읊은 다섯 수의 시 가운데 일부다. 시의 제목에 '계사년 봄'이라고 밝혔
으니 1833년 다산의 나이 72세였다. 존경받는 대학자 다산도 70대가 되
니 늙어가는 자신을 조롱하며 스스로 노인으로서의 처지를 서글퍼하기
도 하고 노인의 본분을 다시 생각해본 것 같다.

조선 후기의 문인 유영하柳榮河는 〈다섯 가지 병五病〉이라는 시에서 젊은

이들이 노인을 조롱하는 것을 못마땅하게 여긴다. 노인의 격언을 노망^{老妄}이라 하고, 깊은 생각을 노욕^{老慾}이라 하며, 침묵을 지키면 노혼^{老昏}이라 하고, 경계하고 조심하면 노겁^{老怯}이라고 비웃는다. 이런 젊은이들의 태도에 화가 나서 "너희들이 힘없는 나를 업신여기느냐" 하고 따지면 젊은이들은 "이 노인 늙어서 패악하구나"라며 조롱하니 화를 삭이며 길게 탄식할 뿐이다.

세대 갈등은 예나 지금이나 마찬가지인가 보다. 영원히 풀 수 없는 숙제일까? 젊은이들에게 조롱받지 않을 노인이 되려면 어떻게 해야 할까? 노인이 못마땅해하지 않을 젊은이의 태도는 무엇일까? 노인의 경험을 바탕으로 한 진심 어린 말을 잔소리로 받아들이고, 젊은이의 새로운 생각을 버릇없다 여기는 데는 이유가 있을 것이다.

조선 중기의 문인 택당^{澤堂} 이식^{李植}은 아들에게 "우리들이 비록 골육^{骨肉}으로 맺어진 관계라 하더라도 어려운 세상을 함께 헤쳐나가는 친구와 같은 사이다"라고 했다. 또한 반계^{磻溪} 유형원^{柳馨遠}은 어린아이에게도 항상 성인을 대하듯이 존중했다고 한다.

아버지와 아들이라는 관계에 묶여 있더라도 이 험한 세상을 함께 살아내야 하는 동지라는 마음을 가져야 한다고 자신과 아들에게 이야기한 이식은 스스로 세대 간의 장벽을 없애려 노력하고 아들에게도 그러길 바랐을 것이다. 유형원도 마찬가지다. 비록 어린아이라도 하나의 인격체로 온전히 대우하는 태도를 보였기에 유형원은 소위 꼰대로 보이지 않았을

것이다. 비록 신체와 마음이 노화하더라도 평생 자신을 수양하는 자세를
유지하려 한 조선의 선비들이기에 가능했을 수도 있다.

세대 장벽을 넘어서

　　　　　　　　나는 노촌 이구영 선생님께 한문 공부를 했다.
선생님께서 돌아가시고 해마다 기일이 되면 제자들이 모여 선생님을 기
리며 제사를 지냈는데, 연로하신 사모님께서 돌아가시면 같이 제사를 지
낼 것이라고 생각했다. 그런데 몇 년 전 노촌 선생님의 사모님께서 세상
을 떠나시면서 유언을 남기셨다. "나 죽거든 제사 지내지 마라. 지금 시
대에는 맞지 않으니 구태의 풍습으로 자손들을 힘들게 하고 싶지 않다."
평생 수많은 제사를 지냈는데도 이제 자신이 제사를 받을 차례가 되자
후대에 중단하라고 유언을 한 것이다. 노촌 선생님은 조선의 명문가 중
첫 번째로 꼽히는 연안 이씨의 월사 이정귀의 증손 이해조李海朝의 9대 종
손이다. 대대로 내려오는 명문가의 며느리가 세상을 떠나면서 남긴 말은
낡은 마음을 버리라는 뜻이었을까?

　사모님의 유언을 듣고 나는 진정한 어른 노릇이 무엇인지 생각하게 되
었다. 나이가 많다고 저절로 어른이 되지는 않는다. 어른다운 행동을 해
야 어른이다. 나잇값 못 하는 철없는 어른이 있는가 하면, 어린 나이인데
도 존중받을 만한 사람이 있다.

나이와 인격은 비례하지 않는다. 어쩌면 세대 구분의 기준을 나이로 한 것이 잘못이었을지도 모른다. 1990년대에 기성세대에게 반항하던 X세대가 지금 기성세대가 되어 밀레니얼세대, Z세대를 못마땅하게 여길 수도 있다. 자신이 예전에 '꼰대' 취급했던 어른이 되어서 말이다.

'꼰대'라는 비속어는 애초 늙은 거지를 뜻했지만, 1960년대 이후 산업화가 본격화하면서 교사 또는 담임교사를 가리키는 말로 바뀌었다. 그리고 이제는 고리타분하게 나이 든, 그래서 시대에 뒤처진 사람을 가리키는 별명으로 자리 잡았다.* 격변하는 시대에 전통적인 가치관으로 젊은 세대를 가르치려고 했던 기성세대에 대한 반감이 가득한 비아냥이다.

> "꼰대의 기준이 뭘까요. 전 자기가 잘하고 다른 사람한테도 잘하면 그건 꼰대가 아니라 어른이라고 생각하거든요. 자기 자신에게만 관대할 게 아니라 이성적으로 조금 더 양보하면 그게 곧 어른이 되어가는 과정이 아닐까 생각해요."**

언젠가 잡지에서 본, 한 아이돌이 밝힌 꼰대와 어른의 개념이다. 그리고 나는 문득 이덕무의 수필집 《선귤당농소蟬橘堂濃笑》를 읽다가 세대 장벽을 넘어서는 방법을 생각해보았다.

---

* 김성윤, 〈꼰대의 이유-어른이 불가능한 시대의 꼰대 담론〉, 《오늘의 문예비평》, 2016년 가을호 재인용.
** 〈그라치아〉 2020년 5월호 이정신 인터뷰 재인용.

"나보다 나은 사람이면 우러러 사모하고, 나와 비슷한 사람이면 아껴주어 교제하면서 서로 격려하고, 나보다 못한 사람이면 가엽게 여겨 가르쳐준다면 천하가 태평할 것이다."

무의식이 우리에게 말해주는 것들

조현수

서울대 철학과에서 학사와 석사를 마치고 프랑스 스트라스부르대학에서 베르그송의 생명철학 연구로 박사학위를 받았다. 귀국 후 서울대와 연세대, 성공회대 등에서 강의하다가 지금은 능인대학원대학교 명상심리학과 교수로 재직 중이다. 저서로는 《성, 생명, 우주》가 있다. 논문으로는 〈지속과 무의식〉 〈들뢰즈의 존재론적 윤리학〉 등이 있고, 역서로는 자크 모노의 《우연과 필연》이 있다. 현재, 철학에 대한 연구를 계속해서 수행해가고 있는 것과 함께 켄 윌버와 같은 명상이론가들이 주장하는 '자아초월transpersonal 심리학'에서 그간 철학에 기대해왔던 것을 발견할 수 있다고 생각하며 연구하고 있다.

무의식을 발견한 프로이트

　'무의식'은 현대 학문이 인간을 이해하는 아주 중요한 개념 중 하나다. 이 개념은 오랜 시간에 걸친 조심스러운 타진 끝에 대략 19세기 후반 무렵부터 본격적으로 학문의 세계에 도입되기 시작했다. 현대 학문은 무의식의 도입과 더불어 과거 학문과 결정적으로 달라진다. 무의식에 대한 이해는 우리 인간의 고뇌나 운명을 과거 학문이 순진하게 생각해온 것과는 전혀 다른 방식으로 이해해야 함을 일깨워주고 있는 셈이다.

　하지만 학문의 세계에 도입된 지 한 세기가 훨씬 더 지난 이 개념은, 그럼에도 불구하고 여전히 끊이지 않는 논란의 대상이 되고 있다. 그것도 여전히 무의식과 관련된 가장 근본적인 문제가 논란의 중심에 서 있는 것이다. 즉 여전히 많은 사람이 무의식이라는 것이 정말로 존재하는지에 대해, 즉 '무의식'이라는 이름으로 불리어야 마땅한 어떤 것이 실제로 존재하는지를 두고 심각하게 의심하는 것이다.

무의식,
왜 어렵다고 하나

'무의식'이라는 개념이 인간의 마음속에서 일어나는 어떤 심리적 사태를 가리키려 하는 개념이라는 데 각별히 유의하자. 우리의 (마음이 아닌) 몸에서 일어나는 많은 사태들(생리적 사태들)이 무의식적으로 일어난다는 것은 틀림없는 사실이다. 즉 호흡이나 혈액순환, 대상의 거리에 따른 시신경의 자율적인 조정 등과 같은 많은 생리적 과정은 우리가 굳이 의식하지 않아도 자발적으로 일어나며, 이런 의미에서 이것들은 '무의식적인 사태'라고 불리어도 아무런 문제가 없다.

하지만 지금 여기에서 문제가 되는 '무의식'이라는 개념이 말하려 하는 것은, 무의식적으로 일어나는 (즉 우리가 의식하지 않는 사이에 일어나는) 이와 같은 생리적 사태들이 존재한다는 게 아니다. 이 개념이 말하려 하는 것은, 우리의 마음속에서 일어나는 심리적 사태 중에 '무의식적으로 일어나는 사태'가, 즉 '우리가 의식하지 못하는 가운데 일어나는 사태'가 존재한다는 것이다. 현대 학문의 혁신을 가져온 것으로 우리가 말하려 하는 '무의식'이라는 개념, 이것은 생리적 차원의 개념이 아니라 심리적 차원의 개념인 것이다.

한번 생각해보자. 나의 마음속에서 일어나는 사태이면서도 내가 의식하지 않는 가운데 일어나는 사태라는 것이 정말로 가능할까? 나는 그러한 것이 있을 수 있다는 것을 오직 '내가 그것을 의식할 수 있을 때에만'

알 수 있는 게 아닐까? 그렇다면 내가 의식할 수 없는 어떤 심리적 사태가 내 마음속에서 일어나고 있다고 말하는 것은, 그렇게 말하자마자 그것이 '말이 되지 않는 말(어불성설)'임을 시인할 수밖에 없게 되는 '자기모순적인 말'이 아닐까?

철학자 칸트의 주장이 있은 이래로, 많은 사람은 어떤 것이 내 마음속의 사태(심리적 사태)가 되려면, 그것은 반드시 '내가 그것을 의식하는 한에서만' 그럴 수 있게 된다고 생각하게 되었다. 무의식이란, 칸트를 따르는 철학자 사르트르에 따르면, 자신의 말과 행동에 대한 책임을 모면하기 위해 구차한 변명거리를 찾으려는 '자기기만'의 언어에 불과한 것이다.

프로이트의 논리

프로이트를 '무의식의 발견자'라고 평가하는 이유는 무엇일까? 잘 알려져 있듯이, 프로이트 이전에도 이미 여러 저명한 학자들이 '무의식'이라는 개념을 매우 중요한 학술적 의미로 사용해왔으며, 또한 이 개념을 통해 새롭고 많은 중요한 통찰을 제시해왔음에도 말이다.

사정이 이러한데도 마치 프로이트가 무의식을 처음으로 발견한 것인 양 세간에 알려져 있는 이유는 무엇일까? 이것은 그가 무의식의 존재 가능성을 회의적으로 바라보는 의혹의 시선과 맞설 수 있는 매우 강력한

(물론 '강력한'과 '정당한'은 아직 동의어가 아니다) 논리를 제시하고 있다는 것과 밀접한 관련이 있어 보인다. 실로 사람들은 프로이트의 정신분석학에서 무의식이 실제로 존재한다는 것을 옹호하는, 다시 말해 틀림없이 심리적 사태임에도 불구하고 '의식됨'이라는 속성을 결여하고 있는 것이 존재하고 있음을 옹호하는, 매우 세련되고 체계적인 설명과 마주하게 된다.

무의식의 존재를 옹호하는 프로이트의 논리가 가장 선명하게 드러나는 지점은 그가 무의식이 어떻게 발생하는지를 설명하려 할 때, 혹은 무의식과 의식 사이의 관계가 어떤지 설명하려 할 때일 것이다.

프로이트에 따르면, 무의식이란 의식이 자신 속에 들어 있는 여러 심리적 상태들 중에서 (즉 생각이나 감정 같은 심리적 표상들 중에서) 자신의 기준에 의해 허용될 수 없는 어떤 불미스러운 것들을 자신의 영역 밖으로 내쫓음으로써 발생한다. 이처럼 원래 의식 속에 들어 있던 것을 자신의 밖으로 내쫓아 탈脫의식화시키는 (그리하여 망각시키는) 작업, 프로이트는 의식이 수행하는 이러한 작업을 '억압'이라 부른다. 무의식이란 의식에 의해 억압된 이러한 불미스러운 표상들이 우리의 마음속 어두운 곳에 숨어 존재하는 방식이라는 것이다.

그런데 이처럼 의식의 억압에 의해 내쫓기게 된 심리적 표상은 결코 의식의 문턱 이편으로 다시 넘어오지 못한다. 설령 그것이 충족되지 못한 자신의 (불미스러운) 욕망을 채우기 위해 의식의 문을 다시 두드린다 할지라도, 그것은 오직 자신을 억압하는 이 의식의 검열을 피할 수 있는 위장된 모습으로 자신을 은폐하고 변형시킬 수 있을 때만 의식의 문턱을 넘어올 수 있다. 즉, 위장을 통해 변형되지 않은 그것의 진짜 본래 모습이란 영원히 의식의 시야가 미치지 못하는 망각의 어둠 속에 묻혀 있게 되는 것이다.

그러므로 의식화할 수 있는 것, 다시 말해 우리가 의식할 수 있는 것이란 기껏해야 이러한 위장된 모습일 뿐, 억압된 표상의 원래 모습은 영원히 의식의 경계를 넘어오지 못하는 저편에 무의식적인 것으로 남아 있게 된다. 무의식이란 이렇게 해서, 의식에 의해 억압된 이러한 심리적 표상이 의식에 의해 거부당한 자신의 욕망을 채우기 위해 의식의 검열을 피해 비밀리에 펼쳐나가는 은밀한 활동으로 구성된다. 자신의 모습을 의식의 검열을 피할 수 있는 방식으로 위장하고 변형하는 것 역시 무의식이 펼쳐나가는 이러한 은밀한 활동의 한 모습인 것이다.

다시 간단히 요약해보자. 무의식의 존재를 설명하는 프로이트의 논리에서 핵심이 되는 것은 바로 '억압'이라는 사태이다. 무의식은 의식에 의한 억압으로 인해 존재한다. 억압되는 것의 본래 모습(위장된 모습으로 변형되기 이전의 모습)은 결코 의식의 영역 이편으로 다시 넘어올 수 없기에 그것은 여전히 마음속에 존재하면서도 의식의 영역을 벗어난 곳에서 자신만의 또 다른 세계를 만든 채 마음을 지배하는 은밀한 힘으로 활동하게 되는 것이다.

프로이트의 이러한 논리는 결코 의식의 영역 속에 포섭될 수 없는 무의식이라는 또 다른 심리적 영역이 어떻게 마음속에 존재할 수 있는지에 대해, 또한 이처럼 의식의 바깥 지대에 놓여 있는 것이 그럼에도 불구하고 어떻게 해서 매우 강력한 존재성을 가지고서 마음을 지배하는 커다란 힘으로 작용할 수 있는지에 대해 매우 설득력 있는 설명을 제공해주는 듯 보인다. 잘 알려져 있듯이, 프로이트는 자신의 이러한 논리에 의해, 그때까지 베일에 가려져온 많은 정신병리적 현상들의 정체를 해명하는 데로 나아갈 수 있게 되었다. 그의 논리가 무의식의 존재를 확보해내자마자 이 기이한 현상들의 모든 비밀이 하나씩 풀려나갈 수 있게 되는 듯 보였다.

무의식의 존재가 어떻게 가능한지를 보여주는 간명하면서도 힘 있는 논리, 무의식의 존재를 설명해주는 이 논리가 어떻게 정신병리적 현상들이라는 오래된 수수께끼를 풀어낼 수 있게 해주는지를 설명하는 데서 보여주는 유려하고 섬세한, 그러면서도 또한 체계적이고 질서정연한 사고 능력.

프로이트의 이론이 보여주는 바로 이와 같은 힘이 무의식의 존재를 회의적으로 바라보는 저 끈질긴 의혹들을 물리치게 하는 강력한 힘으로, 그리하여 그의 이론을 무의식에 대한 정설의 지위를 차지하도록 만드는 커다란 이유로 작용하고 있는 것일 게다.

프로이트의 이론은 그 이후에 등장한 많은 개성 있는 사상가들에 의해 계속해서 새로운 모습으로 발전해오고 있는 것이 사실이다. 그렇지만 이 새로운 발전들도 무의식에 대한 프로이트의 저 기본적인 생각을 여전히 그들을 지탱해주는 근본적인 기반으로 받아들이고 있다. 프로이트는 개성과 자부심 만땅인 이 학문세계의 사람들에게 여전히 녹슬지 않은 '사상적 대부' 노릇을 하고 있는 것이다. 하지만 그의 수하 노릇을 그만두어야 한다고 생각한 사람이 나타났다. 그것도 그의 사상의 가장 중심부 안쪽에서 말이다.

무의식을 이해하는 놀라운 반전

상징과 기호의 차이

　　프로이트가 그의 신기원적 저작 《꿈의 해석》을 세상에 내고서도 사람들의 무관심과 냉대 (혹은 그보다 더 심한 조소) 속에서 거의 무명으로 잊혀져가려 할 때쯤 스위스 취리히의 한 저명한 정신과의사의 열렬한 지지가 그를 이러한 어이없는 위기(역사 속에서 드물지 않게 발생한다)에서 구해낸다. 그가 바로 칼 융이다. 하지만 그는 우리가 프로이트의 그늘로부터 벗어날 수 있어야 한다고 말한 사람이기도 하다. 무엇이 한때의 아름다운 우정과 신뢰의 이야기를 끝내 돌이킬 수 없는 불화와 대립의 파국에 이르도록 만들었나?

기호와 상징의 구분

이미지들 중에는 자신이 가리키고 있는 것과 모

종의 인과관계를 통해 연결될 수 있는 것들이 있다. 우리가 흔히 알고 있는 이미지들이란 대개 이러한 것들이다. 이들은 자신이 가리키고 있는 것과 모종의 인과관계를 통해 연결될 수 있기 때문에, 자신이 가리키고 있는 것을 가리킬 수 있다. 이와 같이, 자신이 가리키고 있는 것과 모종의 인과관계를 통해 연결될 수 있는 것을 우리는 흔히 '기호sign'라고 부른다. 어린아이의 얼굴에 갑자기 돋아난 빨간 반점들은 그 아이를 덮친 홍역이 원인이 되어 발생하며, 그렇기 때문에 이 빨간 반점들은 아이가 앓고 있는 홍역을 가리키는 기호(증상)가 될 수 있다.

프로이트에게 무의식적 환상(이미지)이란 개인이 겪은 사적私的 체험이 (혹은 이러한 사적 체험을 일으키는 것인 성적 욕망이) 원인이 되어 발생하며, 그러므로 그것은 이러한 사적 체험을 가리키고 있는 기호다. 그에게 무의식적 환상이란 이러한 사적 체험이 자신을 복잡하고 은밀한 방식으로 변형시킴으로써 나타나는 결과이며, 이 결과는 자신을 낳는 이 원인을 자신의 배후로 은폐하며 그것을 대체한다. 그러므로 프로이트가 무의식적 환상을 개인의 사적 체험을 가리키고 있는 것으로 이해할 때, 그는 이것을 기호로서 이해하고 있는 것이다.

하지만 이미지들 중에는 이와 같은 기호와는 달리, 자신이 가리키고 있는 것과 어떤 인과관계에 의해 연결되는 게 아닌 것이 있다. 즉 자신이 가리키고 있는 것과 어떤 인과관계에 의해 연결되지 않으면서도 그것을 가리킬 수 있는 것이다. 우리가 흔히 '상징symbol'이라고 부르는 게 바로 이러한 경우에 해당한다. 예컨대 '하얀색'은 '(정신적) 순결함'을 가리키는 상징으로 흔히 사용된다. 하얀색(상징)과 그것이 가리키고 있는 것(상징되는 것: 순결함) 사이에는 어떠한 인과관계도 성립하지 않는다. '순결함'이라는 정신적 특성이 '하얀색'이라는 물질적 현상을 낳는 원인이 되는 것도 아니며, 거꾸로 이 물질적 현상이 저 정신적 특성을 낳는 원인이 되는 것도 아니다. 그럼에도 불구하고 하얀색은, 검은색이나 다른 색들과는 달리 순결함을 가리키는 상징으로 기능한다.

기호 vs 상징
: 프로이트와 융, 갈림길에 서다

융은 무의식적 환상 중에는 기호가 아닌 상징으로 이해되어야 하는 것들이 있다고 주장한다. 무의식적 환상 중에 기호가 아닌 상징이 있다면, 그것은 개인이 언젠가 겪었던 과거의 사적 체험을 원인으로 해서 생겨나는 게 아니며, 따라서 과거의 이러한 체험을 가리키고 있는 것이 아니라는 의미가 된다.

프로이트 정신분석학의 뚜렷한 특징은 무의식적 환상을 언제나 기호로 환원할 것을 주장한다는 점이다. 다시 말해, 무의식적 환상을 언제나 개인이 과거에 겪었던 어떤 사적 체험과 연결 지어 이해하라고 주장한다. 하지만 기호의 발생 원인을 개인이 겪은 과거의 사적 체험에서 찾을 수 있는 것과는 달리, 상징의 기원이나 출처는 이런 식으로 이해될 수 없다.

융은 상징이란 '자신이 아닌 다른 어떤 것에 의해서 설명될 수 있는 것'이 아니라 오히려 '자신이 다른 것을 설명해주는 원리가 되는 것'이라고 주장한다. 프로이트에 있어서는 개인의 사적 체험이 무의식적 환상보다 앞서 있는 것이면서 이 무의식적 환상을 발생시켜주는 것이다. 그러므로 이런 경우, 무의식적 환상은 그것 자신과는 다른 것인 이 사적 체험에 의해 설명될 수 있다. 그런데 융은 지금 거꾸로, 상징인 무의식적 환상이야말로 개인의 사적 체험보다 앞서 있으면서 그것을 설명해주는 원리가 된다고 말하고 있다.

그러므로 융에 따르면 상징인 무의식적 환상은 프로이트의 생각처럼 억압되어야 할 불미스러운 욕망을 품는 사건을 원인으로 발생하는 게 아니다. 따라서 이와 같은 사건(사적 체험)을 가리키는 것도 아니다. 상징은 사건(사적 체험)으로부터 비롯되는 경험적 산물이 아니라 오히려 사건(사적 체험)보다 앞서 존재하면서 사건(사적 체험)의 발생을 설명해주는 원리로서 작용한다. 경험(체험)에서 유래하는 게 아니라 오히려 경험보다 앞서 존재하면서 경험의 발생을 설명해주는 원리로 작용하는 것, 철학에서는 '경험보다 선행하는 것'이라는 의미에서 '선험先驗적인 것'이라 한다. 융은 지금 우리의 무의식 속에는, 우리가 살면서 어떤 경험을 하든 우리의 역사적 경험과 상관없이 그보다 항상 선행해서 존재하는 선험적인 차원의 것(상징)이 있다고 말한다.

원형: 삶의 경험적 공간 속에서
이루어지는 선험적인 것의 개입

상징이 경험적인 사건(체험)의 발생을 설명해주는 원리가 된다는 게 대체 무슨 말일까? 어떻게 이와 같은 일이 일어날 수 있을까? 융은 유카 나방(학명 Pronuba yuccasella)의 번식 행위를 통해 이러한 일이 어떻게 일어나는지를 구체적으로 보여주려 했다.

> "유카 나방이 자신의 알을 낳는 유카 꽃은 1년 중 단 하룻밤 동안만 피어 있다. 유카 나방은 어느 한 유카 꽃에서 꽃가루를 떼어낸 다음, 그것을 작은 덩어리 모양이 되도록 반죽한다. 유카 나방은 이 덩어리를 다른 유카 꽃으로 가져가, 이 두 번째 꽃의 암술을 절개하여 개방한 다음, 이 꽃의 꽃나무 밑씨에다 자신의 알을 낳는다. 그러고는 작은 덩어리로 반죽한 꽃가루를 이 암술의 깔때기 모양 입구에 쑤셔 넣는다. 유카 나방은 전 생애에서 오직 단 한 번 이 복잡한 작업을 수행한다."(《본능과 무의식》)

유카 나방이 대단히 복잡하고 까다로운 작업을 그의 일생에서 단 한 번만 수행한다는 사실. 이는 그가 이 행위를 어떻게 수행해야 하는지를 여러 번 되풀이되는 '경험적 학습과 반복 실습'을 통해서 터득한 게 아니라는 사실을 말해준다. 또한 융은 이와 같은 행위는 '유전'이라는 논리로 설명될 수 있는 게 아니라는 점을 보여주려 한다. '유전'과 '경험적 학습과 반복 실습', 이 두 가지는 흔히 앎이 어떻게 가능한지를 설명하기 위해 사람들이 끌어들이는 방식의 모든 것이다. 하지만 이 두 가지 중 어느 것으로도 설명될 수 없는 유카 나방의 앎은 그의 일생에서 단 한 번 수행되는 저 복잡하고 까다로운 행위를 한 치의 실수도 없이 정확하고 능숙하게 수행해낸다.

융은 이 독특하고 기이한 앎의 가능성을 설명하기 위해, 남들은 잘 생각하지도 않고 인정하지도 않을 제3의 방식을 끌어들인다. 융은 생명의 가장 중요한 문제인 자기-재생산(번식)과 관련되는 이와 같은 행위는 "어떤 무의식적인 이미지가 불쑥 의식 속으로 돌연히 솟아오르게 됨으로써 수행되는 것"이라고 주장한다.

즉 유카 나방이 지극히 복잡하고 까다로운 자신의 번식 행위를 한 치의 오차 없이 성공적으로 수행해낼 수 있는 건, 그 순간 그것이 무의식의 심연으로부터 돌연히 솟아오르는 어떤 이미지에 대한 인식을 가질 수 있기 때문이며, 이러한 인식이 그것에게 경험적 앎과는 다른 어떤 본능적 앎을, 즉 어떤 경험적 앎도 가르쳐준 적이 없는 이 복잡하고 까다로운 행위를 어떻게 수행해야 하는지를 정확하게 알려주는 어떤 본능적 앎을 가져다주기 때문이라는 것이다. (융은 유카 나방이 이와 같은 복잡하고 까다로운 작업을 그토록 정확하게 수행해낼 수 있는 것은 분명히 어떤 **앎** 때문이라고 주장한다. 물론 우리 인간에게 있는 것과 같은 지성의 능력이라고

는 찾아볼 수 없는 유카 나방 같은 하찮은 미물에게서 발견되는 이와 같은 본
능적 앎이란, 우리 인간의 지성에게 익숙한 사변적·추론적 앎과는 매우 다
른 종류일 것이다. 이것은 우리 인간이 잘 알고 있는 지성적 성격의 앎이라기
보다는 우리 인간에게는 앎 같지 않은 것으로 보일 종류의 앎, 즉 의식의 반
성적 능력에 의해 내적으로 표상되기보다는 그러한 지체나 우회 없이 즉각적
이고 구체적인 행동으로 외화外化되는 종류의 앎일 것이다. 말하자면, 이 앎은
'knowledge'이기보다는 매우 원초적인 'know-how(할 줄 앎)'에 가까운 것
이다. 이후의 강의에서 이 같은 종류의 앎에 대해 더 논의할 기회가 있을 것이
다.]

　유카 나방의 번식 행위가 성공적으로 수행될 수 있게끔 만드는 무의식
적 이미지와 그것에 대한 인식에 의해 이루어지는 본능적 앎. 이것들은
경험으로부터 얻어지는 게 아니라 오히려 유카 나방의 경험적 행위(번식
행위)를 가능하게 해주는 선험적인 것이며, 이것이 여기에서 유카 나방이
겪는 경험적인 사건(체험)의 형성에 개입하고 있다.

　융은 이에 대한 인식을 통해 생명과 관련된 중요한 경험적 행위가 이
루어지는 무의식적 이미지를 '원형'이라 부른다. 또한 이 원형에 기호와
구분되는 상징의 선험적인 성격을 부여하며, 이러한 선험적인 것이 생명
의 (잡다하고 부차적인 문제가 아닌) 본질적인 문제와 관련해 우리 삶의 경험
적 공간 속에 개입할 수 있다고 주장한다.

무의식적 상징이 말하는 것

초개체적 · 초역사적 · 초경험적 원형

원형은 한 개체가 살아가면서 겪는 경험에서 형성되는 게 아니라, 인류의 먼 과거에 뿌리를 두고 있다. 개체의 경험(사적 체험)보다 앞서 존재하면서 경험의 형성에 개입하는 선험적인 것이다. 그럼에도 불구하고 개체의 삶에 말을 걸어와 그것의 경험을 형성하는 데 개입한다. 원형은 경험으로 형성된 것이 아니기 때문에 경험에 의해 훼손되거나 망실될 수 없다. 즉, 원형 개체가 그의 삶을 통해 어떤 우여곡절의 경험을 하게 되건, 이러한 경험의 역사에 의해 훼손되지 않고 언제까지나 퇴색되지 않을 영원한 원형적인 메시지로 개체의 삶에 말을 걸어오고 있다.

고결한 성자이건 평범한 속인이건, 위대한 영웅이건 비열한 악한이건,

개체들 사이의 이와 같은 차이를 만들어내는 서로 다른 역사적·경험적 우연성에 상관없이, 원형은 이들 모두에게 공통된 삶의 과제를 제시하고 해결할 것을 요구하고 있다.

그러므로 융의 원형은 우리의 삶 속에 개체적·역사적·경험적 차원으로 환원되지 않는 초개체적·초역사적·초경험적 차원의 것이 존재한다고 말하고 있다. 우리의 삶이란 경험과 역사의 지평 속에 갇혀 있는 게 아니라 이를 넘어서는 어떤 초월적인 차원으로 연결되고 있음을 말하고 있다.

집단 무의식

융의 원형이나 원형을 담고 있는 무의식은 프로이트의 무의식 이론으로는 설명할 수 없다. 프로이트의 무의식은 무의식에 내재된 모든 것을 기호로 환원하기 때문에 원형의 존재를 이해할 수 없으며 인정할 수도 없다. 물론 무의식에 내재된 것 중에는 개인의 사적 체험으로부터 유래한다고 설명할 수 있는 게 분명히 있다. 하지만 결코 개체의 사적 체험으로 환원할 수 없는 또 다른 무의식이 개체적 무의식보다 더 깊은 심층적 무의식으로 자리 잡고 있다.

융은 원형을 담고 있는 심층적 무의식을 '집단 무의식'이라 정의했다. 심층적 무의식은 개체 간의 차이로 달라지는 게 아니라 같은 종種에 속하

는 모든 개체가 각자 삶의 경험적 차이가 무엇이건 상관없이 늘 공유하
는 것이기 때문이다.

집단 무의식은 프로이트가 말하는 무의식을 배제하지는 않는다. 그것
은 심층적 무의식인 자기 자신보다 의식에 더 가까이 있는 표층적 무의
식으로서 프로이트의 무의식을 포용할 수 있다.

융에게 무의식이란, 프로이트와는 달리 여러 층위로 분화되어 있어서
무의식에 대한 개체의 체험이 도달하는 깊이가 다르다. 이 깊이의 차이
에 따라 체험의 의미 역시 달라진다. 반면, 무의식의 존재 이유를 오직
개체적 체험의 억압에서 찾으려는 프로이트는 융이 주장하는 집단 무의
식의 존재를 인정할 수 없다. 프로이트에게 무의식은 여러 겹의 층위로
분화된 게 아니라 자신의 논리로 존재 이유를 설명할 수 있는 오직 단 하
나의 층위로 단일화되어 있다.

무의식의
자율성과 창조성

유카 나방의 경우처럼 원형이 개체에게 삶의 중
요한 문제와 관련해 매우 복잡하고 까다로운 행위를 수행할 수 있도록
하는 것이라면, 원형은 개체에게 개체 자신이 처해 있는 '현재의 상황'에
대해 무엇인가를 말해주지, 프로이트의 논리에서처럼 개체가 겪은 과거
의 어떤 체험을 상기시켜주는 게 아니다. 원형은 개체를 과거의 어떤 시

간으로 데려가는 것이 아니라 현재 이 순간에서 개체가 풀어야 할 문제가 무엇이며, 그 문제를 어떻게 풀어가야 할지를 말하는 것이다. 경험적인 것에 앞서 존재하는 선험적인 것이면서, 역사와 시간의 지평을 넘어선 영원 속에 있는 초월적인 것인 원형. 하지만 그것은 개체를 오래된 과거(혹은 영원한 과거)의 어떤 망령에 붙들어 매어놓고 있는 것이 아니라, 생명의 리듬이 펼쳐지는 살아 있는 현재의 상황에 능동적으로 대응하도록 하며, 다시 말해 '과거의 반복'이 아니라 '현재의 문제 해결'과 그로 인한 '새로운 미래의 지향'을 말하고 있다.

그러므로 무의식은 이미 주어져 있는 것을 단지 수동적으로 저장하고만 있는 게 아니다. 〔흔히 융의 집단 무의식을 유식불교*에서 말하는 '아뢰야식阿賴耶識'과 비슷한 것으로 연결시키는 게 관례화되어 있다. 하지만 이 아뢰야식이라는 것을 (보통 그렇게 이해하듯이) 지어진 모든 업業을 하나의 누락도 없이 모두 보존하고 있는 저장식藏識이라고 이해한다면, 이러한 연결은 잘못된 것이다. 집단 무의식은 이와 같은 저장식의 기능 이상의 기능을 가지고 있다.〕

무의식은 과거에 이미 벌어진 어떤 경험을 저장하고 있다가 (위장과 같은 작업을 통해 단지 형태만 바꿔) 다시 현재에 재생해내는 것으로만 존재하는 게 아니다. 무의식은 개체가 처하게 되는 '지금 현재'라는 독특하고

---

* 모든 것은 마음이 만들고─切唯心造 세상 모든 것은 식識이라는 불교의 유식사상을 말한다. 사람들은 '보는 나'와 '보이는 세상'이 마음 밖에 실제로 있다고 집착하게 되는데, 집착된 세상은 존재하지 않는다는 게 유식불교의 핵심 사상이다.

새로운 상황에 대해 개체가 무엇을 어떻게 해야 하는지를 알려줄 수 있으며, 그러므로 이미 벌어진 과거의 경험으로 결코 환원되지 않을 새로운 내용을(현재의 문제 상황을 헤쳐나갈 수 있게 하는 새로운 내용을) 자율적이고 능동적으로 창조해낼 수 있다.

프로이트, 욕망을 푸는 야수
융, 문제를 해결하는 현자

그러므로 원형과 집단 무의식이라는 개념은 단지 무의식이라는 것이 포함하는 것들의 외연外延을 프로이트가 생각하는 것보다 훨씬 더 크게 넓혀놓는 데 그치지 않는다. 원형이나 집단 무의식을 말한다는 것은, 무의식 속에는 프로이트의 '개인적 무의식'이 생각하고 있는 것보다 훨씬 더 많은 것이 들어 있음을 의미한다. 즉 개인의 사적 체험으로부터 연원할 뿐만 아니라 그 이외에도 이러한 경험으로부터 설명될 수 없는 초개인적이고 선험적인 것이 들어 있음을 말하는 데 그치는 게 아니다.

외연의 확장보다 더 중요한 것은 무의식의 가치나 위상 같은 것과 관련해 어떤 근본적인 인식의 전환이 이러한 개념에 의해 일어나고 있다는 점이다. 프로이트에게 무의식이란 과거에 좌절된 불미스러운 욕구를 다시 충족시키려 하는 어두운 충동이 있고, 그리하여 현실의 제약조건(현실 원칙)을 고려할 것을 요구하는 자아에 맞서 자신의 쾌락 추구(쾌락 원칙)에만 맹목적으로 매달리는 이드Id(거시기)의 존재방식인 것으로 규정된다. 하지만 융은 개체가 지금 현재 당면하고 있는 복잡하고 어려운 상황이 요구하고 있는 바가 무엇이며, 어떻게 하면 그러한 요구에 제대로 부응할 수 있는지를 미묘하고 섬세하게 감지해낼 수 있는 놀라운 지혜(앎)의 능력을 무의식에게 부여한다.

　융은 무의식에서 자신의 동물적인 욕구의 쾌락을 억압하는 의식에 대한 원한과 불만으로 가득 차 있는 사나운 야수의 모습을 보지 않는다. 개체의 삶에서 중요한 문제와 관련하여 의식이 미처 알지 못하는 것을 가르쳐줄 지혜로운 현자의 모습을 보는 것이다.

무의식에 감춰진 놀라운 지혜

해답을 주지 않는다,
문제를 제기할 뿐

유카 나방과 같은 미미한 생명체가 놀라울 정도로 복잡하고 까다로운 번식 행위를 아무렇지도 않게 성공적으로 수행해내는 불가사의를 연출할 수 있는 건 그것에 내재된 무의식의 지혜 덕분이라는 것. 이러한 생각은 인간에게 실로 낯설며 몹시 믿기 힘든 것이다. 유카 나방의 본능적 행위는 정말로 어떤 앎에 의해 이루어지는 것일까? 이러한 행위를 하는 유카 나방의 본능에는 정말로 어떤 앎이(의식의 학습에 의해 얻어지는 것은 아니지만, 그럼에도 불구하고 의식의 학습에 의해 얻어질 수 있는 그 어떤 앎보다도 더 정확하게 문제되는 과제를 성공적으로 수행해낼 수 있는 앎이) 내포되어 있는 것일까? 그렇다면 이러한 앎은 왜 무의식화되어 있는 것일까? 그것은 왜 의식의 투명한 인식으로 존재하는 대신, 우리로 하여

금 그것의 존재를 미심쩍게 만드는 불명료하고 모호한 방식으로 존재하는 것일까?

이는 우리 인간의 의식이 가진 특성과 관련되는 문제다. 우리 인간들에게 무의식이 일깨우는 본능의 능력은, 여느 다른 생명체와 달리 매우 약화되어 있다.

지금까지 (유카 나방의 번식 행위와 같은) 생명체의 본능적 행위를 설명하기 위해 '무의식'이라는 말을 사용했다. 이는 우리 인간의 의식적 행위에서 발견되는 것과 같은 '자기의식성'이라는 속성이 생명체들의 본능적 행위에는 결여되어 있음을 말하기 위해서다. 즉 유카 나방과 같은 생명체가 본능적 행위를 할 때 자신이 무엇을 하는지, 왜 그렇게 하는지 등에 대해 스스로 의식하지 않으면서 그러한 행위를 함을 말하기 위해 그렇게 한 것이다.

하지만 실은 우리 인간 이외의 다른 생명체에게 무의식이란 존재하지 않거나 우리 인간처럼 그렇게 깊게 은폐되어 있지는 않을 것이다. 다시 말해, 이들 다른 생명체에게 그들의 의식이란 곧 본능과 일치하거나 이들 사이의 틈은 매우 미미할 터다.

우리 인간에게 있어서는 의식과 본능 사이에 매우 본질적이고 깊은 괴리가 존재한다. 인간의 의식을 특징짓는 것은 본능으로부터 분화되어 나온 지성의 발달이며, 이 지성의 발달은 인간의 의식을 탈脫본능화되도록 만들기 때문이다. 즉 인간의 의식이 지성의 발달로 인한 점진적인 탈본능화의 길을 걸어왔기 때문이다. 그러므로 인간의 의식은 그것의 원초적인 모태인 본능에 대한 결별과 대립에 의해 특징지어진다. 이와 같은 의식(지성화된 의식)이 우리 인간의 주된 정체성으로 자리 잡아가게 됨에 따라 본능의 능력은 돌이킬 수 없이 퇴화되어 의식의 빛이 미치지 못하는 무의식의 깊은 어둠 속으로 숨어든 것이다. 무의식이란 다른 생명체들의 본능적 의식과 대비되는 인간의 지성적 의식에 존재하는 것이다.

본능의 능력이 이처럼 의식의 이면 아래 깊게 무의식화되어 있다는 것. 이는 본능의 능력을 일깨우는 무의식의 원형이 왜 우리 인간에게 있어서는 '상징'이라는 이해하기 힘든 수수께끼와 같은 형태로 나타나게 되는지를 설명해준다.

다른 생명체와 달리, 우리 인간에게는 원형에 대한 인식이 곧바로 주저 없이 시행되는 본능적 행동의 확신으로 연결되지 않는다. 탈본능화된 지성적 의식이 지배하는 우리 인간에게는 원형이 말해오는 것의 의미가 여타 동물에게서처럼 곧바로 무엇을 어떻게 해야 하는지를 분명하고 확실하게 알려주는 '명료한 해답'의 모습으로서가 아니라, 그가 아무리 지성의 합리적 인식을 위한 노력을 다한다 할지라도 도저히 그 의미를 선명하게 이해할 수 없는 '불가해한 문제'의 모습으로 나타나게 된다. 인간의 의식은 지성적으로 인식할 수 있는 것만을 투명하게 인식할 수 있도록 특화되어 있으며, 자신이 투명하게 인식할 수 있는 것만을 믿고 따를 수 있는 '참된 앎'으로 받아들이도록 습성화되어 있다.

그렇기 때문에 이러한 인간의 의식에게 무의식의 원형과의 조우는 투명하게 인식할 수 있는 것의 한계를 넘어서는 '불가해한 수수께끼'의 체험으로 다가오게 된다. 그러므로 설령 우리의 무의식(혹은 본능) 속에 우리의 삶(생명)과 관련하여 우리의 의식은 알지 못하는 중요한 것을 우리에게 일깨워줄 수 있는 능력이 숨어 있다 하더라도, 우리에게 익숙한 방식으로 이해되지 않는다. 그것의 불확실한 언어를 우리는 알아듣지 못하거나 믿지 못한다. 우리의 지성적 의식에 의해 이해될 수 없는 언어를 우리는 무의미하거나 무가치한 것으로 묵살하고 쉽게 외면해버리고 마는 것이다.

인식에서 가장 멀리 떨어진 것이 존재에 가장 가까이 있는 것

그럼에도 불구하고 이러한 본능이 완전히 퇴화된 게 아니라 인간의 마음속 깊은 곳에 내재하고 있다는 사실을 말해주는 극적인 사례가 있다. 지성의 합리성이 고도로 발달한 우리 인간에게서도 여전히 무의식의 지혜가 의식의 지배를 뚫고 자신의 초합리적인 신비로운 앎을 생생히 선사해줄 수 있음을 예증할 놀라운 사례가 바로 우리 눈앞에 있다.

프랑스 철학자 뤼이에르는 어린 청춘 남녀가 우연히 맞을 수 있게 되는 '첫날밤의 경험'에 숨겨져 있는 놀라운 의미에 대해 지적한다. 아직 어린 이들은 남녀의 성적 관계 맺음이 어떤 것인지 잘 모르고 있을 만큼 너무 어리다. 아직 어린 이들은 남녀 성기의 해부학적 구조나 성적 관계 맺음에서 그것이 하는 역할이 어떤지에 대해, 그리고 그들이 곧 하게 될 일을 왜 하는 것이며, 그런 일을 하는 게 무슨 의미인지에 대해 아무것도 모르고 있으며 아무것도 배우지 못했을 만큼 너무 어리다.

하지만 이처럼 그들의 의식으로는 아무것도 모르고 있는 이들이 상대방을 처음 맞을 수 있게 되는 바로 그 순간, 상대방의 어디를 어떻게 해서 무엇을 해야 하는지를 바로 알게 된다.

누구나 알고 있듯이, 우리가 생생한 성적 관계 맺음의 상태에 빠지면 우리의 지성적 의식은 그 순간 마비된다. 그때 우리는 지성적 의식의 지배를 받는 것이 아니라 그러한 지배로부터 벗어난 탈아脫我와 망아忘我의 상태에 빠져든다.

어린 청춘 남녀는 그들의 지성이 완전히 마비될 이 첫날밤의 경험에서, 다시 말해 그들의 지성과 의식은 그들에게 아무것도 가르쳐주지 못하는 이 숨 막히는 순간의 경험에서, 마치 번식기에 접어든 유카 나방이 유카 꽃을 보자마자 그렇게 할 수 있듯이, 무엇을 어떻게 해야 하는지를 단박에 완벽하게 알 수 있게 된다. 의식의 감시가 잠들 때 깨어날 수 있는 무의식의 지혜가 생명의 전개와 관련해 중요한 순간과 마주친 그들에게 무엇을 어떻게 해야 하는지를 정확하게 알려주고 있는 것이다.

어찌 이 하나의 사례뿐이랴. 진정한 사랑에 빠진 사람은 실은 어느 누구도 자신이 왜 이 사람을 사랑하게 되는지를 (그의 지성에 의해서는) 알지 못한다. 그럼에도 불구하고 그는 누가 그의 '생의 반려'가 될지를 알게 된다. 그는 자기 '생의 문제'와 관련해, 그의 지성은 알지 못하는 것을 알게 되는 것이다.

놀랍지 아니한가? 무의식의 지혜는 이처럼 우리의 존재와 가장 가까운 곳에서 언제든 찾을 수 있는 경험을 통해 항상 자신의 존재를 드러내고 있다. 우리는 이처럼 생명이 펼쳐지는 곳 도처에서 자신의 존재를 드러내고 있는 무의식의 지혜를, 다만 지성에 의해 투명하게 인식될 수 있는 것만을 진정한 앎으로 받아들이려 하는 우리 의식의 습성으로 인해 알아보지 못한 셈이다. 우리가 우리의 내면 가장 깊은 곳에서 언제든 우리에게 말을 걸어오고 있는 무의식의 감추어진 지혜에 귀를 기울일 수 있게 된다면, 그때 우리는 어떤 비밀을 알게 될까?

종교적 차원에서 무의식이란

'생명의 자기 자신에 대한 인식'을
품고 있는 무의식

"가장 중요한 것은 당신의 마음과 직관을 따라갈 수 있는 용기다. 당신은 이미 그것을 알고 있다. 나머지는 부차적인 것이다."

2005년 미국 스탠퍼드대 졸업식에 초대받은 스티브 잡스의 축사 중 한 대목이다. 21세기 혁신의 아이콘으로 평가받는 스티브 잡스는 청년 시절부터 명상을 했다고 알려져 있다. 오프라 윈프리, 리처드 기어, 폴 매카트니 등 이른바 셀럽들은 물론 노벨물리학상을 받은 브라이언 D. 조지프슨 교수 등 자신의 이름을 세상에 알린 사람들 중에는 명상으로 초월의 경지를 체험하면서 현실의 위기를 극복해나간 사례가 적지 않다. 왜 그들은 명상으로 초월적 체험을 하려는 것일까.

무의식이 이처럼 생의 중요한 문제와 관련해 우리의 지성화된 의식으로는 알지 못하는 중요한 것을 우리에게 가르쳐줄 수 있는 것은, 그것이 생명의 자기 자신에 대한 인식을 품고 있기 때문이다. 아무런 지성도 갖고 있지 않은 유카 나방이라는 생명체가 복잡하고 까다로운 자신의 번식 행위를 그토록 정확하게 수행해낼 수 있는 것은, 그러한 행위가 유카 나방이라는 자신의 개별적 표현을 통해 자기 자신을 전개해나가는 생명의 자기 인식에 의해 이루어지기 때문이다. 그러므로 이러한 무의식에 귀를 기울이게 되면, 지성으로는 알 수 없는 생명의 비밀에 다가설 수 있다.

근본적 자기변형을 인도하는 초월의 경험

무의식과의 만남은 종종 정상적인 상태에서 벗어나는 의식의 일탈이다. 즉, 성장과 발달의 보다 높은 단계에서 미발달된 단계로 뒷걸음질 쳐 내려오는 퇴행으로 이해되곤 한다.

대개의 인간은 그의 지성화된 의식이 투명하게 인식하는 세계를 신뢰하고 안주하고자 한다. 그의 '자아'는 그가 신뢰할 수 있는 이 세계에 대한 적응에 초점을 맞추며, 그는 자신의 정체성을 이러한 자아에 완전히 일치시킨 채 자아를 방어하고 보존하는 데 많은 노력을 기울이게 된다. 그는 자신의 전全 존재와 일치하는 자아를 무의식에서 오는 정체불명의 교란과 혼돈으로부터 지켜내려 하며, 자신의 이러한 자아와 이 자아가

인식하는 세계를 '유일하게 참된 현실'로 생각하며 살아간다.

　무의식과의 만남은 이러한 자아의 자기방어 태세를 붕괴시킬 수 있다. 따라서 이러한 자아가 인식하는 익숙한 세계의 안정성 또한 붕괴시킬 수 있다. 그러므로 만약 무의식에 대한 프로이트 식의 이해가 옳다면, 그리하여 그 속에 담겨 있는 것이 좌절된 자신의 욕구에 대한 보상을 집요하게 요구하는 과거 체험의 망령일 뿐이라면, 무의식과의 만남은 실로 이 집요한 망령에 발목을 잡혀 삶의 '정상적인' 현실에 순조롭게 적응하는 데 실패하는 병리적 현상에 지나지 않는다.

　하지만 만약 무의식이 우리의 지성화된 의식은 알지 못하는 중요한 것을 우리에게 알려줄 수 있는 '생명의 자기 자신에 대한 인식'을 품고 있다면, 우리가 그것과의 만남에서 겪게 되는 커다란 심리적 동요나 혼란이란 우리 자신의 '자아'가 외면해오고 있던 어떤 깊은 진리를 우리가 체험하게 되는 데 대한 대가인지도 모른다. 이러한 만남이 깊고 근본적일 때, 그것은 이러한 만남을 막아오고 있던 자아의 붕괴나 이로 인한 '현실 감각 상실'을 가져올 수 있다. 하지만 자아의 지배력에 의해 억압받아오던 무의식 속 비밀스러운 진리와의 낯선 만남이 이러한 심리적 혼란과 고통의 더 깊은 정체일 수 있는 것이다.

　그러므로 무의식과의 만남은 우리의 자아에 의해 '삶의 현실'이라고 여겨지던 것보다 더 근본적인 차원의 진리를 만나게 되는 '비의^{秘儀}적 체험'일 수 있다. 정상적인 상태에 미치지 못하는 미발달의 단계로의 퇴행이 아니라 우리의 자아를 넘어, 이른바 정상적인 상태보다 더 높은 단계로 우리 자신을 승화시켜나가는 '초월의 경험'일 수 있다. 자아라는 좁은 경계를 벗어나 초월하는 것, 자아라는 속박에 얽매여 있는 현재의 모습과는 다른 새로운 모습으로 거듭날 수 있도록 우리 자신을 근본적으로 자기변형시키는 것. 바로 종교의 오랜 진리가 말해온 것이 아닌가?

변성 의식상태의 의미

우리의 무의식이 무의식으로 존재하는 건 그것이 우리의 자아와 의식의 적극적인 자기방어 기제에 의해 자신의 존재를 숨기도록 억압되고 있기 때문이다. 그러므로 그것을 적극적으로 억압하고 있는 자아와 의식의 이러한 자기방어 기제가 약화될 수 있다면, 우리 자신 속에 들어 있으면서도 동시에 우리 자신으로부터 은폐되고 있는 우리의 무의식은 자신 속에 감추어두고 있는 비밀을 우리에게 드러낼 수 있을 것이다. 다시 말해, 우리의 무의식은 우리의 의식이 깨어 있을 때 잠들고 있으므로, 거꾸로 우리의 의식이 잠든다면 무의식이 깨어날 수 있을 것이다.

자아와 의식의 자기방어 기제를 약화시킨다는 것은 우리 의식의 평상적인 주의력注意力을 이완시킨다는 것을 의미한다. 그것은 우리의 의식이 관성적으로 따르고 있는 일상적이고 습관적인 작용방식으로부터 벗어남을 의미하며, 그러므로 의식이 자신의 일상적인 습성에서 벗어나기 위해

어떤 근본적인 '태도의 전환(회심)'을 이룬다는 것을 의미한다. 실제로 현
대 철학의 매우 강렬한 한 일파는 의식의 이와 같은 근본적인 태도 전환
을 통해 자신의 이면에 숨겨져 있는 무의식의 세계를 탐구하는 것을 가
장 중요한 과제로 삼고 있다.

> "철학을 하기 위해서는 일반적으로 그다지 존중되지도 않고 합리적
> 이거나 이성적이지도 않은 방법에 의존해야 한다. 그러한 방법이 되
> 는 것은 꿈이나 정신병리적 과정, 비의적인 종교체험이나 탈아적인
> 도취의 체험 같은 것들이다."
>
> — 질 들뢰즈, 《철학이란 무엇인가》

현대 철학은 의식이 수행하는 탈脫자기화 운동, 즉 의식 자신의 자기
극복 운동이 되고 있다. 그러므로 자신의 전全 존재를 그의 자아와 의식
에 일치시켜온 우리 인간의 자기 극복(자기 변형) 운동이 되고 있다.

깊은 기도나 명상, 최면이나 유체이탈, 임사臨死 체험이나 샤머니즘적인
접신接神의 체험 등은 비록 구체적인 방식에 있어서는 서로 다르지만, 보
통의 일상적인 의식상태와는 매우 다른 이른바 '변성變性 의식상태'로 우
리를 인도한다는 공통점을 가지고 있다. 즉 이들 비일상적인 의식상태는
지성적 의식의 완고한 지배로부터 벗어나는 '탈아적인 상태(트랜스 상태)'
를 체험할 수 있게 한다는 공통점을 가지고 있는 것이다.

그런데 이러한 변성 의식상태들이 의식의 습관적인 작용방식을 무력

화시켜 우리 내면에 깊이 봉인되어 있던 무의식의 이야기들을 깨어날 수 있게 해주는 것 아닐까? '생명의 자기 자신에 대한 인식'을 자신 속에 품고 있을 수 있는 우리의 무의식이 의식의 억압을 뚫고 깨어나는 데 필요한 조건을 채워주고 있는 것 아닐까?

실제로, 서로 상이한 방식으로 이루어지는 이들 변성 의식상태의 체험들은 놀라울 정도로 서로 일치하는 이야기를 우리에게 들려준다. 이들은 이 세계를 살아가는 우리의 삶의 의미(즉 생명의 존재 이유나 목적)가 무엇인지, 우리의 의식이 깨어 있는 '보통의 일상적인 의식상태'에서는 결코 찾을 수 없는 듯 보이는 의미가 무엇인지 이 탈아적인 '변성 의식상태'에 들게 되면 더할 수 없는 확신으로 알 수 있게 된다고 주장한다.

그들은 우리가 살아가는 이 세계의 참모습이 오늘날의 탈脫주술화된 유물론적인 과학이 믿고 있는 것과는 달리 어떤 영적·정신적 실체이며, 우리의 삶은 이 세계에서의 거듭되는 윤회를 통해 윤회의 목적인 '영적 성장'을 이루기 위해 존재한다고 말한다. 영적 성장은 우리의 삶과 윤회가 펼쳐지는 이 우주의 본성 자체로부터 우리에게 주어지는 과제이며, 그러므로 우리가 언제 어느 곳에서 살건 이러한 역사적 경험에 의해 만들어지거나 훼손되는 것이 아닌, 우리 인간 모두에게 영원으로부터 주어지는 '초개체적이고 초역사적이며 초경험적 차원'의 운명이자 과제라고, 그들은 주장한다.

우리의 지성으로는 도저히 믿기 어려운 이야기들이니 한갓 환각이나 헛소리에 불과할까? 적어도, 이들의 '변성 의식상태'는 이들이 하는 이러한 이야기들이 결코 '의식적으로 꾸며내는 거짓말'일 수는 없음을 말해 준다. 이야기를 의도적으로 꾸며낼 수 있는 게 아니라, 어떤 이야기를 의도적으로 꾸며낼 수 있는 자신들의 자아와 의식이 완전히 무력화된 탈아적인 상태에서 스스로 체험하고 있는 그대로를 전달할 수 있을 뿐이다.

그렇다고 하더라도 과연 이들 변성 의식상태들이 전하는 이야기들이 정말로 진실일 수 있을까? 과연 윤회라는 것이 정말로 있고, 삶의 의미라는 것이 정말로 있을까? 우리가 삶에서 경험하는 이 모든 불행과 고통, 이해할 수 없는 불운에도 불구하고, 과학이 말하는 우주의 그 헤아릴 수 없는 물질적 거대함이 우리의 존재를 아무 의미가 없는 한낱 미미한 우연으로 둘러싸고 있는 듯 보임에도 불구하고, 이 모든 것이 과연 우리의 영적 성장을 위해 존재할까? 각자의 삶이 그렇듯이, 이에 대한 대답 역시 각자가 감당해야 할 몫이다.

제1강 · 디지털과 아날로그 | 김경미 |

- 가츠아키, 사토(2016). 내가 미래를 앞서가는 이유. 양필성 번역. 스몰빅인사이트.
- 갤러웨이, 스콧(2018). 플랫폼 제국의 미래. 이경식 번역. 비즈니스북스.
- 아난드, 바라트(2017). 콘텐츠의 미래. 김인수 번역. 리더스북.
- 조항민 · 김찬원(2016). 과학기술, 첨단의 10대 리스크. 커뮤니케이션북스.
- 카, 니콜라스(2014). 유리감옥. 이진원 번역. 한국경제신문.
- 하라리, 유발(2018). 21세기를 위한 21가지 제언. 전병근 번역. 김영사.
- 하이먼즈, 제러미 외(2019). 뉴파워: 새로운 권력의 탄생. 홍지수 번역. 비즈니스북스.

논문

- Goldfarb, Avi. Tucker, Catherine (2019). Digital economics. *Journal of Economic Literature*. Vol. 57 No.1.
- Rosenfeld, Michael J.. Thomas, Reuben J. (2012). Searching for a Mate: The Rise of the Internet as a Social Intermediary. *American Sociological Review*. Vol. 77 No. 4.
- Xie, Bo (2008). The mutual shaping of online and offline social relationships. *Information Research*. Vol. 13 No. 3.

제2강 · 소유에서 접속으로 | 연유진 |

- 리프킨, 제러미(2000). 소유의 종말. 이희재 번역. 민음사.

- 리프킨, 제러미(2014). 한계비용 제로 사회. 안진환 번역. 민음사.
- 코일, 다이앤(2018). GDP 사용설명서. 김홍식 번역. 부키.

제3강 • AI라는 동반자 | 이준정 |

- 이준정(2016). 첨단기술로 본 3년 후에. 시간여행.

제4강 • 영화로 보는 인간의 오만 | 김숙 |

- 라벤스크로프트, 이안(2012). 심리철학: 초보자 안내서. 박준호 번역. 서광사.
- 롤랜즈, 마크(2014). 우주의 끝에서 철학하기. 신상규, 석기용 번역. 책세상.
- 지젝, 슬라보예(2003). 매트릭스로 철학하기. 이운경 번역. 한문화.
- 최정우 외(2010). 아바타 인문학. 자음과모음.
- 클락, 앤디(2015). 내추럴-본-사이보그. 신상규 번역. 아카넷.

영화

- 12 몽키즈(1995). 테리 길리엄 감독.
- 마이너리티 리포트(2002). 스티븐 스필버그 감독.
- 매트릭스(1999). 워쇼스키 형제 감독.
- 블레이드 러너(1982). 리들리 스콧 감독.
- 사랑의 블랙홀(1993). 해롤드 레미스 감독.
- 스피어(1998). 배리 레빈슨 감독.
- 아바타(2009). 제임스 카메론 감독.
- 아폴로 13호(1995). 론 하워드 감독.
- 이미테이션 게임(2014). 모튼 틸덤 감독.

• 칠드런 오브 맨(2006). 알폰소 쿠아론 감독.

제5강 • 한국인의 미래 | 오준호 |

• 나이, 조지프(2015). 미국의 세기는 끝났는가. 이기동 번역. 프리뷰.
• 스스무, 시마조노(2018). 생명을 만들어도 괜찮을까. 조해선 번역. 갈마바람.
• 오준호(2017). 기본소득이 세상을 바꾼다. 개마고원.
• 오준호(2019). 기본소득 쫌 아는 10대. 풀빛.
• 황두영(2020). 외롭지 않을 권리. 시사인북.

다큐멘터리
• 박석길 · 비커리, 채드(2018). 장마당 세대.

제6강 • '지구'라는 터전 | 장형진 |

• 김경렬 외(2017). 지구인도 모르는 지구. 반니.
• 헤이즌, M. 로버트(2014). 지구 이야기. 김미선 번역. 뿌리와이파리.

제12강 • 무의식이 우리에게 말해주는 것들 | 조현수 |

• 융, 칼 구스타프(2010). 심리학과 종교. 이은봉 번역. 창
• 조현수(2019). 성 · 생명 · 우주. 세창출판사.

커리큘럼 1 : **멈춤**

카테고리	강의 주제	월	화	수	목	금
생존과 공존	생태계에서 배우는 삶의 원리	어설픈 변신, 그래도 나는 나다	극한의 압박에서 피어나는 처절한 생명력	암컷은 약자인가	뭉쳐야 산다	전문가들의 고군분투
	너를 이해해	진짜 정의는 무엇인가	그들은 누구인가 : 사이코패스	멀고 먼 무지개 깃발 : 동성애	삶을 원하면 죽음을 준비하라 : 안락사	인권이 없는 곳에서 인권을 논하다 : 학교와 인권
	너와 나 그리고 우리	누구도 그럴 권리는 없다 : 〈더 헌트〉	말없이 실천하는 한 사람의 힘 : 〈나무를 심은 사람〉	쉿! 없는 사람처럼 : 〈아무도 모른다〉 〈자전거 탄 소년〉	어린 왕자는 동화가 아니다 : 《어린 왕자》	그들은 왜 남자로 살았을까 : 〈앨버트 놉스〉
대중과 문화	스크린으로 부활한 천재들	'작업'의 신 피카소	고흐가 남쪽으로 간 까닭은?	전쟁 중에 예술을 한다는 것 : 르누아르	세기말, 분열된 정신을 장식한 화가 : 클림트	제자, 연인 그리고 조각가 : 까미유 끌로델
	연극의 발견	당신과 연극 사이를 가로막는 4개의 장벽	부유하면 죽고 가난하면 사는 연극의 비밀	키워드로 읽는 연극의 매력 1 공감·사건·사고	키워드로 읽는 연극의 매력 2 분위기·소통·선택	연극의 기원에서 만난 인간의 본성
	조선의 대중문화	임진왜란, 한류의 시작	조선시대 인어 이야기 : 유몽인의 《어우야담》	조선의 백과사전 : 이수광의 《지봉유설》	조선 최고의 식객 : 허균의 《도문대작》	선비, 꽃을 즐기다
	쉽게 풀어보는 경제원리	첫사랑이 기억에 오래 남는 이유 : 한계이론	이유 없는 선택은 없다 : 기회비용과 매몰비용	전쟁, 금융의 발달을 재촉하다	물류, 도시를 만들다	나도 모르는 사이에 나의 선택에 개입하는, 넛지효과
	역사에 남은 경제학자의 한마디	화폐가치 : 악화가 양화를 구축하다	시장 : 보이지 않는 손	버블 : 비이성적 과열	균형 : 차가운 머리, 뜨거운 가슴	혁신 : 창조적 파괴
	무기의 발달과 경제	전쟁이 무기 기술의 혁명을 가져오다	전쟁의 판도를 바꾼 개인화기의 출현과 진화	제1차 세계대전 승리의 주역, 전차	산업과 숫자로 보는 제2차 세계대전	현실로 다가온 미래무기
	한국의 사상을 말하다	한국인의 사상적 DNA, 풍류	화쟁의 세계에서 마음을 묻다	마음 수양의 비결, 돈오점수	유교를 통해 배우고 묻다	이치에 다다르다
	철학하며 살아보기	생각에 대한 생각	잘못된 생각을 고치는 철학	전제를 비판해야 하는 이유	생각의 앞뒤 짜 맞추기	철학이 세상을 바꾸는 방식
	고전의 잔혹한 지혜	막장 드라마는 어떻게 고전이 되었나	비극의 원천은 아트레우스 가문의 저주	잔혹복수극 〈오레스테스〉 3부작 읽기	미스터리 추적 패륜드라마 〈오이디푸스 대왕〉	비극 속 악녀 〈메데이아〉를 위한 변명

카테 고리	강의 주제	월	화	수	목	금
역사와 미래	마이너리티 리포트 조선	남녀가 평등했던 조선의 부부 애정사	물도사 수선이 말하는 조선의 일상생활사	야성의 화가 최북이 말하는 조선의 그림문화사	장애인 재상 허조가 말하는 조선 장애인사	이야기꾼 전기수가 말하는 조선의 스토리문화사
	천 년을 내다보는 혜안	암흑의 시대를 뚫고 피어난 르네상스의 빛	프랑스, 르네상스의 열매를 따다	계몽주의와 프랑스대혁명	신은 떠났다. 과학혁명의 도달점, 산업혁명	문화의 카오스, 아무도 답을 주지 않는다
	차茶로 읽는 중국 경제사	인류 최초로 차를 마신 사람들	평화와 바꾼 차, 목숨과 바꾼 차	아편전쟁과 중국차의 몰락	차는 다시 나라를 구할 수 있을까?	차의 혁신, 현대판 신농들
심리와 치유	치유의 인문학	내가 나를 치유하다	다 타서 재가 되다 : 번아웃 신드롬	분노와 우울은 동전의 양면이다 : 분노조절장애	불청객도 손님이다 : 불안	더 나은 나를 꿈꾸다
	동양 고전에서 찾은 위로의 한마디	나이 들어 실직한 당신을 위한 한마디	자꾸 비겁해지는 당신을 위한 한마디	언제나 남 탓만 하는 당신을 위한 한마디	불운이 두려운 당신을 위한 한마디	도전을 주저하는 당신을 위한 한마디
	내 마음 나도 몰라	호환·마마보다 무서운 질병 : 비만	F코드의 주홍글씨 : 우울증	인생은 아름다워 : 자존감과 자기조절력	알면서 빠져드는 달콤한 속삭임 : 중독	나는 어떤 사람일까? 기질과 성격
예술과 일상	미술은 의식주다	단색화가 뭐길래	김환기의 경쟁자는 김환기뿐이다	컬렉터, 그들은 누구인가	세상에서 가장 비싼 그림	화가가 죽으면 그림값이 오른다?
	창의력의 해답, 예술에 있다	미술, 그 난해한 예술성에 대하여	이름 없는 그곳 : 사이·뒤·옆·앞·안	용기와 도발	슈퍼 모던 맨, 마네	먹느냐 먹히느냐, 모델과의 결투
	예술의 모티브가 된 휴머니즘	보편적 인류애의 메시지 : 베토벤의 《합창》	함께, 자유롭게, 꿈을 꾸다 : 파리의 문화살롱	슈베르트를 키운 8할의 친구들 : 슈베르티아데	형편없는 시골 음악가처럼 연주할 것 : 말러의 뿔피리 가곡과 교향곡	절대 잊지 않겠다는 다 쇤베르크의 《바르샤바의 생존자
천체와 신화	지도를 가진 자, 세계를 제패하다	고지도의 매력과 유혹	한눈에 보는 세계지도의 역사	탐험의 시작, 미지의 세계를 향하다	지도상 바다 명칭의 유래와 우리 바다 '동해'	《대동여지도》, 조선의 네트워크 구축하다
	동양 신화의 어벤져스	동양의 제우스, 황제	소머리를 한 농업의 신, 염제	창조와 치유의 여신, 여와	불사약을 지닌 여신, 서왕모	동양의 헤라클레 예
	천문이 곧 인문이다	별이 알려주는 내 운명, 점성술	동양의 하늘 vs. 서양의 하늘	불길한 별의 꼬리, 혜성	태양 기록의 비과학과 과학	죽어야 다시 태어 별, 초신성

| 커리큘럼 3 : **전진** |

카테고리	강의 주제	월	화	수	목	금
문학과 문장	문장의 재발견	벌레가 되고서야 벌레였음을 알다 : 프란츠 카프카 《변신》	마음도 해부가 되나요? : 나쓰메 소세키 《마음》	겨울 나무에서 봄 나무로 : 박완서 《나목》	사진사의 실수, 떠버리의 누설 : 발자크 《고리오 영감》	일생토록 사춘기 : 헤르만 헤세 《데미안》
	괴물, 우리 안의 타자 혹은 이방인	인간의 경계는 어디까지인가 : 괴물의 탄생	우리 안의 천사 혹은 괴물 : 메리 셸리 《프랑켄슈타인》	내 안의 친밀하고도 낯선 이방인 : 로버트 L. 스티븐슨 《지킬박사와 하이드 씨의 기이한 사례》	공포와 매혹이 공존하는 잔혹동화 : 브람 스토커 《드라큘라》	괴물이 던져준 기묘한 미학적 체험
	나를 찾아가는 글쓰기	말과 글이 삶을 바꾼다	독서, 글쓰기에 연료를 공급하는 일	소설가의 독서법	어쨌든 문장이다	마음을 다잡는 글쓰기의 기술
건축과 공간	가로와 세로의 건축	광장, 사람과 건축물이 평등한 가로의 공간	철강과 유리, 세로의 건축을 실현하다	근대 건축을 이끈 사람들	해체주의와 자연 중심적 건축의 새로운 시도	인간이 주인이 되는 미래의 건축
	시간과 공간으로 풀어낸 서울 건축문화사	태종과 박자청, 세계문화유산을 건축하다	조선 궁궐의 정전과 당가	대한제국과 정동, 그리고 하늘제사 건축	대한제국과 메이지의 공간 충돌, 장충단과 박문사	궁궐의 변화, 도시의 변화
	건축가의 시선	빛, 어둠에 맞서 공간을 만들다	색, 볼륨과 생동감을 더하다	선, 움직임과 방향을 제시하다	틈과 여백, 공간에 사색을 허락하다	파사드, 건물이 시작되다
클래식, 문학	클래식, 문학을 만나다	작곡가의 상상 속에 녹아든 괴테의 문학 : 〈파우스트〉	셰익스피어의 언어, 음악이 되다 : 〈한여름 밤의 꿈〉	자유를 갈망하는 시대정신의 증언자, 빅토르위고 : 〈리골레토〉	신화의 해석, 혁명의 서막 : 오르페우스와 프로메테우스	바이블 인 뮤직 : 루터와 바흐의 수난곡
	오래된 것들의 지혜	오래되어야 아름다운 것들 : 노경老境	겨울 산에 홀로 서다 : 고봉孤峰	굽은 길 위의 삶, 그 삶의 예술 : 곡경曲徑	고요해야 얻어지는 : 공허空虛	소멸, 그 후 : 박복剝復
	시간이 만든 완성품	스토리텔링과 장인 정신으로 명품이 탄생하다	그 남자가 누구인지 알고 싶다면 : 말과 자동차	패션, 여성을 완성하다	시간과 자연이 빚은 최고의 액체 : 와인	인류를 살찌운 식문화의 꽃 : 발효음식
	조선의 과학과 정치	백성의 삶, 시간에 있다	모두가 만족하는 답을 구하라 : 수학	억울한 죽음이 없어야 한다 : 화학	하늘의 운행을 알아내다 : 천문학	빙고로 백성의 고통까지 얼리다 : 열역학
	'나'는 어디에 있는가	별에서 온 그대	우주에서 나의 위치는?	나는 어떻게 여기에 왔을까?	나의 조상은 누구인가	마음은 무엇일까?
	제4의 물결	평민이 왕의 목을 친 최초의 시민혁명 : 영국혁명	천 년 넘은 신분 제도를 끝장낸 대사건 : 프랑스대혁명	빵·토지·평화를 위한 노동자의 혁명 : 러시아혁명	나라의 주인이 누구인지 보여준 독립 혁명 : 베트남혁명	민주주의 역사를 다시 쓰다 : 대한민국 촛불혁명

| 커리큘럼 4 : 관계 |

카테고리	강의 주제	월	화	수	목	금
1인 생활자	자존감의 뿌리를 찾아서	시대적 사명, 자존감	무수리 씨와 나잘난 씨, 정신과에 가다	합리적으로 의심하며 살고 있나요?	존중의 문화가 없는 별	내 인생의 주인공은 나다
	내 길은 내가 간다	스스로 아웃사이더가 되다	일생을 추위에 떨어도 향기를 팔지 않는다	홀로 빈 방을 지키리	천지에 진 빚을 갚으며	산속에 숨어 세상을 바꾸다
	다름의 심리학	'다름'에 대한 건강한 이해	무엇이 우리를 다르게 만드나	나와 너를 이해하기 위한 질문	소통은 습관이다	인정과 존중의 자세
	1인 가구 보고서	통계로 보는 1인 가구 변천사	가치 소비를 지향합니다	다양한 욕구가 이끄는 공간의 변화	솔로 이코노미 시대	개인 지향형 사회와 기술
개인과 사회	과식사회	과식, 굶주린 조상이 물려준 유산	다이어트는 내일부터	가짜 허기	과식을 부르는 숨은 유혹자들	과식사회에서 미식사회로
	똑똑한 사람들이 가족에게는 왜 그럴까	가족은 유기체	아버지, 두 얼굴의 사나이	당신은 부모입니까, 학부모입니까?	세상에 못된 아이는 없다	이별의 원인은 내게 있다
	콤플렉스의 시대, 신화와 비극에서 위로를 찾다	콤플렉스는 인간의 본질	팜므 파탈의 비애, 페드르	괴물이 된 여자, 메데이아	사과 한 알에서 시작된 사건, 오쟁이 진 남편	신화, 여전히 콤플렉스를 말한다
	노동인권: 이건 제 권리입니다	참아가며 일하는 세상 아니잖아요	너와 나의 일상, 노동 그리고 노동인권	노동법을 아시나요	파업하면 나쁜 사람들 아닌가요	새 시대의 노동인권
소확행	취향의 발견	자유와 관용	위장과 전치	순간과 영원	매몰과 항거	취향과 감각
	뇌로 인간을 보다	성격과 행동을 좌우하는 뇌	우울할 때는 뇌를 자극하세요	현대인의 노이로제, 강박증	창조성과 정신병의 관계	행복하려면 도파민하라
	현대인을 위한 여행인문학	사람들은 왜 떠나려고 하는 걸까	유통기한을 늘리는 인문여행법	읽고 쓰기 위해 떠나는 여행	인도에서 만난 책 그리고 여운	여행을 부르는 책
	키워드로 알아보는 북유럽	휘게를 아세요?	신화의 땅, 북유럽	이케아의 정신, 이케아의 유산	평화를 추구했던 정신, 노벨상	권력에 의문을 제기하라

강의 주제	월	화	수	목	금
인간의 삶과 미래 기술	인공지능 그리고 윤동주	질문하는 인간의 내일	도구의 존재론과 애플의 혁신	일자리의 미래와 또 다른 위험	독일의 번영과 문화적 인간
이야기는 어떻게 산업이 되었나	이야기가 돈이 되는 세상	스토리텔링 사업의 노하우	기업, 스토리텔링에 주목하다	박물관, 이야기의 보물 창고	당신도 스토리텔러가 될 수 있다
성공하는 마케팅에 숨은 인문학	카페와 사랑의 차이	동물원에도 통한 디자인	시장을 만드는 기업	로마제국과 열린 혁신	창의력과 공간
러시아 문학의 생명력	푸시킨과 오페라	레르몬토프와 로망스	고골과 애니메이션	도스토옙스키와 연극	톨스토이와 영화
세종의 원칙	왜 지금 다시 세종인가	세종의 경청법	세종의 질문법	세종의 공부법	결국 모두 백성을 위한 일
다섯 명의 영화감독 다섯 개의 세계	지적 유희를 즐기고 싶을 때, 크리스토퍼 놀란	느슨한 일상에 충격이 필요할 때, 다르덴 형제	답답한 공간에서 숨고 싶을 때, 알폰소 쿠아론	우리 사회의 해답을 찾고 싶을 때, 이창동	덕질의 미덕을 쌓고 싶을 때, 쿠엔틴 타란티노
르네상스 미술의 한 장면	피렌체의 상인들	하늘을 향한 둥근 지붕	다윗은 어떻게 조각되었나	열린 창으로 바라본 세계	바티칸의 영광, 교황들의 찬가
인물로 이해하는 춘추전국시대	정당한 통치권이란 무엇인가	관중, 말과 감정을 비틀지 않는다	호언, 사람의 본성을 거스르지 않는다	손숙오, 해치지 않고 키운다	유방, 조직이 아닌 사람의 입장에서 판단하다
키워드로 보는 중국 비즈니스 문화	'차별'의 문화	'관시'에 죽고 사는 중국인	같이 '밥'을 먹어야 친구지	'체면'이 목숨보다 중하다	은혜도 원한도 '되갚는' 게 도리
시간이 만든 명품의 비밀	명품의 조건	감각의 모자이크, 이탈리아	르네상스의 용광로, 프랑스	앵글로색슨 왕실의 자존심, 영국과 미국	간결과 실용 그리고 일상, 북유럽
명의열전	공식 명의 1호, 편작	명불허전의 명의, 화타	식이요법의 선구자, 전순의	한국형 실용의학의 정립, 허준	의학에 담아낸 혁명 사상, 이제마
알고 보면 재미있는 미술 시장	미술 쇼핑하기 좋은 날	'호기심의 방'에서 라스베이거스 쇼룸으로	미술품은 진정 그림의 떡인가	알쏭달쏭 미술 게임	미술, 이유 있는 밀당

《퇴근길 인문학 수업》 시즌1 | 멈춤, 전환, 전진 편 |

《퇴근길 인문학 수업》은 현대인의 독서생활 패턴에 맞춰 구성된 인문학 시리즈다. 한 개의 주제를 월요일부터 금요일까지 다섯 번의 강의로 나눠 하루 30분씩 5일이면 하나의 인문학 강의를 완독할 수 있다. 시즌1은 인문학의 범위를 '멈춤, 전환, 전진'이라는 방향성으로 나눠 풀어냈다. 다양한 소재와 짧은 호흡, 쉬운 언어로 호평을 받으며 출간 즉시 인문 분야 베스트셀러에 올랐다.

퇴근길 인문학 수업 | 멈춤 |

퇴근길 인문학 수업 | 전환 |

퇴근길 인문학 수업 | 전진 |

───────── **《퇴근길 인문학 수업》시즌2** | 관계, 연결, 뉴노멀 편 | ─────────

시즌2는 '인문학은 어떻게 삶이 되는가'에 초점을 맞춰 기획됐다. 〈관계〉편은 나(개인)와 사회를 탐구하는 주제로 구성했고, 〈연결〉편은 산업과 문화 속에 스며든 인문정신이 우리 삶과 어떤 연관성을 갖는지에 주목했다. 〈뉴노멀〉편은 포스트 코로나 시대에 요구되는 태도와 재확인해야 할 가치관 속에서 다시 인문학의 가치를 살핀다.

퇴근길 인문학 수업 | 관계 |